国家自然科学基金青年项目（项目编号：72203168）

教育部人文社会科学青年基金项目（项目编号：21YJC790163）

陕西省社科联项目（项目编号：2024QN017）

数字化转型对企业全要素生产率的影响机制研究

张万里 宣旸 著

人民出版社

目　　录

导　　论

一、研究背景

当前,世界百年未有之大变局加速演进,世纪疫情影响深远,逆全球化思潮抬头,世界进入新的动荡变革期,来自外部的风险挑战始终存在并日益凸显,我国面临史无前例的竞争压力。我国在 2010 年成为世界第二大经济体,但人均收入和消费水平仍低于发达国家,农业生产效率相对较低、工业和服务业自主创新能力不足、地区发展差异显著等问题的存在,制约了我国经济结构和产业结构转型。面临国内外严峻的新形势、新格局和新挑战,如何让我国企业向技术密集型、自主创新、高价值链转型是保证经济高质量发展和提升企业全要素生产率的关键。习近平总书记在党的二十大报告中指出,我们要坚持以推动高质量发展为主题,把实施扩大内需战略同深化供给侧结构性改革有机结合起来,增强国内大循环内生动力和可靠性,提升国际循环质量和水平,加快建设现代化经济体系,着力提高全要素生产率,着力提升产业链供应链韧性和安全水平,着力推进城乡融合和区域协调发展,推动经济实现质的有效提升和量的合理增长。① 同时强调,要加快发展数字经济,促进数字经济和实体经济深度融合,打造具有国际竞争力的数字产业集群。② 数字化转型已经成为促进我国经济转型升级和提升企业全要素生产率的迫切任务,有利于提高

① 《习近平著作选读》第一卷,人民出版社 2023 年版,第 23—24 页。
② 《习近平著作选读》第一卷,人民出版社 2023 年版,第 25 页。

企业的国际竞争力。

由中国电子技术标准化研究院牵头编制的《企业数字化转型白皮书（2021版）》指出,数字化转型是传统行业与人工智能、大数据、云计算等新型通信技术全面融合的过程,通过将企业上下游生产要素、组织协作关系、生产流程、管理模式等数字化并进行分析,利用数据要素进行深度学习和自主决策,完成全链路的资源合理配置,推动企业主动转型,提高企业绩效和生产率。全球正在面临着数字化、信息化、智能化和自动化的巨大机遇,据中国电子学会预计,2023年全球机器人市场规模近336亿美元,其中工业机器人145亿美元,服务机器人125亿美元,特种机器人66亿美元。图0-1报告了我国机器人和人工智能的发展趋势图,可以看出,2016年工业机器人销售额为271.1亿元,2023年销售额为589亿元,增长117%;2016年服务机器人销售额为64.8亿元,2023年销售额为613.5亿元,增长847%。并且,我国人工智能市场份额2016年为154亿元,2023年为3043亿元,增长幅度为1876%;2016年人工智能专利为30244项,2023年为80000项,增长了165%。

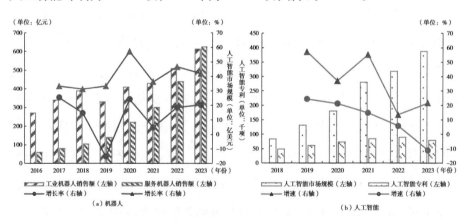

图0-1　我国机器人和人工智能发展趋势图

资料来源:国际机器人联合会(IFR);前瞻产业研究院;观知海内网(https://dongfangqb.com/);《2024人工智能发展白皮书》。

数字化转型在企业内的规模化应用伴随着企业向高新技术、高生产率转型,数字技术包含人工智能、大数据、云计算、物联网等,通过企业员工与数字技术和机器设备的融合,提升资本深化,有利于提升企业产品生产、管理模式、仓储物流、销售和售后等环节的自动化、数字化、智能化和信息化,带动企业生产率的提升。然而,数字化在改善企业全要素生产率的同时,对劳动力的作用不容忽视,"机器替人"现象愈发严重(Acemoglu 和 Restrepo,2020;袁淳等,2021)。①② 麦肯锡企业发布的《美国工作的未来》(The Future of Work in America)一文中指出,未来十年,美国有 1470 万年龄在 18—34 岁的年轻工人会因自动化失业。并且,麦肯锡全球研究院预测,随着全球企业数字化转型加速,预计 2025 年全球数字化突破性技术的应用每年将带来高达 1.2 万亿—3.7 万亿美元的经济价值,数字化转型使企业收入和利润增长率较平均水平提升 2.4 倍。但与此同时,麦肯锡的调研显示,一般企业数字化转型的失败率高达 80%。处理好数字化转型对劳动力造成的冲击,促进企业变革和数字化转型是未来企业需要关注的重心。虽然,数字化转型对低技能劳动力造成冲击,但也增加了对高学历、高技能和高素质人才的需求,这部分高端人才能够更好地适应和使用数字技术,带来企业生产率的提升(赵宸宇等,2021)。③ 物联网、大数据和云计算等技术通过构建信息网络,为企业提供更优决策,促进资源合理配置,并降低交易成本和运输成本,有利于提升企业全要素生产率(陈晓红等,2022)。④ 不同地区、不同所有权结构和不同要素密集度的企业对不同类型劳动力的需求、薪酬结构、要素禀赋等均存在差异,数字化转型如何影响企业全要素生产率,还值得商榷。

资本—技能互补理论指出,数字技术作为有偏技术进步,对低技能劳动力

①　Acemoglu D.,Restrepo P.,"Robots and Jobs:Evidence from US Labor Markets",*Journal of Political Economy*,Vol.128,No.6,2020.

②　袁淳、肖土盛、耿春晓等:《数字化转型与企业分工:专业化还是纵向一体化》,《中国工业经济》2021 年第 9 期。

③　赵宸宇、王文春、李雪松:《数字化转型如何影响企业全要素生产率》,《财贸经济》2021 年第 7 期。

④　陈晓红、李杨扬、宋丽洁等:《数字经济理论体系与研究展望》,《管理世界》2022 年第 2 期。

造成替代,对高技能劳动力造成互补,高技能劳动力与数字技术和机器设备的组合能够创造更高的生产效率,释放高端人才的时间和精力,有利于其进行创造性思维工作和技术研发,企业对高端人才和熟练劳动力的需求更高。因此,企业数字化转型后对不同类型劳动力的需求不同,造成员工结构的变化(Acemoglu 和 Restrepo,2018)。[①] 数字化转型企业也会改变管理结构,通过区块链、大数据等技术监督管理人员,有利于降低企业成本,提升管理人员的工资薪酬,激励管理人员加速数字技术的应用,提升企业全要素生产率(陈德和张雯宇,2023)。[②] 数字技术能够降低信息不对称程度,通过实时监督管理人员的行为,促进企业所有者和控制者目标的一致性,以提升企业经济效益和全要素生产率为目标(Jaksic 和 Marinc,2019)。[③] 大数据、物联网和云计算等数字技术通过构建现代信息网络,实时抓取原材料、生产流程和消费者偏好的数据,有利于优化要素配置,提高资源利用效率,加速企业生产周转率,降低成本,通过提升企业运营能力进一步促进全要素生产率的提升(袁淳等,2021)。[④] 然而,遗憾的是,针对数字化转型对企业绩效或全要素生产率影响的实证研究没有得到一致的结论,部分学者推测数字化转型影响企业全要素生产率主要通过员工结构、技术创新和运营成本等途径。

因此,鉴于以上背景,本书以数字化转型对企业全要素生产率的影响机制和作用效果为研究主体,试图解决以下几点问题:(1)数字化转型作为一种有偏技术进步,企业进行数字化转型势必会影响企业绩效或全要素生产率,能否通过理论分析研究数字化转型与企业全要素生产率之间的关系和影响机制?(2)企业数字化转型影响不同类型劳动力,通过改变员工结构造成全要素生

[①] Acemoglu D., Restrepo P., *Artificial Intelligence, Automation, and Work*, *The Economics of Artificial Intelligence: An Agenda*, University of Chicago Press, 2018.

[②] 陈德球、张雯宇:《企业数字化转型与管理人员激励》,《经济管理》2023 年第 5 期。

[③] Jaksic M., Marinc M., "Relationship Banking and Information Technology: The Role of Artificial Intelligence and Fintech", *Risk Management-An International Journal*, Vol.21, No.1, 2019.

[④] 袁淳、肖土盛、耿春晓等:《数字化转型与企业分工:专业化还是纵向一体化》,《中国工业经济》2021 年第 9 期。

产率的变化,因此,需要分析员工结构在数字化转型与全要素生产率之间的机制作用,检验不同地区、不同所有权结构和不同要素密集度员工结构的差异化机制效应。(3)企业更愿意通过激励管理人员加速数字化转型,获得比较优势,那么,数字化转型如何通过管理结构影响全要素生产率?地区、所有权结构和要素密集度的异质性如何?(4)数字化转型势必影响企业运营模式,通过大数据、云计算等技术促进要素优化配置和降低交易成本,加速企业运转,那么,企业能否通过改善运营能力提升全要素生产率?不同地区、不同所有权结构和不同要素密集度的影响如何?

二、研究目的与研究意义

(一)研究目的

本书旨在从数字化转型的视角,分析其对企业全要素生产率的作用。简单来说,通过构建政府、企业和居民三部门一般均衡模型,利用资本—技能互补理论和产业组织理论分析数字化转型对企业全要素生产率的影响,从理论上剖析数字化转型对企业全要素生产率的影响路径。同时,使用2000—2021年的 A 股非金融类上市企业数据[①],实证检验数字化转型如何作用于企业全要素生产率,以及员工结构、管理结构和运营能力的机制作用。

本书主要研究目的如下:

(1)借鉴已有国内外数字化转型和全要素生产率相关文献,构建数字化转型、员工结构、管理结构、运营能力和全要素生产率的统一分析框架,通过模型推导和理论分析验证数字化转型对企业全要素生产率的作用方向和影响程度,以期从理论上探讨数字化转型对企业全要素生产率的作用机制。

(2)在微观层面上,使用2000—2021年中国 A 股非金融类上市企业的面板数据,通过在企业年报、政府采购文件和专利申请书中搜索数字化转型

---

① 由于本书变量较多,部分年份数据缺失严重,因此,相关数据只搜集到2021年。

关键词,分析数字化转型对企业全要素生产率的影响程度和方向,探究员工结构、管理结构和运营能力的机制效应,同时考虑地区、所有权结构和要素密集度的异质性,以期从实证角度验证数字化转型对企业全要素生产率的影响。

(3)基于理论分析和实证结果,从数字化转型视角提出提升我国企业全要素生产率的政策建议,如合理调整企业员工结构、管理结构和运营能力等。

(二)研究意义

1. 理论意义

在数字化转型与企业全要素生产率的相关文献中,分析两者直接关系的文献较少,绝大部分学者分析数字技术对企业绩效的影响,或从技术进步视角分析全要素生产率的成因,缺乏统一的分析框架来探究数字化转型对企业全要素生产率的作用机制、方向和影响程度。本书在已有研究的基础上,构建了政府、企业和居民三部门一般均衡模型,从数字资本、生产性物质资本、高技能劳动力、低技能劳动力和要素错配视角入手,建立了理论分析框架,研究员工结构、管理结构和运营能力的影响机制,其理论意义主要有:

(1)在已有研究尤其是数字化转型和企业全要素生产率关系研究的基础上,构建了数字化转型影响企业全要素生产率的统一分析框架,并从政府、企业和居民三部门视角出发,分析数字资本、生产性物质资本、高技能劳动力、低技能劳动力和要素配置对企业全要素生产率的影响,为后续研究提供理论基础。

(2)从员工结构、管理结构和运营能力等视角,探讨企业数字化转型如何影响全要素生产率,从研究视角上对已有研究进行了一定的扩展。

(3)基于资本—技能互补理论和产业组织理论,构建理论模型推导了数字化转型如何通过员工结构、管理结构和运营能力作用于企业全要素生产率,并将数字资本对生产性物质资本技术的影响内生化,根据相关数据进行实证检验,从研发方法视角进行了扩展。

2. 现实意义

全要素生产率是提升企业和地区内生增长的核心，是提高我国国际竞争力的关键。传统的依赖廉价劳动力和普通机械自动化的运营模式已经不能满足经济内生增长需求，人工智能、大数据、云计算等数字技术发挥了持久稳定的驱动力作用。本书探讨如何通过数字化转型提升企业全要素生产率的现实意义主要有：

（1）在全球数字技术爆发式发展的同时，人们越来越关注数字化转型如何影响企业绩效。本书采用 A 股非金融类上市企业数据，详细探讨了数字化转型对企业全要素生产率的影响和作用效果，为企业和政府决策者进行数字化转型提供新视角。

（2）从影响机制视角对数字化转型如何影响企业全要素生产率进行了分析、扩展和考察，探讨员工结构、管理结构和运营能力的机制作用。仅从时间维度分析数字化转型对企业全要素生产率的影响是滞后的，企业和政府部门应从全局考虑，制定促进企业全要素生产率的长远计划和策略，改善企业员工结构、管理结构和运营能力。

（3）从数字化转型视角科学评价数字化转型对不同类型企业全要素生产率的影响。本书从地区异质性、所有权结构和要素密集度等角度出发，研究员工结构、管理结构和运营能力的差异如何影响数字化转型和企业全要素生产率之间的关系，以期能够为政策实践者提供帮助。

三、概念界定

（一）数字化转型

数字化是指将人工智能、大数据、云计算、物联网等数字技术运用到企业运营、居民生活和政府政务等。由中国电子技术标准化研究院牵头编制的《企业数字化转型白皮书（2021 版）》指出，数字化转型是传统行业与人工智能、大数据、云计算等新型通信技术全面融合的过程，通过将企业上下游生产要素、组织协作关系、生产流程、管理模式等数字化并进行分析,利用数据要素进行深度学习和自主决策,完成全链路的资源合理配置,推动企业主动转型。

数字化转型最重要的特征是深度学习和自主决策,让机器设备像人类一样具有分析、学习和决策能力,通过互联网、大数据和云计算等技术协同发展,实现文字识别、语音识别和图像识别等功能,释放劳动力,形成新的商业模式(Myovella 等,2020;吴非等,2021)。①② 埃勒等(Eller 等,2020)指出,数字技术对经济社会的影响最直接的是企业运营过程,通过计算机辅助企业原材料购买、产品设计和生产、销售和售后、仓储物流、网络协同合作等,提高企业的数字化生产和数字化设计,改善劳动生产力,通过替代低技能劳动力减少劳动成本。③ 企业通过数字化转型生产数量更多和质量更好的产品用于消费者和政府部门,带动整个经济社会的数字化水平。然而,阿西马格鲁和雷斯特雷波(Acemoglu 和 Restrepo,2020)指出,数字技术对企业的影响是显而易见的,不仅通过数字化、自动化、信息化和智能化提升劳动生产率,同时也对劳动力造成破坏和创造效应,大量低学历、低技能劳动力失业,而企业雇佣高学历、高技能和高素质劳动力,与数字技术相互融合创造更高的生产率。④ 因此,数字化转型不仅提升企业劳动效率,也通过改变企业内部结构提升全要素生产率。

马克思最早研究了生产力和生产关系的含义,指出工业化的本质是机器设备替代劳动力,通过迂回生产达到机器设备的累积过程。⑤ 乔晓楠和郗艳萍(2019)在马克思主义工业化理论基础上指出,数字化转型企业使用相关技

---

① Myovella G., Karacuka M., Haucap J., "Digitalization and Economic Growth: A Comparative Analysis of Sub-Saharan Africa and OECD Economies", *Telecommunications Policy*, Vol.44, No.2, 2020.

② 吴非、胡慧芷、林慧妍等:《企业数字化转型与资本市场表现——来自股票流动性的经验证据》,《管理世界》2021 年第 7 期。

③ Eller R., Alford P., Kallmunzer A., "Antecedents, Consequences, and Challenges of Small and Medium-sized Enterprise Digitalization", *Journal of Business Research*, Vol.112, 2020.

④ Acemoglu D., Restrepo P., "Robots and Jobs: Evidence from US Labor Markets", *Journal of Political Economy*, Vol.128, No.6, 2020.

⑤ 《马克思恩格斯选集》第 3 卷,人民出版社 2002 年版,第 541 页。

术,通过模仿人类思维能力而作出决策、分析、判断,通过替代部分体力和重复性劳动力释放高端人才的时间和精力,进行创造性思维工作和技术研发,提高企业全要素生产率。① 数字技术也可以通过机器设备、信息软件、大数据和云计算等降低内部交易成本和运输成本,使企业在采购阶段、生产阶段、管理阶段、物流阶段和售后阶段更加智能化和数字化,实现成本的降低、个性化生产和有效的决策(Gal 等,2019;张万里和宣旸,2022)。②③

总结已有文献对数字化转型的定义、分类和方式可以得出,企业的数字化转型是传统企业应用数字化进行变革,将包括人工智能、大数据、云计算、物联网等在内的信息通信技术,应用在企业的原材料购买、产品生产、仓储物流、销售售后和管理等各个流程,实现企业各运营环节的数字化、智能化、自动化和信息化。数字化转型有利于促进企业生产要素的合理配置,降低企业内部交易成本和物流成本,创造更高的劳动生产率,促进全要素生产率的提升。

(二)全要素生产率

全要素生产率最早由新古典经济学索罗(Solow,1998)提出,经济增长除劳动力和资本两种要素的贡献以外,还应包括技术进步、效率改善等多种因素,并在此基础上提出了索罗余值(Solow Residual)。④ 党的十九大报告指出,"必须坚持质量第一、效益优先,以供给侧结构性改革为主线,推动经济发展质量变革、效率变革、动力变革,提高全要素生产率"⑤。

---

① 乔晓楠、郗艳萍:《数字经济与资本主义生产方式的重塑——一个政治经济学的视角》,《当代经济研究》2019 年第 5 期。

② Gal P., Nicoletti G., Von Ruden C., "Digitalization and Productivity: In Search of the Holy Grail-Firm-level Empirical Evidence from European Countries", *International Productivity Monitor*, Vol. 37, 2019.

③ 张万里、宣旸:《智能化如何提高地区能源效率?——基于中国省级面板数据的实证检验》,《经济管理》2022 年第 1 期。

④ Solow R. M., *Monopolistic Competition and Macroeconomic Theory*, Cambridge University Press, 1998.

⑤ 《习近平著作选读》第二卷,人民出版社 2023 年版,第 25 页。

生产率主要是指产出与投入的比例,譬如劳动生产率就是产出与投入的劳动力之间的比值(Lai 等,2023)。[①] 地区经济增长和企业生产绩效一般由要素投入量和要素的生产率决定,即取决于劳动力、资本、能源等生产要素的投入数量和不同生产要素的单位产出量。王志刚和黎恩银(2022)指出,不同的生产要素存在边际收益递减规律,随着要素投入数量的增加,单位要素投入带来的产出会减少,如何提升单位要素的产出量成为重中之重。[②] 然而,要素生产率不仅受到要素投入数量的影响,还受到一些不可观测因素的影响,主要有技术创新、管理模式、规模经济和制度变革等(Wang 等,2023)。[③] 索罗(Solow,1998)指出,经济增长中不能解释的部分是由技术创新引起的,技术创新或技术进步是全要素生产率提升的重要原因,将劳动力和资本等生产要素剔除掉,剩下的部分归结为技术创新的贡献,即全要素生产率。[④]

基于索罗模型,地区经济增长或企业生产绩效主要受到资本积累、劳动力增长和全要素生产率三个方面的影响,而现有学者根据样本的不同采取不同的测算方法。关于企业全要素生产率的衡量多采用 OP(Olley 和 Pakes)法、LP(Levinsohn 和 Petrin)法、ACF(Ackerberg、Caves 和 Frazer)法等,即采用参数方法构造生产函数,将资本和劳动力的贡献剔除后,计算全要素生产率,其中 OP 法引入投资,但部分企业投资数据缺失,因而出现了引入中间产品的 LP 法,这两种方法均没有完全考虑内生性问题,ACF 法则有效地解决了上述问

① Lai W.Y.,Yun Q.,Qu T.,Peng Z.,"The Effects of Temperature on Labor Productivity",*Annual Review of Resource Economics*,Vol.15,2023.

② 王志刚、黎恩银:《政府基建支出如何兼顾稳增长与调结构——基于生产网络的视角》,《经济学动态》2022 年第 8 期。

③ Wang Y.,Bai Y.,Quan T.,Ran R.,and Hua L.,"Influence and Effect of Industrial Agglomeration on Urban Green Total Factor Productivity—On the Regulatory Role of Innovation Agglomeration and Institutional Distance",*Economic Analysis and Policy*,Vol.78,2023.

④ Solow R.M.,*Monopolistic Competition and Macroeconomic Theory*,Cambridge University Press,1998.

题(Ackerberg 等,2007;Wooldridge,2009;肖文和薛天航,2019)。[1][2][3]

　　因此,本书使用的企业全要素生产率是指扣除劳动力和资本两种生产要素的贡献后企业绩效增长的剩余部分,包括技术创新、制度变革、规模经济、管理经验和制度变革等非生产投入要素的影响,即索罗余值。本书将采用 ACF法,构建包含劳动力和资本的生产函数,引入中间产品,对全要素生产率进行估算。由于本书采用了 A 股非金融类上市企业数据,样本量较大,采用非参数方法(数据包络分析法)计算工作量较大,需要计算能力较强的硬件设施,因此,仅采用参数方法进行测算。

四、研究思路与研究方法

(一)研究思路

　　本书遵循"发现问题—分析问题—解决问题"的科学逻辑思路,沿着梳理文献、发现问题、构建理论分析框架、数理模型推导、实证模型验证、提出政策建议的技术路线进行探讨:

　　第一,发现问题。基于我国数字经济快速推进和全球经济增长乏力的现实背景,梳理已有文献关于数字化转型和企业全要素生产率的观点,明确本书的研究背景、研究内容、研究方法和研究意义等,通过已有文献得出新的研究视角,形成合理有效的研究分析框架。

　　第二,分析问题。首先,理论分析数字化转型对企业全要素生产率的影响。基于资本—技能互补理论和产业组织理论,从员工结构、管理结构和运营能力三个视角,建立数字化转型作用于企业全要素生产率的理论分析框架。

①　Ackerberg D.,Benkard C.L.,Berry S.,"Econometric Tools for Analyzing Market Outcomes",*Handbook of Econometrics*,Vol.6,2007.

②　Wooldridge J.M.,"On Estimating Firm-level Production Functions Using Proxy Variables to Control for Unobservables",*Economics Letters*,Vol.104,No.3,2009.

③　肖文、薛天航:《劳动力成本上升、融资约束与企业全要素生产率变动》,《世界经济》2019 年第 1 期。

从政府、企业和居民三部门一般均衡模型视角推导数字化转型对企业全要素生产率的影响,构建高低技能劳动力和要素错配指数,从员工结构、管理结构和运营能力视角分析作用机理。其次,基于理论分析提出本书的研究假设,从微观视角分析 A 股非金融类上市企业数字化转型对全要素生产率的影响和作用机制,选用科学稳健的实证方法,从地区异质性、所有权结构和要素密集度等视角分析员工结构、管理结构和运营能力的差异化机制效应。

第三,解决问题。结合数字化转型和企业全要素生产率的理论分析和实证结果,提出促进企业全要素生产率和有效实施数字化转型的相关措施和政策保障体系,分析本书的不足之处,指明未来研究展望。

(二)研究方法

1. 文献归纳法

本书通过梳理国内外数字化转型和企业全要素生产率的相关研究文献,总结了该方向相关的研究内容、研究方法、研究视角及理论分析等,了解数字化转型与企业全要素生产率的主流理论和最新研究成果,寻找合适的切入点,确保本书研究在选题、逻辑思路、理论模型和实证方法上都具有前沿性和科学性。本书在后续的实证分析和理论分析中均依据现有学者提出的权威思想和观点,并与我国数字化转型和企业全要素生产率现状相结合。

2. 定性分析与定量分析相结合

数字化转型与企业全要素生产率的定性分析为定量分析提供研究思路和研究假设,而定量分析也为定性分析提出的假设进行了验证。首先,基于资本—技能互补理论和产业组织理论,从理论上探究数字化转型对企业全要素生产率的影响和作用机理,考虑员工结构、管理结构和运营能力的机制效应,提出假设。其次,本书基于 A 股非金融类上市企业数据,采用网络爬虫手段构造数字化转型指数,采用倾向得分匹配—双重差分(PSM-DID)模型、中介效应模型进行了实证检验。

3. 逻辑演绎与数理分析相结合

逻辑演绎法从数字化转型与企业全要素生产率的基本概念出发,运用经典理论和方法,探讨数字化转型和企业全要素生产率的基本特征和发展规律;而数理分析法则是将抽象的研究对象具体化,基于模型设定,采用严谨的数理模型推导,得出符合逻辑演绎法的结论。首先,基于马克思主义工业化理论、生命周期理论、市场分工理论和技术创新理论等分析数字化转型的演进规律,同时对转型经济理论、要素配置理论、人力资本理论和技术扩散理论等全要素生产率理论进行梳理,得出数字化转型与企业全要素生产率的发展特征和规律。其次,基于资本—技能互补理论和产业组织理论,将相关特征和规律具象化,分析数字化转型与企业全要素生产率的数理关系。

4. 动态与比较静态相结合

本书通过理论模型构建了政府、企业和居民一般均衡模型,并在静态模型的基础上使用比较静态方法得出数字化转型与企业全要素生产率的均衡解。在实证检验中,采用静态方法研究数字化转型对企业全要素生产率的影响,通过特征事实分析,研究相关变量的动态发展规律。并且,基于滞后模型,探讨数字化转型对企业全要素生产率的动态影响,比较静态和动态模型的结果,得出更有效的结论。

五、研究内容与研究框架

(一)研究内容

本书研究内容共分为七部分,每一部分的具体内容如下:

导论。从选题背景着手,提出本书所要研究的问题,界定核心变量的概念,总结研究目的与研究意义、研究思路与方法、研究内容与框架,概括本书的创新之处。

第一章　国内外研究进展。主要包括三个部分:第一部分阐述数字化转型的内涵、理论基础和产生的效应,从理论和实证层面总结国内外研究成果;

第二部分为全要素生产率的内涵、理论基础、驱动因素和衡量方法;第三部分为数字化转型影响企业全要素生产率的理论基础,梳理理论和实证方面的相关文献。通过文献梳理,总结现有研究成果的不足,提出本书研究的切入点,为后文理论分析和实证检验提供文献基础。

第二章 数字化转型影响企业全要素生产率的理论分析框架。基于资本—技能互补理论和产业组织理论,构建数字化转型与企业全要素生产率的理论分析框架,探讨员工结构、管理结构和运营能力的机制作用。基于常数替代弹性(CES)生产函数,构建数理模型推导数字化转型对企业全要素生产率的影响和作用机制。

第三章 员工结构视角下数字化转型对企业全要素生产率的实证分析。基于数字化转型通过员工结构影响企业全要素生产率的作用机制,提出本章的研究假设,利用 A 股非金融类上市企业的面板数据,通过数据挖掘手段搜集企业年报、政府采购文件和专利申请书等出现数字化转型的关键词,采用倾向得分匹配—双重差分模型实证检验数字化转型对企业全要素生产率的影响,以及员工结构的中介效应,并检验了不同地区、不同所有权结构和不同要素密集度的异质性影响,从员工结构视角为分析数字化转型影响企业全要素生产率提供证据。

第四章 管理结构视角下数字化转型对企业全要素生产率的实证分析。与第三章类似,从管理结构视角出发,提出数字化转型影响企业全要素生产率的研究假设,采用 A 股非金融类上市企业数据,基于倾向得分匹配—双重差分模型和中介效应模型,探讨数字化转型如何通过管理结构影响企业全要素生产率,分析地区、所有权结构和要素密集度的异质性,从管理结构维度提供证据。

第五章 运营能力视角下数字化转型的企业全要素生产率的实证分析。本章首先提出数字化转型通过运营能力影响企业全要素生产率的理论分析和研究假设,基于 A 股非金融类上市企业数据,通过倾向得分匹配—双重差分模型和中介效应模型分析运营能力的机制作用,探究地区、所有权结构和要素密集度异质性带来的差异化中介效应,以期从运营能力视角提供新思路。

第六章 结论与未来展望。梳理本书结论,提出政策建议,指出当前研究存在的缺陷和未来研究展望。

(二)研究框架

本书所依据的研究框架如图0-2所示:

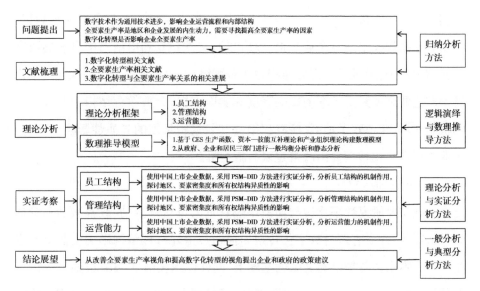

图0-2 研究框架图

资料来源:笔者整理。

六、创新之处

本书的创新之处体现在如下四个方面。

(1)构建了数字化转型与企业全要素生产率的理论分析框架。现有文献没有系统梳理数字化转型与企业全要素生产率的相关理论,本书在从微观视角对数字化转型和企业全要素生产率的内涵及特征进行阐述和界定的基础上,借鉴资本—技能互补理论和产业组织理论,建立数字化转型与企业全要素生产率的统一分析框架。建立政府、企业和居民三部门一般均衡模型,研究数字化转型对企业全要素生产率的影响机制和影响方向。同时考虑高低技能劳动力和劳动力要素错配等因素,从微观视角研究数字化转型对企业全要素生产率的作用机理,构建以常数替代弹性生产函数为基准的数理模型,使用一般均衡分析和静态分析对理论模型进行数理证明。

(2)从员工结构视角研究数字化转型对企业全要素生产率的微观作用机理。现有文献多研究数字化转型对企业全要素生产率的直接影响,没有考虑不同员工结构的机制作用。本书基于我国 A 股非金融类上市企业面板数据,利用数据挖掘技术搜寻企业年报、政府采购文件和专利申请书中出现的数字化转型关键词,通过倾向得分匹配寻找对照组,采用双重差分模型探究数字化转型对企业全要素生产率的影响程度和影响方向,分析教育结构和职务结构的机制作用,并考察了地区、所有权结构和要素密集度的异质性影响,从而为企业进行数字化转型提出政策建议与新契机。

(3)从管理结构视角分析数字化转型对企业全要素生产率的影响路径。已有文献主要研究数字化转型如何影响管理人员薪酬激励、股权激励和管理人员特征等,并没有探讨数字化转型如何通过上述管理结构影响企业全要素生产率。本书在总结已有文献的基础上,同样使用我国 A 股非金融类上市企业数据,通过倾向得分匹配—双重差分模型和中介效应模型,分析管理结构如何作用于数字化转型,从而对企业全要素生产率产生影响,并分析地区异质性、所有权结构异质性和要素密集度异质性,以期得出促进企业数字化转型和全要素生产率的政策建议。

(4)从运营能力视角探究数字化转型如何通过运营能力作用于企业全要素生产率。绝大部分学者仅分析数字化转型降低企业内部交易成本,并没有考察数字化转型能否通过提高运营能力提升全要素生产率。本书将运营能力分为周转率和运营成本,使用 A 股非金融类上市企业数据,利用倾向得分匹配方法解决内生性问题,通过双重差分模型和中介效应模型检验运营能力如何作用于数字化转型,从而对企业全要素生产率产生影响,同时考察地区、所有权结构和要素密集度带来的差异化机制效应,为企业和政府通过改善运营能力加速数字化转型和提升全要素生产率提供理论支撑。

第一章　国内外研究进展

数据作为促进经济增长的主要生产要素之一，为我国企业生产、居民生活和生态、政府政务等带来了全方位且深刻的影响。依据数据要素，以信息通信技术、人工智能、5G 等技术为载体，造就了数字经济的发展（朱波和曾丽丹，2024）。[1] 2016 年，习近平总书记在十八届中央政治局第三十六次集体学习时强调，要做大做强数字经济；在二十国集团领导人峰会上首次提出发展数字经济的倡议。本章将梳理和总结与本书研究主题相关联的文献和研究成果，为后文理论模型构建和实证分析研究奠定逻辑基础。

第一节　数字化转型的理论研究进展

当前，数字经济正在改变企业生产、居民生活和政府政务等各个方面。数字技术对企业低技能劳动力形成替代，通过机器设备代替人完成企业生产、原材料购买、管理和售后等各流程，实现自动化、数字化和智能化运转。并且，数字技术对高端人才的需求不断提升，高技能人才与数字技术的合作可以创造更高的生产效率，实现个性化和多样化生产（Acemoglu 和 Restrepo，2019；2020）。[2][3] 如何有

---

[1]　朱波、曾丽丹:《数字经济时代区域经济下行风险防范与应对:基于 GaR 模型的实证分析》,《中国软科学》2024 年第 6 期。

[2]　Acemoglu D.，Restrepo P.，"Automation and New Tasks：How Technology Displaces and Reinstates Labor"，*Journal of Economic Perspectives*，Vol.33，No.2，2019.

[3]　Acemoglu D.，Restrepo P.，"The Wrong Kind of AI？Artificial Intelligence and the Future of Labour Demand"，*Cambridge Journal of Regions，Economy and Society*，Vol.13，No.1，2020.

效进行数字化转型逐渐被理论界看作经济转型的重中之重。

一、数字化转型的内涵

杨慧梅和江璐(2021)区分了产业数字化和数字产业化,指出产业数字化是不同产业部门应用数字技术的过程,而数字产业化则是指人工智能、大数据、云计算等数字化相关的技术产业不断发展。[①] 吴非等(2021)指出,企业的数字化转型不是让企业资料数据数字化,而是通过人工智能、区块链、大数据和云计算等前沿数字技术和硬件系统推动生产要素和生产流程的数字化,最终实现提质增效。[②] 祝合良和王春娟(2021)认为,企业数字化转型是将人工智能、大数据、云计算等前沿技术与企业生产运营流程相结合,保证数据在企业内不同层级和不同行业间的流通,变革传统商业模式、组织结构体系、管理模式、生产方式、技术研发等,通过扁平化管理实现高效的业务流程和完善的客户体验。[③] 企业将人工智能、大数据、云计算、物联网等一系列前沿的数字技术和硬件系统,运用到企业产品生产、原材料购买、流程管理、科技研发、仓储物流和销售等各流程,实现企业的数字化、自动化、智能化和信息化转型(袁淳等,2021;刘淑春等,2021;石先梅,2022)。[④][⑤][⑥]

马克思提出,"资本唤起科学和自然界的一切力量"[⑦],企业员工不再只是看护机械设备并处理机器故障,高端人才会加速科学智慧变成一般社会和精

---

① 杨慧梅、江璐:《数字经济、空间效应与全要素生产率》,《统计研究》2021 年第 4 期。
② 吴非、胡慧芷、林慧妍等:《企业数字化转型与资本市场表现——来自股票流动性的经验证据》,《管理世界》2021 年第 7 期。
③ 祝合良、王春娟:《"双循环"新发展格局战略背景下产业数字化转型:理论与对策》,《财贸经济》2021 年第 3 期。
④ 袁淳、肖土盛、耿春晓等:《数字化转型与企业分工:专业化还是纵向一体化》,《中国工业经济》2021 年第 9 期。
⑤ 刘淑春、闫津臣、张思雪等:《企业管理数字化变革能提升投入产出效率吗》,《管理世界》2021 年第 5 期。
⑥ 石先梅:《制造业数字化转型的三重逻辑与路径探讨》,《当代经济管理》2022 年第 9 期。
⑦ 《马克思恩格斯选集》第 2 卷,人民出版社 2012 年版,第 784 页。

神生产力,提高企业生产效率,尤其是资本生产率。万巴-塔圭姆杰等(Wamba-Taguimdje 等,2020)提出,人工智能包括机器翻译、聊天机器人和自学习算法,可以优化企业现有流程,提高信息转换能力和预测能力。① 米卡莱夫和古普塔(Mikalef 和 Gupta,2021)指出,人工智能是通过分析和处理数据,模拟认知功能,学习与人类属性相关的属性。② 而劳迪恩语和佩施(Laudie 和 Pesch,2019)分析得出,数字技术和数字化业务活动有助于企业克服传统的服务业务约束,加快服务流程。③ 斯兆丁等(Sjödin 等,2023)将数字化分为三个维度,即数据、许可和分析,不仅包括技术和分析活动,而且还纳入了与监管、合同和社会许可相关的维度。④ 奇里洛和莫莱罗-萨亚斯(Cirillo 和 Molero Zayas,2019)认为,数字化使得企业变得敏捷和聪明,减少浪费,鼓励形成协作工作系统,优化"工业生态系统"组织间的关系。⑤ 巴尔斯迈尔和伍尔特(Balsmeier 和 Woerter,2019)通过测算得出,数字技术造成自动化相关岗位被替代,即中低技能劳动力失业,而大多数数字技术产生的新任务是对高技能劳动力的补充。⑥

---

① Wamba-Taguimdje S.L., Wamba S.F., Kamdjoug J., "Influence of Artificial Intelligence(AI) on Firm Performance: The Business Value of AI-based Transformation Projects", *Business Process Management Journal*, Vol.26, No.7, 2020.

② Mikalef P., Gupta M., "Artificial Intelligence Capability: Conceptualization, Measurement Calibration, and Empirical Study on Its Impact on Organizational Creativity and Firm Performance", *Information & Management*, Vol.58, No.3, 2021.

③ Laudien S.M., Pesch R., "Understanding the Influence of Digitalization on Service Firm Business Model Design: A Qualitative-empirical Analysis", *Review of Managerial Science*, Vol.13, No.3, 2019.

④ Sjödin D., Parida V., and Kohtamäki M., "Artificial Intelligence Enabling Circular Business Model Innovation in Digital Servitization: Conceptualizing Dynamic Capabilities, AI Capacities, Business Models and Effects", *Technological Forecasting and Social Change*, Vol.197, 2023.

⑤ Cirillo V., Molero Zayas J., "Digitalizing Industry? Labor, Technology and Work Organization: An Introduction to the Forum", *Journal of Industrial and Business Economics*, Vol.46, No. 3, 2019.

⑥ Balsmeier B., Woerter M., "Is This Time Different? How Digitalization Influences Job Creation and Destruction", *Research Policy*, Vol.48, No.8, 2019.

2021年工业和信息化部发布的《"十四五"促进中小企业发展规划》指出,要引导工业互联网平台、数字化服务商面向技术、管理、生产、产品、服务等全过程的细分场景。推动中小企业智能化升级,深化新一代信息技术与先进制造业深度融合,着力推进智能制造,促进中小企业生产过程柔性化及系统服务集成化,建设智能生产线、智能车间和智能工厂,实现精益生产、敏捷制造、精细管理和智能决策,发展智能化制造、网络化协同、个性化定制、服务化延伸、数字化管理等新技术新模式新业态。

本书在以上数字化转型相关文献的基础上,提出企业数字化转型的基本概念,即微观层面的新型信息通信技术,主要包括装备数字化、生产数字化、产品数字化、管理数字化和服务数字化,以提高企业生产率为目标,涵盖人工智能、大数据、云计算、物联网、区块链等技术。

二、数字化转型的理论基础

国内外关于数字化转型的相关理论主要来源于20世纪后半叶的第三次工业革命,随着人工智能、大数据、云计算等信息通信技术的不断发展,部分学者认为数字时代已悄然来临,企业的生产、管理、物流、组织等结构变得更加智能、精细、烦琐和自动。与此同时,形成了以马克思主义工业化理论、生命周期理论、市场分工理论和技术创新理论为代表的数字化转型相关理论,具体如下:

(一)马克思主义工业化理论

乔晓楠和郗艳萍(2019)指出,需要从"生产资料与活劳动之间的结构"和"不同类型劳动力之间的结构"两个视角进行分析。[①]

首先,以生产资料和活劳动之间的关系为例,主要反映的是硬件设备与劳动力之间的关系,是某种特殊技术进步下生产力的表现。在企业数字化转型

---

① 乔晓楠、郗艳萍:《数字经济与资本主义生产方式的重塑———一个政治经济学的视角》,《当代经济研究》2019年第5期。

过程中,人工智能、大数据、云计算等数字技术的使用,都会造成资本的技术构成改变。马克思指出,机器设备实际上是"人的手的创造物",即被物化了的人类劳动力,换句话说工业化将庞大的自然体系和繁杂的自然科学纳入企业生产流程,提升了劳动生产率。[①] 可知,机器设备的产生和使用主要是为了加速生产率的发展,主要表现形式是通过数字化机器设备代替劳动力,即通过自然力和自然科学代替人力,获得生产效率的提升。在数字化转型时期,生产流程逐渐数字化、智能化和信息化,机器设备进一步替代人类脑力劳动(郭凯明等,2023;高斯扬,2023)。[②][③] 若将大数据、云计算、物联网等技术拥有的深度学习和自主决策、感知、记忆等功能用于企业运营流程中,将促进企业原材料购买、批发零售、生产制造、仓储物流等多个流程效率的提升。生产率提升将增加劳动力在单位时间内的产出量或价值数量。

其次,不同类型劳动力之间的结构也会改变可变资本内部的结构,在数字化转型过程中,主要将劳动分为工业劳动和数字劳动(张义修,2023)。[④] 工业劳动是马克思主义探讨的重点对象,以雇佣为前提,以工作日为周期,分为必要劳动和剩余劳动。乔晓楠和郜艳萍(2019)指出,工业劳动在数字化转型时期依旧存在,工业劳动生产出来的各类产品包含了他们创造的价值。[⑤] 数字劳动并非数字化转型过程中的劳动,主要指人类将自身精力、脑力和体力,通过数字化设备,表现为知识、经验、认知、情绪等方面内容,从而为资本带来利润的免费劳动。譬如,人类通过社交平台发布信息,这些内容吸引了消费者的眼球,增加了浏览量,但社交平台却没有支付这部分报酬。数字劳动的产生,

---

① 《马克思恩格斯全集》第 42 卷,人民出版社 2016 年版,第 397 页。

② 郭凯明、王钰冰、龚六堂:《劳动力供给转变、有为政府作用与人工智能时代开启》,《管理世界》2023 年第 6 期。

③ 高斯扬:《基于马克思劳动观的数字劳动界定》,《经济纵横》2023 年第 8 期。

④ 张义修:《数字时代的劳动辩证法——基于马克思劳动哲学的当代阐释》,《浙江社会科学》2023 年第 9 期。

⑤ 乔晓楠、郜艳萍:《数字经济与资本主义生产方式的重塑——一个政治经济学的视角》,《当代经济研究》2019 年第 5 期。

为数字化转型带来了更多隐性利润,提高企业生产效率。马克思提出,劳动过程的简单要素是有目的的活动或劳动力自身、劳动对象和劳动资料。数字劳动与工业劳动一样,都需要花费时间来创造价值,需要消耗数字劳动的精力和脑力等,其中脑力付出是数字化转型过程中数字劳动的主要特点,精力和脑力等均可以通过劳动力再生产获得。数字劳动的对象是人类的知识、经验、认知等,劳动资料是人工智能、大数据、云计算、物联网以及计算机和手机等设备。而数字劳动与资本家没有雇佣关系,且不需支付工资报酬,但数字劳动的成果被资本家占有,意味着数字化转型并未造成生产关系的变化(王淼和向东旭,2022)。[1]

在生产力方面,马克思将工业化概括为"机器—机器体系—工业部门—生产方式",即迂回生产模式下机器设备的不断积累,部分劳动力通过生产机器设备,实现机器设备与劳动力的协作,提高生产效率。在生产关系方面,尤其是数字化转型的背景下,劳动力更大范围地被数字技术和硬件替代,由于生产资料被资本家或企业家私人占有,利润由私人支配,导致商品价值实现的困难,劳动者工资越来越少(张万里,2023)。[2] 随着数字技术和硬件不断被复制推广,专业化和产业分工导致规模扩大,劳动力需求量骤增,通过生产总量的增加又能改善劳动力报酬。

因此,企业数字化转型是通过类人的机器设备来替代体力劳动者,提高生产效率。自然不会主动创造工具,人类通过知识、经验等创造数字技术和设备,通过替代大量自动执行的常规且程序化和重复化的工作释放劳动力,让企业实现数字化、自动化、智能化和信息化高速发展。

(二)生命周期理论

产品存在着由生产到消亡的阶段,影响企业的发展,因此,产品的生命周

---

[1] 王淼、向东旭:《数字资本逻辑批判的四重维度》,《经济学家》2022 年第 1 期。
[2] 张万里:《数字化转型对区域技术创新的影响机制研究》,《经济体制改革》2023 年第 6 期。

期影响企业的生命周期。企业生命周期理论最早由弗农(Vernon,1966)提出,其将产品分为新产品阶段、成熟产品阶段和标准化阶段。① 随后,阿伯内西(Abernathy,1975)将产品生产过程与技术创新相融合,进一步完善生命周期理论,即随着产品生产流程的发展,生产率和规模不断增加,企业内部组织结构会经历不协调、部分的协调和系统的协调三个阶段。② 当数字技术不断发展,企业为了满足消费者和市场需求而应用数字技术,对产品生产要求从侧重于产品性能到产品品种,最终到产品标准化和成本,每个阶段企业都要实施适宜的创新模式。戈特和克莱珀(Gort 和 Klepper,1982)指出,企业随着技术创新变化,会经历新产品引入、企业数量快速增长、企业数量稳定、企业退出市场和市场衰退五个阶段,而市场衰退是新产品引入,即采用新的数字技术实现企业新的生命周期阶段。③ 童楠楠等(2024)将数据要素和生命周期理论相结合,提出了数据全生命周期管理理论,企业进行数字化转型后,刺激数据分析、数据运营、数据处理、数据决策和数据赋能等,有利于企业通过数字要素合理调控上下游、应用数字技术架构生态网络,提升全要素生产率。④ 孟韬等(2021)认为,企业的发展要处理好产品全生命周期数字一体化和产品全生命周期可追溯。⑤ 因此,企业在数字化转型阶段,也应处理好设计、生产、管理和服务等全流程的生命周期管理。在企业产品设计阶段,数字技术通过搜集数据建立现代信息网络,在传统设计的基础上,采用模拟仿真技术实现人机合作,利用消费者和市场信息进行合理的产品设计。在企业产品生产阶段,通过

---

① Vernon R.A., "International Investment and International Trade in the Product Cycle", *The International Executive*, Vol.8, No.4, 1966.

② Abernathy W.J., "A Dynamic Model of Process and Product Innovation", *Omega*, Vol.3, 1975.

③ Gort M., Klepper S., "Time Paths in the Diffusion of Product Innovations", *The Economic Journal*, Vol.92, No.367, 1982.

④ 童楠楠、张琳颖、牛文情:《我国数据交易市场建设:实践进展、生命周期定位与推进对策》,《经济纵横》2024 年第 1 期。

⑤ 孟韬、赵菲菲、关钰桥等:《"智能+"时代智能制造后发企业从追赶到超越的演化与机理研究——以新松机器人企业为例》,《管理学刊》2021 年第 1 期。

人工智能、大数据、云计算等数字技术,加速软件之间、硬件之间、人之间,以及人与软件、硬件之间的协作,释放高端人才和生产性员工的时间和精力,促进智能化、数字化、自动化的个性化和规模生产。在企业内部管理阶段,企业不仅搜集市场和消费者信息,内部信息也在实时上传和搜集,通过人工智能、云计算等技术的筛选和处理功能,利用自主决策和深度学习为管理者提供有效的信息和决策,企业内部员工之间、管理人员之间、管理人员和员工之间,以及不同企业之间都可以通过数字技术实现线上"面对面交流",消除地理和时间限制,降低企业内部交易成本,为管理人员提供分配资源和要素的有效决策,提高管理效率。在服务阶段,消费者通过数字技术学习产品使用信息,降低企业售后成本,自动化解决消费者问题,提高售后处理效率,增加消费者满意度。因此,数字技术涉及企业全生命周期,是社会经济发展的必然产物。

(三)市场分工理论

亚当·斯密(Adam Smith)在《国民财富的性质和原因的研究》(《国富论》)一书中提出了分工理论,指出国家之间的贸易造成了国家专业化分工,国家依据自身自然禀赋条件、劳动力、资源和技术创新等,生产具有优势的产品和服务,与其他国家和地区进行分工和交易,实现生产要素的合理运用,提高劳动生产率和物质财富。[1] 数字化转型重塑企业生产流程,应用人工智能、大数据等数字技术在传统价值链上增加新的流程环节,提高产品价值,在全国分工局势下提升价值链地位。数字化转型还能改变价值体系,通过新产品和新技术使得发展中国家的劳动力优势不复存在,通过数字化机械设备来替代传统廉价劳动力,致使劳动密集型国家和地区收益下降(宋宪萍和曹宇驰,2022)。[2]

---

[1] Smith A., *The Wealth of Nations: An Inquiry into the Nature and Causes of the Wealth of Nations*, Harriman House Limited, 2010.

[2] 宋宪萍、曹宇驰:《数字经济背景下全球价值链的风险及其放大:表征透视、机理建构与防控调适》,《经济学家》2022年第5期。

马歇尔(Marshall,2009)和雅各布(Jacobs,2016)分别提出了专业化分工和多样化分工,企业之间通过地理的集聚实现产业关联,共享劳动力和生产资源,实现外部性,而数字化转型也通过专业化和多样化带来同类型企业的相互模仿学习,以及不同类型企业的技术合作和交流,提升企业生产率。[1][2] 综合以上文献可知,各国所处地理位置不同,导致生产资源、技术、劳动力等均存在差异,对于劳动力使用成本较高的国家,为了寻求替代高成本的劳动力,加快研发人工智能、大数据等数字技术,提高竞争力和市场份额,稳固经济地位。发展中国家则提高原材料、能源等方面的开发和利用,保证市场份额和经济利益,与此同时,进一步学习发达国家使用数字技术的先例,从而降低技术差距,提高企业生产率。

(四)技术创新理论

约瑟夫·熊彼特(Joseph Schumpeter)在《经济发展理论》一书中首次提出了技术创新理论,将生产要素和生产流程等进行融合,指出国家、地区和企业的发展不仅受劳动力、资本、土地和企业家才能的影响,还应考虑技术创新,并将技术创新分为五个方面:第一,新产品的研发和生产;第二,采用新的生产技术、模式或方法;第三,寻找新的产品市场或为进入市场的新兴产业;第四,寻找新的资料或中间产品供应商;第五,建立新的组织架构模式,打破原有垄断形式。[3] 阿什海姆和伊萨克森(Asheim 和 Isaksen,2002)完善了熊彼特的技术创新理论,指出单个企业是区域产业的集聚和外部企业的关联,从而促进企业技术创新,提高生产率。[4] 余江等(2017)指出,集成电路、信息通信技术、人工智能等技术发展,促进我国数字化创新主体寻找新业态和新模式,不断创造新

---

① Marshall A.,*Principles of Economics:Unabridged Eighth Edition*,Cosimo,Inc.,2009.

② Jacobs J.,*The Economy of Cities*,Vintage,2016.

③ Schumpeter J.A.,*The Theory of Economic Development:An Inquiry into Profits,Capital,Credit,Interest,and the Business Cycle*,Routledge,2017.

④ Asheim B.T.,Isaksen A.,"Regional Innovation Systems:the Integration of Local'Sticky'and Global'Ubiquitous'Knowledge",*The Journal of Technology Transfer*,Vol.27,No.1,2002.

产品和新服务,满足市场需求和消费者偏好。① 王彦萌等(2024)指出,ABCD② 等数字技术为技术的新组合提供硬件设施,大数据的采集、处理和分析为技术的新组合提供软件基础,实现技术之间为解决社会经济问题而相互组合,促进价值链优化、生产要素配置等,提高生产效率。③ 余菲菲和王丽婷(2022)将数字创新分为三类,即流程创新、产品创新和商业模式创新,其中,流程创新是指数字技术融入企业运营流程,改变企业产品生产、交易方式和决策等;④产品创新是指数字技术和物理设施组合,创造出新产品和新服务;商业模式创新则是指数字技术和商业模式之间的互动,譬如 S2B(Supply to Business,供应链对商业)、B2B(Business to Business,商业对商业)等商业模式的诞生和发展。综上可知,数字技术不仅仅是单纯的技术创新,其通过与企业各流程的结合和硬件设施的融合,能够推动产品和服务的创新、生产模式的创新、组织形式的创新等,进而提升企业全要素生产率。

三、数字化转型产生的效应

国内外对数字化转型产生的效应进行了多层次的分析,包含微观企业、中观产业和宏观国家等不同视角,研究数字技术如何影响国家或地区经济增长,探讨数字化转型如何造成生产力和生产关系的变化,进而作用于不同人群就业情况,探析数字化转型如何影响企业内部和国家整体不同类型人群的收入分配情况。而企业作为经济增长的微观个体,也有大量学者分析企业数字化转型如何通过组织架构、管理模式、生产方式和销售渠道等多层面影响企业绩

---

① 余江、孟庆时、张越等:《数字创新:创新研究新视角的探索及启示》,《科学学研究》2017年第 7 期。

② ABCD,人工智能(Artificial Intelligence)、区块链(Blockchain)、云计算(Cloud Computing)、数据管理分析(Data & Data Analytics)。

③ 王彦萌、许冠南、陈庆江:《数字经济下董事网络嵌入对企业成长的影响研究》,《管理学报》2024 年第 2 期。

④ 余菲菲、王丽婷:《数字技术赋能我国制造企业技术创新路径研究》,《科研管理》2022 年第 4 期。

效。结合国内外已有文献,本书接下来将分析数字化转型如何影响经济增长、就业、收入分配和企业绩效四个方面(Aecmoglu 和 Restrepo,2020;Damioli 等,2021;Aisa 等,2023)。①②③

(一)数字化转型与经济增长

关于数字化转型与经济增长的关系,理论研究主要通过任务模型、经济增长模型等展开分析,实证研究则采用计量模型分析数字化转型是否会对经济增长产生正向影响,甚至是非线性影响。

1. 数字化转型对经济增长的理论研究

泽拉(Zeira,1998)首次提出任务模型,认为企业正常运转需要通过不同的任务组合和相互协调,即某个任务为其他任务提供原材料、信息、机械设备等前期准备,其他任务只有在这些前期准备完成后才能进行后续的生产、管理、销售和售后等。④ 不同任务对员工、管理人员和资产设备的需求都不同,虽然数字化机械设备通过自动化和智能化代替中低技能劳动力,但会提升该任务的运营水平,通过扁平化管理模式降低金字塔结构带来的高交易成本和信息不对称,提高产量。阿西马格鲁和雷斯特雷波(Aecmoglu 和 Restrepo,2018)将自动化、智能化等技术进步和硬件设备作为推动技术变革不可或缺的因素,机器设备替换以前由人工执行的任务,与增加要素生产率的技术变革不同,任务的自动化减少了劳动力份额,降低了均衡工资,强调了新任务的作用、劳动力比较优势的变化,机器在自动化任务中更具生产力。⑤ 阿莱森娜等

① Acemoglu D.,Restrepo P.,"Robots and Jobs:Evidence from US Labor Markets",*Journal of Political Economy*,Vol.128,No.6,2020.

② Damioli G.,Van Roy V.,Vertesy D.,"The Impact of Artificial Intelligence on Labor Productivity",*Eurasian Business Review*,Vol.11,No.1,2021.

③ Aisa R.,Cabeza J.,Martin J.,"Automation and Aging:The Impact on Older Workers in the Workforce",*The Journal of the Economics of Ageing*,Vol.26,2023.

④ Zeira J.,"Why and How Education Affects Economic Growth",*Review of International Economics*,Vol.17,No.3,2009.

⑤ Acemoglu D.,Restrepo P.,*Modeling Automation*,AEA Papers and Proceedings,2018.

（Alesina 等,2018）通过构建劳动力节约技术模型,指出不同的劳动力市场政策可能导致不同部门的技术差异,如果技术是节省劳动力的,国家更愿意使用技术来替代低技能劳动力,而高技能部门则被挤出,技术水平下降。因此,不同国家政策的差异也会影响数字技术对产业部门的生产,最终影响地区和国家经济增长和比较优势。① 霍姆斯和奥尔森（Hémous 和 Olsen,2022）构建了内生增长模型,考虑自动化（用机器设备代替低技能劳动力）和技术创新（创造新产品）,企业使用自动化技术和设备会导致技能溢价增加,劳动力份额下降,提升劳动生产率。②

陈彦斌等（2019）通过构造动态一般均衡模型,得出数字技术虽然会对 60 岁及以上劳动力造成冲击,但最终促进经济增长。③ 杨光和侯钰（2020）将工业机器人等数字化机器设备的规模效应和定价机制纳入阿西马格鲁和雷斯特雷波（Acemoglu 和 Restrepo,2018）提出的任务模型中,得出工业机器人等数字技术不仅能促进经济增长,还能通过全要素生产率的提升影响经济增长。④⑤ 郭凯明和潘珊（2020）分析得出,人工智能、大数据等新型基础设施建设对资本产出弹性较高,且制造业对服务业的产品替代弹性较低时,新型基础设施或数字技术将通过供给侧促进制造业转型升级,推动服务业发展,提高地区经济增长。⑥ 孙早和侯玉琳（2021）将数字技术引入新经济地理学范畴,验证数字化转型、劳动力成本和人力资本如何影响地区产业发展,得出数字技术导致南

---

① Alesina A., Battisti M., Zeira J., "Technology and Labor Regulations: Theory and Evidence", *Journal of Economic Growth*, Vol.23, No.1, 2018.

② Hémous D., Olsen M., "The Rise of the Machines: Automation, Horizontal Innovation, and Income Inequality", *American Economic Journal-Macroeconomics*, Vol.14, No.1, 2022.

③ 陈彦斌、林晨、陈小亮:《人工智能、老龄化与经济增长》,《经济研究》2019 年第 7 期。

④ 杨光、侯钰:《工业机器人的使用、技术升级与经济增长》,《中国工业经济》2020 年第 10 期。

⑤ Acemoglu D., Restrepo P., "The Race between Man and Machine: Implications of Technology for Growth, Factor Shares, and Employment", *American Economic Review*, Vol.108, No.6, 2018.

⑥ 郭凯明、潘珊:《新型基础设施投资与产业结构转型升级》,《中国工业经济》2020 年第 3 期。

部沿海地区工业产业回流,沿海地区高技术和以重复性任务为主的行业规模不断扩大,且数字技术与高技能人才的匹配和融合促进东南沿海地区产业结构升级,推动经济增长。[1] 田秀娟和李睿(2022)总结了人工智能等数字技术对经济增长的正向作用,以及对就业和收入分配的作用,得出数字化转型通过深度学习、自主决策干预人类认知行为,在图像识别、语音识别等方面得到突破,但是在早期阶段,数字技术对经济增长的作用存在不确定性。[2] 陈晓红等(2022)总结得出人工智能、大数据、云计算等数字技术均会对不同类型劳动力产生影响,进而作用于地区产业结构,促进地区经济增长。[3]

综上可知,数字化相关技术对重复性劳动力具有一定的替代作用,相关技术和硬件设施通过数字化、自动化、智能化和信息化提高企业生产效率和优化地区要素配置,进而促进地区产业升级和经济增长。但从长期来看,数字技术能否完全替代脑力劳动进行分析、判断和决策等,还需进一步验证。

2. 数字化转型对经济增长的实证研究

奥勒姆和杜尼(Allam 和 Dhunny,2019)指出,新兴城市通过物联网(IoT)促进传感器和大数据的融合,数据的激增为城市的设计和管理带来新的可能性,人工智能结合大数据改善城市结构,最终提高城市宜居性,同时促进经济增长。[4] 阿卜杜洛夫(Abdulov,2020)将人工智能等数字技术纳入国民经济系统,通过构建扩展再生产模型,采用数据仿真模拟方法,得出数字技术在不同经济部门之间不会发生扭曲,能够实现可持续、无危机的增长模式。[5] 容米塔

---

[1] 孙早、侯玉琳:《工业智能化与产业梯度转移:对"雁阵理论"的再检验》,《世界经济》2021 年第 7 期。

[2] 田秀娟、李睿:《数字技术赋能实体经济转型发展——基于熊彼特内生增长理论的分析框架》,《管理世界》2022 年第 5 期。

[3] 陈晓红、李杨扬、宋丽洁等:《数字经济理论体系与研究展望》,《管理世界》2022 年第 2 期。

[4] Allam Z., Dhunny Z. A., "On Big Data, Artificial Intelligence and Smart Cities", *Cities*, Vol. 89, 2019.

[5] Abdulov R., "Artificial Intelligence as An Important Factor of Sustainable and Crisis-free Economic Growth", *Procedia Computer Science*, Vol. 169, 2020.

格(Jungmittag,2021)采用 1995—2015 年 24 个欧盟国家制造业的机器人密度数据,得出 1995—2005 年机器人密度对经济增长的作用不显著,而 2005—2015 年机器人密度对经济增长的作用逐渐变得显著。① 鲁(Lu,2021)通过建立三部门内生增长模型,研究人工智能等数字技术平衡增长路径,同样使用数据仿真模拟方法得出:如果数字资本或技术的积累是由商品或数字化相关部门生产率的提高引起的,则可以增加家庭短期效用;但如果数字资本或技术的积累是因为企业使用更多数字技术替代低技能劳动力,则可能对家庭短期效用不利。郭等(Guo 等,2023)利用中国数据,采用双重差分方法,得出数字经济通过人力资本和绿色技术创新两种机制显著刺激经济增长。②

郑世林等(2014)利用 1990—2010 年我国省级面板数据,实证检验电信基础设施对经济增长的作用,得出电信基础设施对经济增长产生正向作用,但处于不断减弱的趋势。③ 蔡跃洲和张钧南(2015)依据 1997—2012 年我国的数据,得出信息通信技术产生替代效应和渗透效应,即技术进步带来信息通信技术产品的价格降低,造成对其他资产设备的替代,并作为通用技术进步渗透到各个部门,为我国经济发展提供动力源泉。④ 刘斌和潘彤(2020)使用 38 个出口国 37 个出口市场 2000—2014 年 19 个制造业细分行业数据,通过交互项和两阶段最小二乘法,得出人工智能等数字技术有利于提高一国产业价值链地位,通过降低贸易成本、提高技术创新和资源配置能力,促进国家经济增长和提高国际竞争力。⑤ 杨光和侯钰(2020)根据 1993—2017 年全球 72 个国家

---

① Jungmittag A., "Robotisation of the Manufacturing Industries in the EU:Convergence or Divergence?", *Journal of Technology Transfer*, Vol.46, No.5, 2021.

② Guo B., Wang Y., Zhang H., Liang C., Feng Y., Hu F., "Impact of the Digital Economy on High-quality Urban Economic Development:Evidence from Chinese Cities", *Economic Modelling*, Vol.3, 2023.

③ 郑世林、周黎安、何维达:《电信基础设施与中国经济增长》,《经济研究》2014 年第 5 期。

④ 蔡跃洲、张钧南:《信息通信技术对中国经济增长的替代效应与渗透效应》,《经济研究》2015 年第 12 期。

⑤ 刘斌、潘彤:《人工智能对制造业价值链分工的影响效应研究》,《数量经济技术经济研究》2020 年第 10 期。

的面板数据,分析得出工业机器人等数字技术对经济增长有显著的促进作用,在人口红利晚期效果更为明显,不同行业工业机器人等数字技术的作用存在显著差异。[①] 吴茜和姚乐野(2023)使用2013—2019年中国30个省份面板数据得出,数字经济生产服务、商业模式以及数字普惠金融均对创新驱动产生显著影响,数字经济商业模式、数字普惠金融对区域经济增长产生显著的促进效应。[②] 崔日明等(2023)基于2011—2019年中国地级市数据得出,数字经济发展不仅显著促进区域经济增长,而且具有稳外资的作用,数字经济对区域经济增长的影响存在非线性关系。[③]

综上可知,数字技术不仅在中短期促进国家、地区和产业的经济增长和生产率,也能带来地区产业结构转型升级,甚至提高消费者的福利水平,通过对不同类型劳动力的影响,最终对经济增长产生差异化的作用。

(二)数字化转型与就业

国内外研究数字化转型对就业的影响主要是对不同技能、不同学历和不同职务类型劳动力的作用,即对低技能、低学历和重复性劳动力的替代作用,以及对高技能、高学历和具有创造性思维工作能力劳动力的创造效应,而国内外关于数字化对不同类型就业人群的作用持有不同看法。

周等(Zhou等,2020)指出,越来越多的工作被数字技术替代,以中国为研究样本,得出数字技术对女性、老年人、低教育程度和低收入劳动力的替代影响更大,并且预测得出各行业数字技术替代的就业人数,即到2049年,中国将有2.78亿劳动力被数字技术替代,占中国当前就业人数的35.8%。[④] 鲁等(Lu等,2023)分析得出,数字技术的发展和广泛应用在经济和社会领域导致

---

① 杨光、侯钰:《工业机器人的使用、技术升级与经济增长》,《中国工业经济》2020年第10期。

② 吴茜、姚乐野:《数字经济、创新驱动与区域经济增长》,《软科学》2023年第6期。

③ 崔日明、陈永胜、李丹:《数字经济、外商直接投资与区域经济增长》,《商业研究》2023年第3期。

④ Zhou G. S., Chu G. S., Li L. X., "The Effect of Artificial Intelligence on China's Labor Market", *China Economic Journal*, Vol.13, No.1, 2020.

劳动性质发生重大变化,信息流的增长、生产和技术过程的复杂化要求各国尽可能积极地利用新技术的优势,数字技术影响员工知识、技能和能力,需要寻找新的组织方式,而基于数字技术的新商业模式需要具有在复杂问题中具备专业的认知和社会行为技能的高端人才。[1] 慕克吉和纳朗(Mukherjee 和 Narang,2023)认为,拥有数字技能的劳动力可以快速适应新环境,由于内部流动限制和扭曲的供应链等新问题给劳动力市场带来了巨大压力,需要提高劳动力的数字技能,以形成更有效、更灵活的劳动力市场。[2]

王春超和丁琪芯(2019)总结了我国和国外相关的数字技术研究成果,得出人工智能和工业机器人等数字技术通过替代效应和创造效应影响各地区对不同类型劳动力的需求,对劳动力技能和学历、工资报酬和生产率都造成影响。[3] 闫雪凌等(2020)根据我国 2006—2017 年制造业分行业数据,分析工业机器人等数字技术和设备对就业的影响,得出数字技术减少了岗位数,且不同行业数字技术对岗位数的作用不同,总体而言,工业机器人规模每增加 1%,就业岗位将下降 4.6%。[4] 魏玮等(2020)根据 2004—2016 年省级面板数据,构造数字技术相关指数,得出不同地区劳动力结构不同,对数字技术的适应程度也存在差异,最终导致对全要素生产率的作用不同。[5] 李磊等(2021)采用中国微观企业数据分析数字技术对就业的作用,得出企业对劳动力的需求反而通过数字技术的应用而提高,但并非所有行业都能从数字化转型中获得好处,低技术和劳动密集型行业的就业受阻,数字化的就业促进效应来源于企业

① Lu J.,Xiao Q.,Wang T.,"Does the Digital Economy Generate a Gender Dividend for Female Employment? Evidence from China",*Telecommunications Policy*,Vol.47. No.6,2023.

② Mukherjee S.,Narang D.,"Digital Economy and Work-from-home:The Rise of Home Offices Amidst the COVID-19 Outbreak in India",*Journal of the Knowledge Economy*,Vol.14,No.2,2023.

③ 王春超、丁琪芯:《智能机器人与劳动力市场研究新进展》,《经济社会体制比较》2019 年第 2 期。

④ 闫雪凌、朱博楷、马超:《工业机器人使用与制造业就业:来自中国的证据》,《统计研究》2020 年第 1 期。

⑤ 魏玮、张万里、宣旸:《劳动力结构、工业智能与全要素生产率——基于我国 2004—2016 年省级面板数据的分析》,《陕西师范大学学报(哲学社会科学版)》2020 年第 4 期。

生产规模的增加,使生产效率和产量进一步得到提升。① 石玉堂和王晓丹(2023)指出,企业数字化转型对技术型、服务型、高技能、中等技能员工存在就业创造效应,而对生产型、低技能员工则存在就业替代效应,且随着数字化转型程度加深,劳动力就业的优化作用不断增强。②

综上可知,数字化转型会对劳动力造成影响,在技术不成熟的阶段,其对部分中低技能、中低学历和重复性工作任务劳动力的替代是必然趋势;但由于产量提升带来的劳动力需求提升是否会影响长期的经济增长和企业生产效率,仍需通过理论和实证进行验证。

(三)数字化转型与收入分配

数字技术主要通过以下三个方面影响收入分配:(1)数字技术作为有偏技术进步,对不同技能、不同学历、不同职务劳动力的作用不同,导致边际产出存在差异,造成不同类型劳动力收入的差异。(2)数字技术降低劳动力的作用,企业更愿意使用机器设备来进行自动化、数字化、智能化和信息化生产,提高企业生产效率,因此,资本创造的收益高于劳动力,即不同要素收入差异不断扩大。(3)数字技术对不同行业的影响也是不同的,劳动密集型和能源密集型行业对技术要求不高,因此,数字技术的诞生对它们的作用小于资本密集型行业和技术密集型行业,不同行业生产效率、竞争力和收益的差异不断凸显,即不同行业收入差距扩大。

德林等(Döhring,2021)通过分析20世纪90年代末欧盟经济的传统部门和数字部门,引入两部门增长模型,得到结论如下:与传统商品和服务相比,数字商品和服务更容易扩展,但需要更多的前期无形投资,同时也造成两个部门技能需求的差异,即后者需要更多具有数字技能的工人,导致数字服务需求的

---

① 李磊、王小霞、包群:《机器人的就业效应:机制与中国经验》,《管理世界》2021年第9期。

② 石玉堂、王晓丹:《企业数字化转型对劳动力就业的影响研究——基于就业规模、就业结构的双重视角》,《经济学家》2023年第10期。

持续增长,影响劳动力市场和收入分配差距。① 鲁和周(Lu 和 Zhou,2021)将人工智能等数字技术纳入经济模型并发现,人工智能等数字技术相比以前的技术,会产生不同和更广泛的影响,尤其是对劳动力市场的替代和互补作用,即高技能人才需求增加、低技能劳动力失业,也会导致高低技能劳动力收入差距扩大。② 彭和丹(Peng 和 Dan,2023)指出,数字化正在影响经济和社会的各个方面,需要处理好机器人过程自动化、人工智能和机器学习、大数据、云计算、物联网和区块链等数字技术与人类的关系,制定收入分配相关政策,防止数字技术导致劳动力需求的差异,甚至是替代人类,从而影响人们的收入和福利水平。③

王林辉等(2020)采用阿西马格鲁和雷斯特雷波(Acemoglu 和 Restrepo,2018)的理论模型,将经济社会分为高技术和低技术两个门类,使用我国2001—2016 年省级面板数据,分析人工智能等数字技术如何影响收入分配,指出数字技术在对岗位更迭产生影响的同时,也对不同部门收入分配产生差异化的作用,更偏向于通过自动化和智能化扩张,提高高技术部门的收入,加剧收入分配不平等。④⑤ 杨艳等(2024)以数字技术的特征为切入点,分析数字技术的收入分配效应,得出数字技术的资本偏好型特征导致机器设备代替劳动力,降低劳动力的收入份额,提高不同要素之间收入差距。⑥ 并且,数字

---

① Döhring B.,Hristov A.,Maier C.,"COVID-19 Acceleration in Digitalisation,Aggregate Productivity Growth and the Functional Income Distribution", *International Economics and Economic Policy*,Vol.18,No.3,2021.

② Lu Y.Y.,Zhou Y.X.,"A Review on the Economics of Artificial Intelligence", *Journal of Economic Surveys*,Vol.35,No.4,2021.

③ Peng Z.,Dan T.,"Digital Dividend or Digital Divide? Digital Economy and Urban-rural Income Inequality in China", *Telecommunications Policy*,Vol.47,No.9,2023.

④ 王林辉、胡晟明、董直庆:《人工智能技术会诱致劳动收入不平等吗——模型推演与分类评估》,《中国工业经济》2020 年第 4 期。

⑤ Acemoglu D.,Restrepo P.,"The Race between Man and Machine:Implications of Technology for Growth,Factor Shares,and Employment", *American Economic Review*,Vol.108,No.6,2018.

⑥ 杨艳、林凌、王理:《数字经济时代的"红利"与"鸿沟":异质性劳动力的微观表征》,《统计与决策》2024 年第 3 期。

技术通过劳动力的替代效应和创造效应造成了不同技能劳动力的收入差距，即技能、岗位之间的工资薪酬差距。但与此同时，也会增加女性和创造性思维工作的人群需求，缩小男女之间的收入差距。柏培文和张云（2021）构建了多部门一般均衡模型分析数字经济如何影响中低技能劳动者收入，并通过 CHIP 数据得出数字经济降低中低技能劳动者收入，但改善其福利水平。① 郭凯明和王钰冰（2022）建立了包含供给结构、需求结构和分配结构的多部门动态一般均衡模型，研究发现，在数字经济时代，劳动力收入份额转为上升，并且技能溢价不断扩大。②

综上可知，数字技术对低技能、低学历、重复性劳动力造成就业压力，而与数字技术相融合的高技能、高学历和创造性思维人群，可以创造更高的收益和效率。这加剧了不同行业、不同类型劳动力的收入差距。除此之外，人工智能、大数据等数字技术和设备的使用，使得资产回报率提升，劳动力收入份额下降。

（四）数字化转型与企业绩效

人工智能、大数据等数字技术无疑会对产业组织和市场竞争产生影响，企业为了获得市场份额和竞争力，尽可能使用数字技术提高生产效率，优先拥有和使用其他企业未应用的先进管理技术和生产技术，提前建立市场优势，增值增效，促进全要素生产率的提升。

人工智能、大数据、云计算等数字技术本身作为一种通用的生产技术、管理技术等，会对相关联的技术产生影响。约恩苏－萨罗等（Joensuu-Salo 等，2018）收集了来自 101 家芬兰木制品行业中小企业的数据，认为数字化正在改变创业机会和创业实践，为国际化提供新视角，营销能力改变了市场导向和企业绩效之间的关系，数字化对国际化企业的业绩没有影响，但对于其他企业来

---

① 柏培文、张云：《数字经济、人口红利下降与中低技能劳动者权益》，《经济研究》2021 年第 5 期。

② 郭凯明、王钰冰：《供需结构优化、分配结构演化与 2035 年共同富裕目标展望》，《中国工业经济》2022 年第 1 期。

说,这种影响是直接而显著的。① 马丁-佩娜等(Martín-Peña等,2019)使用了828家西班牙工业企业的数据,通过线性回归建立模型,以捕捉数字技术和企业服务化对企业绩效的影响,得出企业服务化和数字化与生产绩效呈正相关,数字化积极地调节了企业服务化和生产绩效之间的关系。② 布曼等(Bouwman等,2019)基于321家欧洲中小企业数据,采用结构方程模型得出,数字技术对企业整体绩效产生积极影响,当数字化转型改变中小企业的基本模式时,中小企业可能会采取不同的途径来提高绩效。③ 埃勒等(Eller等,2020)研究了信息技术、员工技能和数字化战略对数字化转型的影响,通过193家中小企业的调查数据发现,数字化通过信息技术、员工技能和数字战略促进中小企业的绩效。④ 周等(Zhou等,2021)借鉴适应性结构理论和嵌入性理论,分析数字化和人力资源管理系统成熟度如何相互作用影响企业绩效,根据211家中国上市企业的样本数据,得出数字化和人力资源管理系统成熟度的相互作用与企业绩效呈正相关。⑤ 刘等(Liu等,2023)基于396个企业员工数据,通过使用结构方程模型分析得出数字经济能够促进企业技术创新。⑥

数字技术也会改变企业内部的员工结构和管理结构,对高技能人才、高学

① Joensuu-Salo S., Sorama K., Viljamaa A., "Firm Performance among Internationalized SMEs: The Interplay of Market Orientation, Marketing Capability and Digitalization", *Administrative Sciences*, Vol.8, No.3, 2018.

② Martin-peña M. L., Sanchez-lopez J. M., Diaz-garrido E., "Servitization and Digitalization in Manufacturing: The Influence on Firm Performance", *Journal of Business & Industrial Marketing*, Vol. 35, No.3, 2019.

③ Bouwman H., Nikoul S., De Reuver M., "Digitalization, Business Models, and SMEs: How Do Business Model Innovation Practices Improve Performance of Digitalizing SMEs?", *Telecommunications Policy*, Vol.43, No.9, 2019.

④ Eller R., Alford P., Kallmunzer A., "Antecedents, Consequences, and Challenges of Small and Medium-sized Enterprise Digitalization", *Journal of Business Research*, Vol.112, 2020.

⑤ Zhou Y., Liu G.J., Chang X.X., "The Impact of HRM Digitalization on Firm Performance: Investigating Three-Way Interactions", *Asia Pacific Journal of Human Resources*, Vol.59, No.1, 2021.

⑥ Liu J., Chen Y., Liang F.H., "The Effects of Digital Economy on Breakthrough Innovations: Evidence from Chinese Listed Companies", *Technological Forecasting and Social Change*, No.11, 2023.

历人才和高端管理人员的需求更高。赵宸宇(2021)采用 2007—2017 年中国 A 股上市企业数据,得出数字技术对企业服务化水平产生正向作用,并通过提高技术创新和人力资本水平促进企业服务化转型,通过分析可知,数字技术还能通过服务化转型提高劳动生产效率,进而改善企业绩效和实现价值增效。[①] 李新娥等(2021)以 101 家制造业上市企业数据为例,分析人工智能等数字技术对员工人数、员工结构、员工收入、员工学历等方面的影响,得出数字技术降低员工结构和生产人员占比,但提高了技术人员占比,与财务人员、销售人员、行政人员占比的关系不明显。[②] 孙伟增和郭冬梅(2021)分析了城市信息技术基础设施建设对企业员工的影响,得出城市 4G 基站每增加 1 单位,企业员工薪酬就会增加 5.67%,对本科及以上的高学历人才和高技术人员的需求也会相应提高,且对于不同类型企业,信息通信技术和数字技术对劳动力需求的作用不同。[③] 尹夏楠等(2022)搜集了 2015—2020 年上市制造业企业数据,通过网络爬虫方法搜索数字化转型关键词,得出数字化转型通过降低企业生产成本进而促进财务绩效。[④]

由上述文献可知,数字化转型改变企业员工结构和管理结构,增加高技术、高学历人才需求,以及数字化相关人才和管理人员的薪酬。管理技术的提高和信息通信技术的使用,有利于增加企业信息透明度和公开性,减少企业交易成本,进而提高管理效率和技术创新水平,完成传统研发模式无法完成的任务,让高端人才有时间和精力进行促进企业发展的创新性和创造性思维工作。对数字化员工进行有效管理,能够促进企业发展,提高企业生产绩效。

---

① 赵宸宇:《数字化发展与服务化转型——来自制造业上市企业的经验证据》,《南开管理评论》2021 年第 2 期。
② 李新娥、喻子君、夏静等:《人工智能技术应用下制造业企业就业效应研究——基于 101 家上市企业的实证检验》,《中国软科学》2021 年第 1 期。
③ 孙伟增、郭冬梅:《信息基础设施建设对企业劳动力需求的影响:需求规模、结构变化及影响路径》,《中国工业经济》2021 年第 11 期。
④ 尹夏楠、詹细明、唐少清:《制造企业数字化转型对财务绩效的影响机理》,《中国流通经济》2022 年第 7 期。

第二节　全要素生产率的理论研究进展

全要素生产率是指除了劳动力和资本等生产要素以外的技术进步、规模经济、管理经验等对地区经济增长或企业绩效的贡献。从微观视角来看,企业全要素生产率是企业生产技术、管理模式等方面对企业绩效的影响;而从宏观视角来看,地区全要素生产率则是整个地区除了劳动力和资本外产业规模经济、地区整体技术水平、企业交流合作等方面对地区经济增长的影响(Van Beveren,2012;Lin 和 Zhang,2023;Rehman 和 Islam,2023)。[1][2][3] 本节将从宏微观视角分析全要素生产率的内涵和测算方法,并总结企业全要素生产率的影响因素和理论基础。

一、全要素生产率的内涵

党的十九大报告指出,"必须坚持质量第一、效益优先,以供给侧结构性改革为主线,推动经济发展质量变革、效率变革、动力变革,提高全要素生产率"[4]。那么,什么是全要素生产率? 新古典增长理论学派的代表人物索罗(Solow,1998)对全要素生产率的测算工作作出了开创性的重大贡献,指出经济增长除了受劳动力和资本要素的影响外,还受技术进步、效率改善等多种因素的影响,下面将进行具体分析。[5]

亚当·斯密在《国富论》一书中指出,地区企业分工促进劳动生产率的提

---

①　Van Beveren I.,"Total Factor Productivity Estimation:A Practical Review",*Journal of Economic Surveys*,Vol.26,No.1,2012.

②　Lin B.,Zhang A.,"Government Subsidies,Market Competition and the TFP of New Energy Enterprises",*Renewable Energy*,No.11,2023.

③　Rehman F.U.,Islam M.M.,"Does Energy Infrastructure Spur Total Factor Productivity(TFP) in Middle-income Economies? An Application of A Novel Energy Infrastructure Index",*Applied Energy*,No.4,2023.

④　《习近平著作选读》第二卷,人民出版社 2023 年版,第 25 页。

⑤　Solow R.M.,*Monopolistic Competition and Macroeconomic Theory*,Cambridge University Press,1998.

升,进而改善经济增长。[1] 因此,生产率的含义简单来说就是产出与投入之间的比例(张建平和李林泽,2023)。[2] 要素投入和生产效率是经济增长的两个组成部分,沈坤荣和唐文健(2006)指出,要素投入一般具有边际收益递减规律,即随着投入要素的增加,单位要素带来的产出或收益将会下降,如何改善和提高单位要素的产出率是提高企业发展和地区经济增长的关键。[3]

丁伯根(Tinbergen,1942)首次将时间趋势项引入科布—道格拉斯(Cobb-Douglas)生产函数中,通过动态时间变化反映技术创新的发展,分析经济增长的影响因素,并得出作用于生产率的多维经济指标。[4] 之后,索罗(Solow,1998)提出索罗余值,认为经济增长中不能解释的部分是由技术创新引起的,技术创新或技术进步是全要素生产率的重要影响要素,将劳动力和资本等生产要素剔除掉,剩下的部分归结为技术创新的贡献,即全要素生产率。[5] 索罗余值有一个假定条件,即生产要素只有劳动力和资本,且无论什么时候,资本和劳动力都被合理运用,技术创新是希克斯所定义的中性技术进步,且整个社会处于完全竞争状态,然而现实却无法满足以上假设。

根据索罗模型,国家和地区的经济增长包含资本积累、劳动力增长和全要素生产率三个部分,三者的差异导致地区经济增长和企业绩效之间的差异(龚六堂和林东杰,2020)。[6] 因此,全要素生产率是指扣除要素贡献(劳动力

---

① Smith A., *The Wealth of Nations: An Inquiry into the Nature and Causes of the Wealth of Nations*, Harriman House Limited, 2010.

② 张建平、李林泽:《自贸区建设对污染企业全要素生产率的影响》,《科学决策》2023年第12期。

③ 沈坤荣、唐文健:《大规模劳动力转移条件下的经济收敛性分析》,《中国社会科学》2006年第5期。

④ Tinbergen J., "Zur Theorie Der Langfristigen Wirtschaftsentwicklung", *Weltwirtschaftliches Archiv*, Vol.55, 1942.

⑤ Solow R. M., *Monopolistic Competition and Macroeconomic Theory*, Cambridge University Press, 1998.

⑥ 龚六堂、林东杰:《资源配置效率与经济高质量发展》,《北京大学学报(哲学社会科学版)》2020年第6期。

和资本)后经济增长的剩余部分,可以理解为技术创新、制度变革、规模经济、管理经验等非生产投入要素的影响,即索罗余值(王玉喜和卓越,2023)。[①] 微观企业的全要素生产率与地区经济增长的全要素生产率类似,即剔除劳动力和资本两种要素后,企业绩效提升过程中无法被劳动力和资本解释的剩余部分(左晖和艾丹祥,2022)。[②] 地区全要素生产率和企业全要素生产率的区别主要在于衡量的方法和指标体系,下文会进行具体介绍。

二、全要素生产率的理论基础

全要素生产率的理论基础主要包含转型经济理论、要素配置理论、人力资本理论和技术创新理论等,具体如下。

(一)转型经济理论

转型经济理论主要是为了分析"政府—市场—企业"三个主体之间的关系,三个主体之间主要通过效率相关联。政府是企业转型过程中的推动者(李娅和官令今,2022)。[③] 政府通过出台产业政策,推动地区高技术产业发展,利用补贴制度为企业提供相应的财政支持,采用宽松的市场准入制度降低高技术产业发展的门槛,精准的产业政策工具是提高市场有效性和企业效率的关键(权锡鉴和朱雪,2022)。[④] 如何提升效率是经济转型升级的核心,也是最根本的动力。王丽纳(2021)指出,经济转型升级主要包含两种模式,即以"渐进—制度"为核心的渐进式改革和以"大爆炸"为核心思想的突破式改革。

---

① 王玉喜、卓越:《退出机制失灵、行业间资源配置与地区全要素生产率——基于正常与非正常经营企业二元视角的分析》,《云南财经大学学报》2023年第4期。

② 左晖、艾丹祥:《技术变化方向异性和全要素生产率——来自中国制造业信息化的证据》,《管理世界》2022年第8期。

③ 李娅、官令今:《规模、效率还是创新:产业政策工具对战略性新兴产业作用效果的研究》,《经济评论》2022年第4期。

④ 权锡鉴、朱雪:《政府补助、资本结构与企业技术创新效率——基于利益相关者理论的实证研究》,《商业研究》2022年第2期。

以三次产业结构为例,部分学者将产业结构升级分为产业结构高级化和合理化,其中,产业结构高级化客观上来说是传统农业向工业再向服务业转型的过程,产业结构合理化则是产业内劳动力、资本、资源等生产要素根据行业或企业生产率的大小进行合理分配,尽可能最大化发挥生产要素的作用,提高生产效率。韩永辉等(2017)指出,产业结构升级不仅是劳动力或资本在三大产业部门间的分布,更应该是三大产业部门整体生产率的提升,即要考虑不同产业规模的占比,分析地区所有企业的生产率平均水平。[①] 章志华和唐礼智(2019)按照二分位行业分类标准,将每个产业劳动生产率与该地区生产率比值作为产业结构高级化指数,分析产业发展是否处在平均水平。[②] 而政府为了提高地区经济增长,往往通过相关产业政策推动产业结构升级,无论是产业结构高级化还是合理化,均需要考虑要素生产率,通过提升地区整体生产率和要素合理配置发挥地区优势,促进产业结构转型升级(关海玲和屈田雨,2023)。[③]

(二)要素配置理论

近年来,不少国内外文献指出,假定地区或企业劳动力和资本等生产要素保持不变,则对不同要素进行配置后,也会造成不同的全要素生产率(戴小勇,2021;Vachadze,2022)。[④][⑤] 一般来讲,要素投入结构也被称为要素禀赋结构,主要是指资本和劳动力之间投入的比例关系。现有研究也多以资本深化分析要素投入结构或要素禀赋结构,这也是新古典理论的核心观点,即在技术创

[①]　韩永辉、黄亮雄、王贤彬:《产业政策推动地方产业结构升级了吗?——基于发展型地方政府的理论解释与实证检验》,《经济研究》2017 年第 8 期。

[②]　章志华、唐礼智:《空间溢出视角下的对外直接投资与母国产业结构升级》,《统计研究》2019 年第 4 期。

[③]　关海玲、屈田雨:《环境规制对产业结构升级的影响——基于中国 284 个地级市的经验证据》,《经济问题》2023 年第 7 期。

[④]　戴小勇:《中国高创新投入与低生产率之谜:资源错配视角的解释》,《世界经济》2021 年第 3 期。

[⑤]　Vachadze G. ,"Misallocation of Resource, Total Factor Productivity, and the Cleansing Hypothesis", *Macroeconomic Dynamics*, Vol.26, No.4, 2022.

新水平给定的前提下,经济体的经济增长水平取决于要素投入结构(段巍等,2023)。① 巴罗(Barro,2012)指出,后发国家能够通过提升人均资本水平,沿着既定生产函数曲线向先发国家收敛,提高生产效率。②

现有学者将要素配置的低效定义为要素错配现象,也有文献分析要素错配如何影响全要素生产率。雷斯图西亚和罗杰森(Restuccia 和 Rogerson,2008)指出,企业之间由于劳动力和资本等要素分配的差异性,导致各国人均产出的异质性,即要素错配影响单位劳动产出。③ 要素错配导致企业之间要素边际产出存在差异,从而影响全要素生产率。譬如,高技术行业需要更多的资本设备和先进技术人员,若这部分生产要素集中在劳动密集型企业,则会导致高技术行业发挥不出来优势,创造不了更先进的技术和高价值产品,影响企业生产效率提升。相对而言,劳动密集型企业使用过多的资本设备和先进人员可能会造成浪费。

就国内而言,④王文和牛泽东(2019)根据上市企业数据,得出我国不同地区、不同所有权结构、不同行业间企业的要素错配和经济增长存在显著的关系。⑤ 对于企业而言,当企业内部劳动力、资产设备等要素固定时,由于不同部门的任务存在显著差异,对劳动力和资本的需求不同,若企业内部生产要素配置不当,也会造成要素生产率存在差异,影响全要素生产率。

(三)人力资本理论

上文指出,全要素生产率是除了劳动力和资本外,其他要素对企业绩效

---

① 段巍、舒欣、吴福象等:《无形资本、资本—技能互补与技能溢价》,《经济研究》2023 年第3 期。

② Barro R.J., "Convergence and Modernization Revisited", *National Bureau of Economic Research*, 2012.

③ Restuccia D., Rogerson R., "Policy Distortions and Aggregate Productivity with Heterogeneous Establishments", *Review of Economic Dynamics*, Vol.11, No.4, 2008.

④ 文东伟:《资源错配、全要素生产率与中国制造业的增长潜力》,《经济学(季刊)》2019年第2 期。

⑤ 王文、牛泽东:《资源错配对中国工业全要素生产率的多维影响研究》,《数量经济技术经济研究》2019 年第 3 期。

或地区经济增长的贡献,包括技术创新、要素配置、管理效率等。因此,当企业或地区员工数量保持不变,员工素质、学历和技能水平不断提升时,员工能更加熟练地完成工作任务和使用资产设备,进而提高产出和生产效率,即当不同地区或企业员工总数一样时,员工自身特征也会影响全要素生产率。

人力资本理论最早由舒尔茨(Schultz,1961)提出,他认为人力资本是促进国民经济增长的重要原因。高人力资本相比低人力资本更能适应企业生产,提高生产率。[①] 随后,贝克(Becker,1962)强调以人为本的经济发展思想,指出人自身能力和素质的提升是促进经济发展的重要因素,在分析地区经济增长和企业绩效的时候不能只分析劳动力数量,更应考虑劳动力自身特征。[②]新经济增长理论指出,技术进步是可持续发展的主要因素,而人力资本水平的提升能显著增加技术创新水平,随着数字时代的到来,全球对技术的需求越来越高,人工智能、大数据、深度学习、5G 等数字技术正在深刻改变人类的生活方式。高技能和高学历人才在高等院校和培训机构学习先进的知识和技术,能够完成科研任务,促进专利和新产品的诞生。人力资本主要通过以下两点对技术创新产生作用:(1)劳动力技能、素质和学历的提升通过知识和技术研发促进企业或地区技术创新水平,技术创新来自高端人才的激励,且技术创新又能带来企业生产率的提升,进而为高端人才带来薪酬和激励(Zhuang,2023)。[③] (2)高技能、高学历和高素质人才通过技术溢出效应提高技术创新,不仅通过与其他高端人才进行交流合作,提高技术研发效率,也能与其他普通员工进行沟通交流,提升普通员工的技能和素质,提高普通员工的生

---

① Schultz T.W., "Investment in Human Capital", *The American Economic Review*, Vol.51, No.1, 1961.

② Becker G.S., "Investment in Human Capital: A Theoretical Analysis", *Journal of Political Economy*, Vol.70, No.5, 1962.

③ Zhuang J., "Income and Wealth Inequality in Asia and the Pacific: Trends, Causes, and Policy Remedies", *Asian Economic Policy Review*, Vol.18, No.1, 2023.

产效率,也为管理人员管理普通员工提供便利,促进管理效率和全要素生产率的提升。

(四)技术创新理论

企业和地区全要素生产率的提升离不开技术创新,而技术溢出效应又能促进全要素生产率(涂心语和严晓玲,2022)。① 新古典经济学理论最重要的假设是将技术进步或技术创新作为外生变量,而随后的内生经济增长理论开始将技术创新内生化,分析外部性、管理效率、创新驱动等多维度下技术创新的来源。

不同类型技术创新对全要素生产率的作用不同。首先,阿西马格鲁(Acemoglu,2002)通过构建理论分析框架,得出不同要素之间的替代弹性影响技术变化与要素价格如何作用于要素供给数量,即要素替代弹性足够大,则对该要素的长期需求上升,说明不同国家技术创新偏向的因素不同,导致国家技术创新、生产效率都存在差异。② 从不同技术创新模式来分析,自主创新为企业提供其他企业所不拥有的技术和模式,提高企业生产效率,并且其他企业无法或短期较难模仿其技术,从而保证该企业在市场的竞争力,提高全要素生产率。但是,自主创新需要大量的研发费用和技术人员,也存在风险,即投入大量前期成本可能出现研发失败,导致前期投入"打水漂"。由此,出现了以模仿创新为主的企业行为,企业通过技术的溢出效应,模仿自主创新企业先进的技术。由于先发企业已通过技术创新获得竞争优势,其他企业进行较大程度的模仿会获得部分市场份额,但这样也会造成先发企业利益受损,不利于先发企业进行自主创新,随即出现了专利制度。国家对自主创新的企业实施专利审批制度,当专利归某个企业所有,则其他企业使用专利技术需要支付费用(汤

---

① 涂心语、严晓玲:《数字化转型、知识溢出与企业全要素生产率——来自制造业上市企业的经验证据》,《产业经济研究》2022 年第 2 期。

② Acemoglu D., "Directed Technical Change", *Review of Economic Studies*, Vol.69, No.4, 2002.

萱,2016;袁礼等,2021;李拓晨等,2023)。①②③　自主创新和模仿创新之间并不是相互独立的,而是相互补充的。模仿性创新能够不断完善自主创新技术,并且,适度的模仿创新能提高企业间的竞争力,促进企业进行新的自主创新,提高企业全要素生产率。

因此,由于不同要素偏向型技术进步、自主创新和模仿创新、技术溢出等现象的存在,企业为了保持利益也会采取自主创新或模仿创新行为,共同提升企业和地区全要素生产率。

三、全要素生产率的驱动因素

(一)技术创新推动论

技术创新是地区经济增长和企业绩效的核心动力,也是全要素生产率的主要来源,熊彼特在《经济发展理论》一书中对技术创新理论进行了详细的阐述,并提出五种创新的形式。④ 索罗的外生增长理论、罗默的内生增长理论都将技术创新引入国家和地区经济增长模型中,并指出国家和地区经济增长的核心推动力是技术创新。⑤ 技术创新能够改变传统的生产、管理、销售等模式,提高资本和劳动力等生产要素的使用效率,也可以通过与高端人才的融合,创新产品种类和提升产品质量。近年来,随着大数据、互联网、物联网、人工智能等数字技术的发展,产品、原材料、消费者偏好等信息构建成一个现代

①　汤萱:《技术引进影响自主创新的机理及实证研究——基于中国制造业面板数据的实证检验》,《中国软科学》2016 年第 5 期。

②　袁礼、王林辉、欧阳峣:《后发大国的技术进步路径与技术赶超战略》,《经济科学》2021年第 6 期。

③　李拓晨、石孖祎、韩冬日等:《数字经济发展与省域创新质量——来自专利质量的证据》,《统计研究》2023 年第 9 期。

④　Schumpeter J. A. , *The Theory of Economic Development:An Inquiry into Profits , Capital , Credit , Interest , and the Business Cycle* , Routledge , 2017.

⑤　Romer P. M. , "The Origins of Endogenous Growth" , *Journal of Economic Perspectives* , Vol.8 , No.1 , 1994.

网络体系,不同网络节点都是信息的创造者和信息的使用者,企业通过不同要素的大规模数据,采用数字技术创新计算出不同生产要素的分配方案,提高产能利用率,促进全要素生产率的提升。

技术创新提高全要素生产率主要通过以下几种方式:(1)企业通过投入大量研发资金和研发人员进行自主创新,掌握新的核心技术和产品,有效占领国际市场。(2)先发企业通过自主研发获得核心技术,后发企业则通过学习和模仿先发企业的技术创新,改善企业的生产、管理、销售模式等,进行应用型扩展创新,进而创造出更先进的技术创新和产品种类,获得市场份额,并将技术创新用于提高生产效率、管理效率和销售等流程,有效提升企业全要素生产率。(3)部分国家由于拥有要素禀赋优势,能够进行专业化的技术创新,且由于贸易壁垒的存在,导致这些信息的获取受限。而技术落后型国家通过购买和引入发达国家的技术创新和专利,将其用于地区企业发展,带动地区产业转型升级。企业则使用引入的技术,结合本国国情和要素禀赋,进行适度应用和应用型扩展创新,改善企业生产、管理、销售等环节,促进全要素生产率的提升。因此,企业通过自主研发、模仿创新等方式,用于企业生产、管理、仓储物流、销售和售后等,不仅能促进创新效率的提升,也能提高企业生产效率、管理效率、物流效率等,降低交易成本,提高企业全要素生产率。

(二)比较优势论

理查德在《政治经济学及赋税原理》一书中首次提出比较优势理论,指出由于各国要素禀赋和国情存在显著差异,任何一个经济体都存在相比其他经济体更有优势的特征和发展动力,使得要素生产率在不同产品之间存在差异,导致国际贸易和专业化分工,而要素禀赋和国情主要包括劳动力人数和质量、资产、技术创新、能源储备等。[①] 蔡昉(2013)认为,刘易斯拐点、人口红利等现

---

① Ricardo D., *On the Principles of Political Economy, and Taxation*, InteLex Corporation, 1995.

象导致我国廉价劳动力的比较优势逐渐消失,劳动密集型产业只能转移到劳动力成本更低的其他国家和地区,国家和地区在发展阶段、资源禀赋和历史遗留等方面都存在较大差异,导致比较优势不同,从而存在雁阵式的产业结构模式,促使不同地区企业改善生产率。① 蔡昉(2021)指出,全球经济增速减缓,加上新冠疫情的暴发,更加影响经济增长,与此同时,我国经济结构出现根本性的调整,原先以廉价劳动力为优势的制造业现如今比较优势降低,企业生产率下降,导致制造业比重减少,更加偏重于服务业的发展。② 以上情况说明,由于比较优势的存在,导致国家和地区的企业根据优势建立生产模式,尽可能最大化提升全要素生产率,获取市场利润。袁礼和欧阳峣(2018)指出,中国作为世界发展中大国,应该依靠要素禀赋条件和制度比较优势,选择合适的技术创新,推动全要素生产率的提升。③ 发展中国家应该结合比较优势理论,通过资本积累降低与发达国家之间的要素禀赋差距,使各国企业全要素生产率逐渐收敛。

然而,有学者认为偏离比较优势的经济发展模式也能提升全要素生产率。常(Chang,2003)认为,后发国家应该优先发展高技术产业,并与发达国家进行竞争,提高国家整体技术创新能力,结合比较优势理论,发展能够实现资本积累的优势产业,但国家长期的产业、企业、贸易结构应向要素禀赋结构靠拢,不然,发展中国家无法跳出被发达国家所支配的局面,阻碍企业全要素生产率的提升。④ 但是,林毅夫和刘明兴(2004)却指出,偏离比较优势的发展将损害工业的发展和企业的生产效率,无论是国有企业还是非国有企业,无论是农村企业还是城市企业,都应该尽可能结合比较优势,进行合理的发展,在资本积

---

① 蔡昉:《中国经济增长如何转向全要素生产率驱动型》,《中国社会科学》2013 年第 1 期。

② 蔡昉:《生产率、新动能与制造业——中国经济如何提高资源重新配置效率》,《中国工业经济》2021 年第 5 期。

③ 袁礼、欧阳峣:《发展中大国提升全要素生产率的关键》,《中国工业经济》2018 年第 6 期。

④ Chang H.J., "Kicking Away the Ladder: Infant Industry Promotion in Historical Perspective", *Oxford Development Studies*, Vol.31, No.1, 2003.

累的过程中逐渐提升技术创新,赶超发达国家,实现企业全要素生产率和竞争力的提升。[1]

(三)全球价值链升级论

全球价值链是指企业生产的产品和提供的服务在形成过程中,连接生产、管理、销售、仓储物流、售后与回收等过程的全球性组织网络结构,包括各流程所有参与者的价值和利润分配,即产品设计、产品生产、技术研发、销售、消费和售后等各类增值项目。斯特金(Sturgeon,2001)从组织结构、地理位置和生产性主体定义全球价值链,由于要素禀赋差距导致专业化分工,各国为了提高生产效率和经济增长,与其他各国产业和企业的交流合作更频繁,企业间、产业间和地区间为了提升产品和服务价值,加强技术合作,提高企业全要素生产率。[2] 吕越等(2017)指出,企业通过参与全球价值链过程,能够获得产品市场,扩大市场规模,实现大市场效应,学习新的技术和产品,提升全要素生产率。[3] 而且,企业参与全球价值链能够打通中间品市场,获得更多低成本、种类繁多和高质量的中间品,提高企业生产效率。参与全球价值链的企业也能通过企业变革等方式获取竞争力,改善全要素生产率。余泳泽等(2019)以城市为研究对象并得出,贸易通过进出口学习效应、竞争效应提高外溢效应,进而降低企业研发成本,实现生产理念的变革,提高企业全要素生产率。[4] 企业的发展离不开与之关联的其他企业或其他地区行业的共同合作分工,只有通过加速国家交流合作,结合自主创新和模仿创新,才能促使企业产品和服务向高附加值、高技术转型,提升企业全要素生产率。

---

[1] 林毅夫、刘明兴:《经济发展战略与中国的工业化》,《经济研究》2004 年第 7 期。

[2] Sturgeon T.J., "How Do We Define Value Chains and Production Networks?", *Ids Bulletin*, Vol.32, No.3, 2001.

[3] 吕越、黄艳希、陈勇兵:《全球价值链嵌入的生产率效应:影响与机制分析》,《世界经济》2017 年第 7 期。

[4] 余泳泽、容开建、苏丹妮等:《中国城市全球价值链嵌入程度与全要素生产率——来自230 个地级市的经验研究》,《中国软科学》2019 年第 5 期。

四、全要素生产率的衡量

上文分析了全要素生产率的含义、理论基础和驱动因素,为了能够采用实证分析方法验证现实情况,需要对全要素生产率进行测算。现有关于全要素生产率的衡量方法依据个体不同,采用的方法也不同,即针对企业、地区或行业的全要素生产率测算各有不同。

(一)参数法

全要素生产率最早在 20 世纪 50 年代由索罗(Solow,1998)提出,基本思路是用产出减去资本和劳动力等要素的增长率后得到的剩余增长率,这种方法称为索罗余值法(SR 法),表示由劳动力和资本以外的其他因素导致的产出增加,测算方法包括参数、非参数方法,其中跨国比较研究较为普遍(刘夏等,2023;蔡晓陈和陈静宇,2023)。①② 然而,索罗余值法无法捕捉技术变革的影响,因此,逐渐产生了随机前沿分析法(SFA)、自由分布法(DFA)、厚前沿法(TFA)、OP、LP、ACF 等参数方法(Hartley,2000)。③

随机前沿分析方法最早由艾格纳等(Aigner 等,1977)提出,假定在模型中引入随机误差项和无效率项,它们共同影响效率的偏离,并利用截断分布和半正态分布定义无效率分布的有效性。④ 随后,施密特和西克尔斯(Schmidt 和 Sickles,1984)首次提出自由分布法,而伯杰(Berger,1993)对自由分布法进行改进,并指出要有充足的面板数据,然后就能放弃对无效率项分布的假设,

————————

　　① 刘夏、任声策、杜梅:《数字技术、融合创新对地区全要素生产率影响机理研究》,《科学学与科学技术管理》2023 年第 11 期。

　　② 蔡晓陈、陈静宇:《数字经济产业政策提高了企业全要素生产率吗?——基于研发投入与融资约束视角》,《产业经济研究》2023 年第 3 期。

　　③ Hartley J.E.,"Does the Solow Residual Actually Measure Changes in Technology?",*Review of Political Economy*,Vol.12,No.1,2000.

　　④ Aigner D.,Lovell C.A.K.,Schmidt P.,"Formulation and Estimation of Stochastic Frontier Production Function Models",*Journal of Econometrics*,Vol.6,No.1,1977.

求出无效率项的最大值,并计算其他企业与此效率的差异。[1][2] 伯杰和汉弗莱(Berger 和 Humphrey,1992)认为前沿成本函数在估计的时候,可以使用厚前沿法,与随机前沿分析法类似,厚前沿法也要估计成本函数,但厚前沿法并不对无效率项和随机误差项作假设,而是将企业按四分位进行分类,将不同类别间的效率的差异定义为非效率项,将各样本内各企业间的差距定义为随机误差项。[3] 现有学者也不断开始使用上述方法进行全要素生产率的衡量和测算,哈里斯和特雷纳(Harris 和 Trainor,2005)使用随机前沿分析法测算北爱尔兰制造业企业的全要素生产率,刘志新和刘琛(2004)使用自由分布法测算中国商业银行的全要素生产率,程开明和李泗娥(2022)提出递归厚前沿法(RT-FA),采用模拟实验方法测算全要素生产率。[4][5][6]

以上方法均采用生产函数的形式,通过资本和劳动力等生产要素来估算全要素生产率。然而,资本、劳动力和全要素生产率之间可能存在内生性,如若采用上述方法会带来结果的偏误。有学者提出用 OP 法和 LP 法来衡量全要素生产率(万贝伦,2012;余淼杰和解恩泽,2023)。[7][8] OP 法主要由奥利和佩克斯(Olley 和 Pakes,1996)提出,将企业的投资当作代理变量或工具变量,

---

[1] Schmidt P., Sickles R.C., "Production Frontiers and Panel Data", *Journal of Business & Economic Statistics*, Vol.2, No.4, 1984.

[2] Berger A.N., "'Distribution-free'Estimates of Efficiency in the US Banking Industry and Tests of the Standard Distributional Assumptions", *Journal of Productivity Analysis*, Vol.4, No.3, 1993.

[3] Berger A.N., Humphrey D.B., *Measurement and Efficiency Issues in Commercial Banking*, *Output Measurement in the Service Sectors*, University of Chicago Press, 1992.

[4] Harris R., Trainor M., "Capital Subsidies and Their Impact on Total Factor Productivity: Firm-level Evidence from Northern Ireland", *Journal of Regional Science*, Vol.45, No.1, 2005.

[5] 刘志新、刘琛:《基于 Dfa 的中国商业银行效率研究》,《数量经济技术经济研究》2004 年第 4 期。

[6] 程开明、李泗娥:《中国八大综合经济区绿色全要素生产率增长测算与因素分解》,《经济理论与经济管理》2022 年第 7 期。

[7] Van Beveren I., "Total Factor Productivity Estimation: A Practical Review", *Journal of Economic Surveys*, Vol.26, No.1, 2012.

[8] 余淼杰、解恩泽:《企业全要素生产率估计及在国际贸易研究中的应用》,《经济学(季刊)》2023 年第 3 期。

用来处理内生性问题。[1] 然而,大部分企业没有甚至不公布投资的相关数据,导致大多数企业的全要素生产率无法进行估计,因此,莱文松和佩特林(Levinsohn 和 Petrin,2003)提出 LP 法,将企业的中间投入作为工具变量,进行参数估计。[2] 然而,OP 法和 LP 法都有一个强假定,即企业投资和中间投入只与资本存量相关,但现实往往并非如此,这将会导致偏误(田和刘,2021)。[3] 基于此,阿克伯格等(Ackerberg 等,2007)指出,企业的投资和中间投入应受到资本存量和劳动力的双重影响,并提出 ACF 法。[4] 国内外学者也开始使用 OP、LP 和 ACF 等方法来测算企业层面的全要素生产率,聂辉华和贾瑞雪(2011)基于 1999—2007 年的制造业企业数据,采用 OP 法测算全要素生产率,得出不同地区资源错配和全要素生产率有显著的收敛趋势。[5] 王杰和刘斌(2014)采用 OP 法和 LP 法同时估算 1998—2011 年我国工业企业的全要素生产率,并分析环境规制对全要素生产率的影响。[6] 杨汝岱等(2023)则使用 ACF 法估算企业全要素生产率,并分析数字经济对全要素生产率的影响。[7]

以上分析可知,不同方法有不同的优点和限制,应根据数据特点和具体研究问题,采取相应的方法衡量全要素生产率。

(二)非参数法

与参数法相对应的是非参数法,即无须构建具体生产函数来测算全要素

---

[1]　Olley G.S.,Pakes A.,"The Dynamics of Productivity in the Telecommunications Equipment Industry",*National Bureau of Economic Research*,1992.

[2]　Levinsohn J.,Petrin A.,"Estimating Production Functions Using Inputs to Control for Unobservables",*Review of Economic Studies*,Vol.70,No.2,2003.

[3]　Tian J.,Liu Y.,"Research on Total Factor Productivity Measurement and Influencing Factors of Digital Economy Enterprises",*Procedia Computer Science*,Vol.187,2021.

[4]　Ackerberg D.,Benkard C.L.,Berry S.,"Econometric Tools for Analyzing Market Outcomes",*Handbook of Econometrics*,Vol.6,2007.

[5]　聂辉华、贾瑞雪:《中国制造业企业生产率与资源误置》,《世界经济》2011 年第 7 期。

[6]　王杰、刘斌:《环境规制与企业全要素生产率——基于中国工业企业数据的经验分析》,《中国工业经济》2014 年第 3 期。

[7]　杨汝岱、李艳、孟珊珊:《企业数字化发展、全要素生产率与产业链溢出效应》,《经济研究》2023 年第 11 期。

生产率,现有非参数法主要有数据包络分析法(DEA)。数据包络分析法研究的是决策单元经营生产过程中的相对有效性,分别从技术和规模两个角度研究了决策单元的效率(张海星等,2022)。① 技术有效是指在投入产出不变的情况下,企业可以达到最大的产出,并且不增加投入量就不能增加产出量;而规模有效是指当生产和管理水平一定,企业在规模最优时的生产能力(杨志华和张希,2023)。②

一般认为,以数据包络分析法为主的非参数法主要有以下的优点:不需要知道前沿生产函数的具体形式;不受投入产出的限制,不同的企业可以自如地选取所需要的变量。数据包络分析法的发展主要有两个阶段,一个是规模报酬不变的 CRS 模型,一个是规模报酬可变的 VRS 模型。第一,规模报酬不变模型。该模型是查恩斯等(Charnes,1978)提出的最基本的数据包络分析法模型,假定每个决策单元的生产技术为固定规模,然后从投入面剖析,利用线性规划方法求得每一决策单元的相对效率。③ 第二,规模报酬可变模型。规模报酬可变隐含规模大小不影响效率,而在不完全竞争等因素下是不成立的。如果所测评的企业不是最优规模,那么通过 CRS 方法得到的技术效率是不对的,需要使用 VRS 方法测算效率(Golany 和 Roll,1989)。④

与参数法不同,非参数法需要构建线性回归模型,测算过程受到其他样本数量的影响。因此,参数法多用于地区、行业或样本数量不多的微观个体。而参数法相比非参数法,拥有其独特的优势,也被国内外学者广泛应用。王和冯(Wang 和 Feng,2020)采用基于网络的二阶段超级数据包络分析法,测算不同工业部门的全要素生产率,并引入环境污染等负外部性,分

① 张海星、张宇、王星辉:《我国新型城镇化基础设施投资效率测度与评价——基于三阶段 DEA-Malmquist 指数模型》,《宁夏社会科学》2022 年第 5 期。

② 杨志华、张希:《供销社系统农产品批发市场效率研究》,《管理评论》2023 年第 1 期。

③ Charnes A., Coopwe W. W., Rhodes E., "Measuring the Efficiency of Decision Making Units", *European Journal of Operational Research*, Vol.2, No.6, 1978.

④ Golany B., Roll Y., "An Application Procedure for DEA", *Omega*, Vol.17, No.3, 1989.

析绿色全要素生产率。[①] 颜鹏飞和王兵（2004）使用 1978—2001 年的省级面板数据，通过数据包络分析法测算全要素生产率，并分解为技术效率和技术进步两个指标，而中国全要素生产率的增长主要受到技术效率的影响。[②] 随后，朱承亮（2023）运用 Bootstrap-DEA 法测算了中国在内的 36 个国家的科技创新效率。[③]

以上分析可知，相比参数方法，非参数方法不需要设定生产函数，方法简单，被用于样本量不大的研究样本，国内外学者也广泛使用该方法分析地区、行业和微观个体全要素生产率的发展趋势和影响因素。并且，相关学者通过数据包络分析法对全要素生产率进行分解，更详细地分析全要素生产率的不同组成因素对经济社会的影响。

第三节　数字化转型与全要素生产率的相关研究

一、数字化转型影响全要素生产率的理论研究

阿西马格鲁和雷斯特雷波（Acemoglu 和 Restrepo，2020）认为，工业机器人、人工智能等数字技术作为一种颠覆式技术进步，能够提高企业的生产效率，为企业带来更高的绩效，但数字技术造成对体力劳动力、重复性劳动力的替代和破坏效应，对高技能、高学历和高素质人才的需求越来越高。[④] 数字技术作为有偏技术进步，企业在使用数字技术的同时受到内部员工结构、管理结

---

① Wang M., Feng C., "Regional Total-factor Productivity and Environmental Governance Efficiency of China's Industrial Sectors: A Two-stage Network-based Super DEA Approach", *Journal of Cleaner Production*, Vol.273, 2020.

② 颜鹏飞、王兵：《技术效率、技术进步与生产率增长：基于 Dea 的实证分析》，《经济研究》2004 年第 2 期。

③ 朱承亮：《国家科技创新效率测算与国际比较》，《中国软科学》2023 年第 1 期。

④ Acemoglu D., Restrepo P., "Robots and Jobs: Evidence from US Labor Markets", *Journal of Political Economy*, Vol.128, No.6, 2020.

构的影响,随着普通劳动力被数字技术替代,人均资本提升,与数字技术的合作能够带来企业生产率的提升。人工智能、大数据等数字技术能够为企业带来先进的技术,学习其他未进行数字化转型企业的先进技术和模式,提高市场竞争力。

(一)基于资本—技能互补理论的研究

格里利兹(Griliches,1969)首次提出了资本—技能互补理论,主要是指与低技能、低学历和低素质等非技能劳动力相比,高学历、高技能和高素质等技能型劳动力与资本的替代弹性更小,即技能劳动力和资本之间较难替代,二者存在互补关系。[1] 譬如,企业购买和使用人工智能、工业机器人、大数据等数字技术,则会通过雇佣更多的高端人才来操作和使用数字技术,即数字技术离开高端人才无法运营,即二者存在互补关系(胡泉水等,2022)。[2] 资本—技能互补理论是由技术进步的技能偏向所决定的,即数字技术更偏向于使用高端人才和资本,随着数字技术不断完善,体力劳动和重复性劳动逐渐被数字化硬件和软件替代,而部分创造型、技术研发型、认知型工作任务无法被替代,导致数字技术对劳动力的差异化影响(Fallon 和 Layard,1975;段巍等,2023)。[3][4] 资本—技能互补理论的核心思想是替代弹性,戈尔丁和卡茨(Goldin 和 Katz,1998)认为,国家经济发展初期,由于高学历、高技能和高素质劳动力需要更高的雇佣成本,导致企业更愿意雇佣低技能劳动力,资本和低技能劳动力的替代弹性为负。[5] 随着数字技术的发展,人工智能、大数据等技术只能由高端人

---

[1] Griliches Z., "Capital-skill Complementarity", *The Review of Economics and Statistics*, Vol.51, No.4, 1969.

[2] 胡泉水、江金启、张广胜:《政策支持、资本技能互补与农产品加工企业技能结构升级》,《农业技术经济》2022 年第 1 期。

[3] Fallon P.R., Layard P.R.G., "Capital-skill Complementarity, Income Distribution, and Output Accounting", *Journal of Political Economy*, Vol.83, No.2, 1975.

[4] 段巍、舒欣、吴福象等:《无形资本、资本—技能互补与技能溢价》,《经济研究》2023 年第 3 期。

[5] Goldin C., Katz L.F., "The Origins of Technology-skill Complementarity", *The Quarterly Journal of Economics*, Vol.113, No.3, 1998.

才来运营和操作,资本和技能劳动力的替代弹性下降,甚至为负。数字技术和资本与高端人才的互补性更强。

佛伦和莱亚德(Fallon 和 Layard,1975)指出,物质资本对高学历劳动力比对低学历劳动力更具有互补性,并通过使用常数替代弹性生产函数验证资本对不同类型劳动力的替代弹性和对收入的影响,得出由于替代弹性的差异导致物质资本对不同类型劳动力的差异化作用,影响不同类型劳动力和资本的收入份额。[1] 阿西马格鲁(Acemoglu,1998)指出,技术工人比例高意味着技能互补的作用强,更能提升生产效率,从短期来看,技术工人供给的增加降低技能溢价,但随着技能偏向型技术的发展,技能溢价不断提升。[2] 克鲁塞尔等(Krusell 等,2000)则认为,相比非熟练劳动力,随着技术的不断发展,熟练劳动力的供应和价格不断提升,技能溢价现象变得普遍,潜在的技能偏向性技术变化使得熟练劳动力的作用不断加强,进而提高熟练劳动力的工资薪酬水平。[3] 巴蒂斯蒂和格雷维纳(Battisti 和 Gravina,2021)从就业、工资和劳动生产率等多个方面对机器人等数字技术对劳动力市场的影响进行实证研究,证明机器人等数字技术和年长工人(50 岁及以上)之间具有更高的互补性,并且,机器人等数字技术和劳动力市场的年轻群体之间具有更大的可替代性。[4] 因此,随着地区和企业技术创新水平的不断提升,数字技术逐渐普及和利用,企业对人工智能人才、信息软件人才、信息通信技术人才等的需求不断增加,高学历、高技能和高素质人才与数字技术的有效融合,能够通过资本—技能互补效应创造更高的生产率,有利于提升企

---

[1]　Fallon P.R.,Layard P.R.G.,"Capital-skill Complementarity,Income Distribution,and Output Accounting",*Journal of Political Economy*,Vol.83,No.2,1975.

[2]　Acemoglu D.,"Why Do New Technologies Complement Skills? Directed Technical Change and Wage Inequality",*The Quarterly Journal of Economics*,Vol.113,No.4,1998.

[3]　Krusell P.,Ohanian L.E.,Rios-rull J.V.,"Capital-skill Complementarity and Inequality:A Macroeconomic Analysis",*Econometrica*,Vol.68,No.5,2000.

[4]　Battisti M.,Gravina A.F.,"Do Robots Complement or Substitute for Older Workers?",*Economics Letters*,Vol.208,2021.

业全要素生产率。

于新亮等(2019)将员工异质性、资本—技能互补和知识溢出引入 OLG 模型,得出企业通过员工激励和资本—技能互补增加对高端人才的需求和补助,刺激其他员工提升自身技能水平,改善企业全要素生产率。[①] 孙早和侯玉琳(2019)从理论视角出发,得出人工智能等数字技术促使机器设备替代初中和高中学历劳动力,增加高学历人才需求,导致对不同类型劳动力的差异化替代弹性,应尽快支持劳动力在岗和转岗培训,加大数字化相关的职业技能培训,促进企业全要素生产率的提升。[②] 郭凯明和杭静(2020)构建了多部门动态一般均衡模型,在模型中考虑不同类型劳动力,分析技术进步、结构转型等在技能溢价中的作用,得出随着数字技术的发展,资本深化现象加剧,有利于提升要素生产率,进而增加技能溢价水平。[③] 郭凯明和罗敏(2021)认为,有偏技术进步造成数字技术对不同学历、技能和素质劳动力的差异化替代弹性,影响企业和产业内部技能密集度和产业之间的相对产出比例,影响劳动力收入和企业生产效率。[④]

上述分析可知,数字技术能够通过自动化、数字化、智能化和信息化替代传统大规模和重复性工作任务,让高端人才从繁重的事务中解放出来,使其发挥创造性思维能力和技术研发能力。数字化技术对普通体力和重复性劳动的替代作用更强,同时对高学历、高技能和高素质人才的需求增加。高端人才和数字技术的有机融合能够创造更高的生产效率,提升企业的全要素生产率。

[①] 于新亮、上官熠文、于文广等:《养老保险缴费率、资本—技能互补与企业全要素生产率》,《中国工业经济》2019 年第 2 期。

[②] 孙早、侯玉琳:《工业智能化如何重塑劳动力就业结构》,《中国工业经济》2019 年第 5 期。

[③] 郭凯明、杭静:《资本深化、结构转型与技能溢价》,《经济研究》2020 年第 9 期。

[④] 郭凯明、罗敏:《有偏技术进步、产业结构转型与工资收入差距》,《中国工业经济》2021 年第 3 期。

(二)基于产业组织理论的研究

产业组织理论(Industrial Organization)是微观经济学的分支,主要分析在不完全竞争条件下的企业行为,即如何提高企业绩效、企业竞争力等。马歇尔(Marshall,2009)最早在其《经济学原理》一书中引入了产业组织概念,将组织作为独立的生产要素,指出规模经济带来经济收益,但同时也可能导致垄断,使企业失去竞争活力。[①] 钱柏林(Chamberlin,1949)否定了纯粹竞争,引出垄断竞争,指出企业进入和退出某一行业的难易程度对企业成本和绩效有重要影响。[②] 随后,克拉克(Clark,1940)提出有效竞争的含义,他指出有效竞争是兼顾规模经济和竞争活力的最优状态,能够提高企业和地区的经济效率。[③]而产业组织理论最终形成于贝恩(Bain,1964)提出的现代产业组织理论,他指出厂商的规模及其分布、产品差异化程度、厂商的成本结构及政府管制程度等都会影响企业绩效,企业提升全要素生产率要合理规划内部资源配置。[④] 以上分析可知,企业绩效取决于多种因素,而如何提升绩效是企业发展的主要目标,也是企业获取利润和占领市场份额的主要途径。人工智能、大数据、云计算等数字技术为企业发展提供了新的契机,企业通过使用新的技术一方面能提高自动化、智能化、信息化和数字化水平,提高企业生产效率;另一方面还能拥有其他未使用数字技术企业的比较优势,在不完全竞争市场上拥有竞争力,促进企业全要素生产率的提升。

斯伦森(Srensen,2018)从竞争视角出发并指出,数字化转型是一个巨大的机会,带来新的业务、新的模式、新竞争对手的崛起、更好或更低定价的产品和服务,虽然数字技术引发许多与竞争相关的风险,但是,这些技术层面的风

---

① Marshall A., *Principles of Economics: Unabridged Eighth Edition*, Cosimo, Inc., 2009.

② Chamberlin E.H., *Theory of Monopolistic Competition: A Re-orientation of the Theory of Value*, Oxford University Press, London, 1949.

③ Clark J.M., "Toward a Concept of Workable Competition", *The American Economic Review*, Vol.30, No.2, 1940.

④ Bain J.S., "The Impact on Industrial Organization", *The American Economic Review*, Vol.54, No.3, 1964.

险很容易被解决,并被其他企业低成本和无门槛使用,整体上是提升企业生产效率的。① 哈斯加和埃斯珀(Hasija 和 Esper,2022)也指出,人工智能等数字技术越来越多地用于供应链管理(Supply Chain Management,SCM),数字技术对供应链内部、上游和下游活动的影响,能够通过智能算法和大数据进行自主决策,为企业管理者提供最优的要素配置策略,且上下游数字化转型企业通过提高产品质量和数量,增加与关联企业的交流和合作,通过知识溢出效应,促进企业全要素生产率的提升。② 雅各布迪斯等(Jacobides 等,2021)认为,人工智能等数字技术和设备的供应使得少数大型科技企业占主导地位,这些企业对数字技术的使用促使下游企业高速发展,使上游企业获取更多数据并进行数字化处理。③ 许等(Xu 等,2023)指出,由于数字技术的发展,物流服务等市场正在发生翻天覆地的变化,物流服务业的数字化转型通过机器人、云计算、数据分析、3D 打印、自动驾驶汽车、人工智能或区块链技术等能够为物流企业提供新的竞争力,通过提高物流效率和降低流通成本获得竞争力,提高全要素生产率。④ 物联网等数字技术降低了原材料、中间品和最终产品的运输成本,还通过专业化分工等促使企业集聚,通过企业内、企业间普通员工、技术人员和管理人员的相互交流学习,提升企业生产效率和管理效率,有利于获取更多行业发展信息,促进企业长期发展。大数据、云计算等为企业提供了大量数据,从而进行有效决策;人工智能、物联网等技术降低了企业交易成本,促进企业间的相互交流。而企业也更愿意在不完全竞争市场上通过数字化转型获取比较优势,提高市场竞争力,提升全要素生产率。

---

① Srensen B.T.,"Digitalisation:an Opportunity or a Risk?",*Journal of European Competition Law & Practice*,Vol.9,No.6,2018.

② Hasija A.,Esper T.L.,"In Artificial Intelligence(AI)We Trust:A Qualitative Investigation of AI Technology Acceptance",*Journal of Business Logistics*,2022.

③ Jacobides M.G.,Brusoni S.,Candelon F.,"The Evolutionary Dynamics of the Artificial Intelligence Ecosystem",*Strategy Science*,Vol.6,No.4,2021.

④ Xu A.,Qian F.,Ding H.,Zhang X.,"Digitalization of Logistics for Transition to a Resource-Efficient and Circular Economy",*Resources Policy*,Vol.83,No.6,2023.

裴长洪等(2018)基于垄断和反垄断视角,指出在工业经济时代,由于人工智能、大数据等数字技术创新导致生产函数和消费函数发生变化,传统的反垄断规则面临巨大挑战,需要具体分析数字技术如何影响企业行为和消费者偏好,更好地促进整个产业的公平竞争和可持续发展。① 温军等(2020)指出,传统的产业组织理论认为企业是一个封闭的单位,企业的边界受到交易费用和流动成本的影响,在数字化转型的背景下,企业利用数字技术实现数据的高渗透和高融合,通过自主学习和自主决策功能为企业制定资源配置的最优策略,降低交易成本,提高企业生产效率。② 江小涓和孟丽君(2021)指出,数字技术的发展带来通信成本和交易成本的减少,运输技术压缩空间的"时间距离"并降低运输成本,因此,数字技术加速了企业间的交流合作,通过专业化分工实现价值链的升级,有利于提高产品竞争力和企业生产效率。③ 陈晓红等(2022)指出,基于"结构—行为—绩效"框架,认为产业结构决定企业的竞争状态,进而对企业行为进行静态分析,与企业绩效和全要素生产率相关联。④ 数字技术融入后,消费者和企业行为相关数据通过信息通信技术构成现代网络体系,更有利于不同企业间、企业和消费者之间的动态博弈,有利于提升消费者偏好和企业绩效。以上分析可知,数字技术影响企业竞争优势,相关技术也能加速资源的合理配置,减少交易成本和运输成本,促进企业专业化分工和价值链提升,最终改善企业生产效率。

通过总结上述研究可知,数字化转型的个体是微观企业,而产业组织形式、交易成本、流动成本、地理分布均会影响企业绩效、行为和决策。数字化转型重塑要素配置,企业通过数字技术获得大量消费者偏好、原材料和产品价格

---

① 裴长洪、倪江飞、李越:《数字经济的政治经济学分析》,《财贸经济》2018年第9期。

② 温军、邓沛东、张倩肖:《数字经济创新如何重塑高质量发展路径》,《人文杂志》2020年第11期。

③ 江小涓、孟丽君:《内循环为主、外循环赋能与更高水平双循环——国际经验与中国实践》,《管理世界》2021年第1期。

④ 陈晓红、李杨扬、宋丽洁等:《数字经济理论体系与研究展望》,《管理世界》2022年第2期。

信息,通过人工智能等技术进行决策的制定和选择,有利于企业提高市场竞争力,通过交易成本的下降增加与其他企业的合作交流,促进产业专业化分工,提高全球价值链地位,提高企业全要素生产率。

二、数字化转型影响全要素生产率的实证研究

上文可知,数字化转型不仅通过产业组织理论影响企业运营流程和绩效,也通过资本—技能互补理论改变企业内部员工结构和管理结构。学者们开始构建数字化转型指数,分析企业数字化转型如何影响全要素生产率,以及通过什么途径影响全要素生产率。

(一)数字化转型对全要素生产率的直接影响

数字技术作为一种通用技术,通过自动化、智能化、数字化和信息化提高企业生产率,完成传统技术研发过程中无法完成的任务,提升企业创新水平和管理效率,促进全要素生产率,即数字化转型对全要素生产率产生直接的影响。

格雷茨和麦克斯(Graetz 和 Michaels,2015)首次对工业机器人等数字技术的经济影响进行分析,基于国际机器人联合会于 1993—2007 年发布的报告,得出人工智能技术、工业机器人和信息计算机技术(ICT)等均会产生不同的经济影响,机器人使用的增加使各国经济的平均增长率提高了约 0.37 个百分点,同时也提高了全要素生产率和工资水平。[1] 布莱恩杰尔夫森等(Brynjolfsson 等,2018)指出,资本深化和全要素生产率增长均会导致劳动生产率的增长,全要素生产率直接反映了人工智能等技术进步,全要素生产率增加不能用可观察到的劳动力和资本投入的变化来解释。[2] 邹和泰尔斯(Zou 和 Tyers,

---

[1] Graetz G., Michaels G., *Robots at Work: The Impact on Productivity and Jobs*, Centre for Economic Performance, LSE, 2015.

[2] Brynjolfsson E., Rock D., Syverson C., "Artificial Intelligence and the Modern Productivity Paradox: A Clash of Expectations and Statistics, *The Economics of Artificial Intelligence: An Agenda*", University of Chicago Press, 2018.

2019)基于三部门一般均衡模型,量化了中国实际收入不平等与要素密集度、全要素生产率、要素偏好、资本货物相对成本、劳动力参与率、财政赤字和失业率变化之间的联系,并指出数字化转型等资本偏好型技术进步能提升全要素生产率。[①] 巴拉斯特等(Ballestar 等,2021)通过分析工业机器人、电子商务或技术创新之间是否存在互补性,使用 1991—2016 年 5511 家西班牙制造企业的大样本数据,得出数字化转型有利于企业改变传统生产模式,通过让生产、销售、仓储物流等流程自动化、智能化等,提高企业生产绩效。[②] 上述文献可知,数字技术的应用可以为企业带来新的生产模式,提高企业生产率。

郭慧芳和王宏鸣(2022)利用 2008—2019 年 A 股服务业上市企业数据,检验数字化转型对服务业全要素生产率的影响并得出,企业数字化转型促进服务业企业的全要素生产率,相比国有企业、非生产性服务业和东部地区,非国有企业、生产性服务业和中西部地区企业数字化转型更能促进全要素生产率的提升。[③] 涂心语和严晓玲(2022)采用 2007—2019 年 A 股制造业上市企业数据,得出企业数字化转型对全要素生产率有显著的正向作用,并且随着时间推移,数字化转型对全要素生产率的影响更为明显,即存在一定的动态性或滞后性。[④] 但是,也有部分学者指出,数字化转型发展过度,反而不利于生产要素和数字技术对企业全要素生产率的促进作用。武常岐等(2022)通过 2009—2019 年 A 股上市企业数据,得出数字化转型虽然促进全要素生产率,但两者之间的关系呈非线性的倒 U 形关系。[⑤] 王晓红等(2022)同样得出,企

---

① Zou Y.X., Tyers R., "Automation and Inequality in China", *China Economic Review*, Vol.58, 2019.

② Ballestar M.T., Camina E., Diaz-Chao A., "Productivity and Employment Effects of Digital Complementarities", *Journal of Innovation & Knowledge*, Vol.6, No.3, 2021.

③ 郭慧芳、王宏鸣:《数字化转型与服务业全要素生产率》,《现代经济探讨》2022 年第 6 期。

④ 涂心语、严晓玲:《数字化转型、知识溢出与企业全要素生产率——来自制造业上市企业的经验证据》,《产业经济研究》2022 年第 2 期。

⑤ 武常岐、张昆贤、周欣雨等:《数字化转型、竞争战略选择与企业高质量发展——基于机器学习与文本分析的证据》,《经济管理》2022 年第 4 期。

业数字化转型与企业环境绩效和全要素生产率之间存在非线性关系,即与全要素生产率呈倒 U 形关系。[①] 蔡玲和汪萍(2022)基于 2011—2018 年地级市面板数据,得出数字经济显著提升地级市绿色全要素生产率,但不同地区、行政级别等异质性条件下数字经济对全要素生产率的提升作用存在差异。[②] 胡歆韵等(2022)基于省级面板数据,得出数字经济和全要素生产率存在较强的空间关联性,数字经济对地区全要素生产率存在显著的促进作用和空间溢出效应。[③] 张万里和宣旸(2022)也通过省级面板数据,将环境污染等因素纳入全要素生产率的测算中,得出数字技术对全要素生产率产生正向的促进作用,但不同地区数字技术对全要素生产率存在显著差异。[④]

通过上述分析可知,国内外学者均开始分析数字技术、数字化转型、数字经济等对企业绩效、地区经济增长等方面的影响,绝大部分文献得出数字化转型能够提升企业全要素生产率和地区全要素生产率;但也有学者却得出数字化转型与全要素生产率之间存在非线性关系,前者对后者的影响存在滞后性和空间溢出性。因此,企业数字化转型与全要素生产率之间的关系如何还需要进一步验证。

(二)数字化转型对全要素生产率的影响机制

上文可知,数字化转型可能会对全要素生产率产生正向的促进作用、空间溢出效应或滞后效应,那么为什么数字化转型能够对全要素生产率产生影响?影响机制如何?下面将对已有文献关于数字化转型对全要素生产率的影响机制进行总结。

---

① 王晓红、李娜、陈宇:《冗余资源调节、数字化转型与企业高质量发展》,《山西财经大学学报》2022 年第 8 期。

② 蔡玲、汪萍:《数字经济与城市绿色全要素生产率:影响机制与经验证据》,《统计与决策》2022 年第 9 期。

③ 胡歆韵、杨继瑞、郭鹏飞:《数字经济与全要素生产率测算及其空间关联检验》,《统计与决策》2022 年第 4 期。

④ 张万里、宣旸:《智能化如何提高地区能源效率?——基于中国省级面板数据的实证检验》,《经济管理》2022 年第 1 期。

曾和雷(Zeng 和 Lei,2021)试图揭示企业数字化转型对全要素生产率的作用机制,基于 2007—2019 年上市企业数据,得出企业数字化转型对全要素生产率的提升具有显著促进作用,并且,这种促进作用仅存在于中小型高科技企业,企业数字化转型通过提高企业的管理效率和技术水平来提高全要素生产率。① 克鲁托伏等(Krutova 等,2021)根据技术失业和生产率悖论的概念,以及技能偏向的技术变革理论,分析传统(机械和设备)与数字技术创新(信息通信技术)生产要素的贡献,得出"传统"生产要素降低永久性失业的风险,而"新型"生产要素对投入要素可能造成不利影响,比如增加永久性失业的风险,但总体来看,企业更愿意使用数字技术创新来提升企业绩效,提升全要素生产率。② 塞特等(Cette 等,2021)利用法国银行公开的原始企业调查数据,实证检验数字技术(云计算和大数据)的使用对企业生产效率和劳动份额的影响,基于 2018 年 1065 家法国制造业企业的调查问卷数据,得到数字技术的使用使企业的劳动生产率提高了约 23%,全要素生产率提高了约 17%,但对劳动力份额产生不利影响,降低 2.5 个百分点。③ 可以看出,数字化转型通过员工结构、技术创新、交易成本等途径提升全要素生产率。

李治国和王杰(2021)构建数字化转型、要素配置和生产率的理论模型,从企业和地级市两个视角实证分析数字化转型对生产率的影响,得出数字化转型通过提升数据要素配置,进而提升制造业生产率,即数据要素配置起到机制作用。④ 赵宸宇等(2021)基于中国 A 股制造业上市企业数据,得出数字化

① Zeng G.Y., Lei L.X., "Digital Transformation and Corporate Total Factor Productivity: Empirical Evidence Based on Listed Enterprises", *Discrete Dynamics in Nature and Society*, Vol.2021,2021.

② Krutova O., Koistinen P., Turja T., "Two Sides, But not of the Same Coin: Digitalization, Productivity and Unemployment", *International Journal of Productivity and Performance Management*, 2021.

③ Cette G., Nevoux S., Py L., "The Impact of ICTs and Digitalization on Productivity and Labor Share: Evidence from French Firms", *Economics of Innovation and New Technology*, 2021.

④ 李治国、王杰:《数字经济发展、数据要素配置与制造业生产率提升》,《经济学家》2021年第 10 期。

转型提升全要素生产率,是制造业企业提升生产效率的重要驱动力,且主要通过提升技术创新水平、改善人力资本结构、推动制造业与服务业融合和降低成本等途径提升企业全要素生产率,并且不同所有权结构、企业规模和要素密集度下数字化转型对效率的作用有着显著的差异。① 涂心语和严晓玲(2022)采用 A 股制造业上市企业数据,得出数字化转型通过促进企业内和企业间知识溢出效应,提升企业内部员工素质、技能水平,带动企业生产率和技术创新水平的提升,进而改善全要素生产率。② 宋清华等(2022)利用投入产出法测算制造业产业数字化水平,得出产业数字化促进企业全要素生产率提升,并且,产业数字化通过"创新激励效应""价值共创效应"和"管理优化效应"来实现企业生产率的攀升。③ 周冬华和万贻健(2023)基于文本分析法构建企业层面的数字化指标,并以 2000—2022 年非金融类 A 股上市企业为研究对象,探究企业实施数字化转型战略与全要素生产率之间的关系。④

　　以上分析可知,人工智能、大数据、云计算等数字技术通过改善企业员工结构、人力资本结构、技术创新水平、知识溢出效应提升全要素生产率。其中,员工结构不仅包括受教育情况,还包括职务结构,并且不同的管理人员也具有不同的特征。因此,需要进一步细化机制变量,分析企业数字化转型如何通过机制变量影响全要素生产率。

　　本章基于资本—技能互补理论和产业组织理论,整理了数字化转型影响企业全要素生产率的相关文献。可以发现,国内外学者对全要素生产率形成

---

① 赵宸宇、王文春、李雪松:《数字化转型如何影响企业全要素生产率》,《财贸经济》2021年第 7 期。
② 涂心语、严晓玲:《数字化转型、知识溢出与企业全要素生产率——来自制造业上市企业的经验证据》,《产业经济研究》2022 年第 2 期。
③ 宋清华、钟启明、温湖炜:《产业数字化与企业全要素生产率——来自中国制造业上市企业的证据》,《海南大学学报(人文社会科学版)》2022 年第 4 期。
④ 周冬华、万贻健:《企业数字化能提升企业全要素生产率吗?》,《统计研究》2023 年第12 期。

机理进行了较为全面的分析,对数字化转型的含义和产生的效应也都做了深入的探究。本章沿着"数字化转型产生的效应—全要素生产率的影响因素—数字化转型与全要素生产率"的逻辑思路,梳理了数字化转型和全要素生产率的相关文献,并引出本书的逻辑起点。然而,从已有文献可知,目前数字化转型与企业全要素生产率之间的研究仍存在一些空白:

第一,从研究视角来看,现有理论分析多集中在数字化转型对劳动力造成的替代效应和互补效应、技能溢价以及数字化企业生产绩效提升等方面,主要建立在创新理论、价值链理论和比较优势理论等基础上。资本—技能互补理论主要分析偏向型技术进步对不同类型劳动力的替代作用,产业组织理论则主要分析企业绩效和行为的影响因素,这两个理论均没有直接从数字化转型视角进行分析。二者的融合才能分析出与数字化相关的技术进步如何影响企业全要素生产率。并且,鲜有文献构建数字化转型对企业全要素生产率的理论分析框架,反映数字化转型与企业全要素生产率之间的关系。

第二,从研究内容来看,虽然已有文献研究了我国数字化转型与企业绩效或地区经济增长的关系,但在内容上还存在不足:(1)现有文献多以企业年报是否出现数字化转型关键词或出现关键词的次数作为企业数字化转型的指标,没有考虑政府采购文件、专利申请书中出现的数字化转型关键词。并且,企业年报是否出现数字化转型关键词会造成结果偏误,部分企业可能为了追逐热点而在年报中体现数字化转型关键词。因此,数字化转型关键词出现较少不能认定为企业进行数字化转型。(2)数字化转型对不同类型劳动力替代弹性不同,但鲜有学者在分析数字化转型对全要素生产率的影响过程中考虑员工的学历结构、职务结构,以及管理人员特征结构。(3)不同地区、不同要素密集度、不同所有权结构数字化转型程度不同,企业劳动力、技术和资本等生产要素存在差异,鲜有文献在研究数字化转型对微观企业绩效的影响时,考虑异质性。

第三,从研究方法来看,鲜有文献从理论模型推导和实证分析研究数字化转型对企业全要素生产率的影响:(1)理论层面,很少有学者利用资本—技能互补理论和产业组织理论构建一般均衡模型,分析数字化转型、员工结构、管理结构、运营能力和全要素生产率之间的关系,并求出均衡解。(2)实证层面,部分学者主要分析数字化转型对全要素生产率的直接影响,多采用双重差分或最小二乘法。然而,数字化转型企业的选择存在"反特征事实"特点,需要采用匹配的方法或其他方法解决选择性偏误和内生性问题,这是现有文献所没有考虑的。并且,很少有文献将滞后效应和中介效应模型考虑进来,分析企业数字化转型对全要素生产率的动态性和机制作用。

本书试图构建数字化转型与全要素生产率的整体分析框架,基于政府、企业和居民三部门一般均衡模型,从员工结构、管理结构和运营能力三个维度,探讨数字化转型如何通过资本—技能互补理论、产业组织理论等影响全要素生产率。同时,通过梳理推导和实证分析验证数字化转型对企业全要素生产率的影响程度和方向,以期从理论上深化和扩展对数字化转型和全要素生产率的研究。

第二章　数字化转型影响企业全要素
生产率的理论分析框架

本章在前文整理数字化转型与全要素生产率相关文献的基础上,建立数字化转型影响企业全要素生产率的理论分析框架,并从员工结构、管理结构和运营能力三个视角探究企业全要素生产率的内在影响机理。具体而言,本章首先分析数字化转型通过劳动力替代理论、劳动力互补理论、规模经济理论和知识溢出理论等对员工结构产生影响,进而作用于企业全要素生产率。其次,从信息不对称理论、委托—代理理论、利益相关者理论和锦标赛理论等视角出发,探究数字化转型如何影响管理结构,并最终影响企业全要素生产率。再次,研究企业数字化转型如何通过交易成本理论、生产率理论、流程再造理论和要素配置理论等提高运营能力,进而改善企业全要素生产率。最后,运用数理模型,结合资本—技能互补理论和产业组织理论构建一般均衡模型,验证数字化转型对企业全要素生产率的作用。

第一节　数字化转型影响企业全要素
生产率的一般思路

数字化转型主要是指将人工智能、大数据、云计算、区块链、物联网、5G等数字技术运用到企业原材料购买、产品生产、企业治理、技术研发、物流配送等各个流程,实现企业的数字化、智能化、信息化和自动化转型。数字化转型变革传统的生产模式,通过机器设备和技术替代传统劳动力,释放剩余资产和劳动力,让员工有时间和精力进行创造性思维工作、研发工作等,并且高技能人才和数字技术的结合能创造更高的生产效率。管理人员采用数字技术改变金字塔管理结构,实现扁平化治理,减少烦琐的流程,提高信息传递效率和管理效率(Yu 等,2023)。① 企业使用大数据、云计算和物联网等技术构建包含消费者偏好信息、原材料价格和质量信息、物流仓储信息等的数据库,实时进行处理和决策,有利于进行资源的合理配置,提高企业的配置效率,降低成本(Estrin 等,2022)。② 然而不是所有企业都能发挥数字化的作用,智能设备、云计算、大数据、物联网、人工智能等数字技术需要高端人才来使用和适应(Seo 和 Lee,2006;Gao 等,2022)。③④ 结合企业特征进行生产模式、创新模式和销售模式的转变是数字化转型顺利实施的关键,绝大多数学者已经开始研究某项数字技术对企业和地区全要素生产率的影响,但对于数字化转型通过什么机制作用于全要素生产率却还鲜有学者研究,缺乏统一的理论分析框架。

本书从员工结构、管理结构和运营能力三个视角出发,构建了数字化转型影响企业全要素生产率作用机理的分析框架,如图 2-1 所示。

图 2-1 为数字化转型对企业全要素生产率的一般思路,具体如下:第一,人工智能、大数据、云计算等数字技术替代中低技能和体力劳动者,提高数字化相关领域的高端人才需求。高端人才与数字技术和设备的合作带来更高的生产效率,实现自动化、数字化、信息化和智能化,增加企业收益,促使其购买更多设备扩大生产规模,即数字化转型产生的规模效应创造更多与数字技术

---

① Yu W., Zhang L., Yang C., "The Impact of the Digital Economy on Enterprise Innovation Behavior: Based on CiteSpace Knowledge Graph Analysis", *Frontiers in Psychology*, Vol.23, No.1, 2023.

② Estrin S., Khavul S., Wright M., "Soft and Hard Information in Equity Crowdfunding: Network Effects in the Digitalization of Entrepreneurial Finance", *Small Business Economics*, Vol.58, No.4, 2022.

③ Seo H.J., Lee Y.S., "Contribution of Information and Communication Technology to Total Factor Productivity and Externalities Effects", *Information Technology for Development*, Vol.12, No.2, 2006.

④ Gao D., Li G., J Y., "Does Digitization Improve Green Total Factor Energy Efficiency? Evidence from Chinese 213 Cities", *Energy*, Vol.247, 2022.

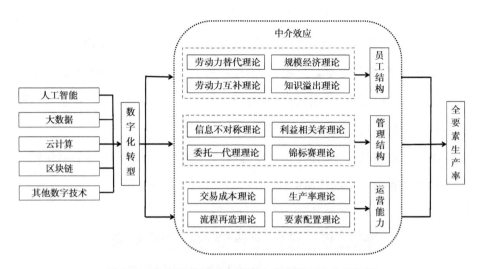

图 2-1　数字化转型对全要素生产率的理论分析框架

资料来源:笔者整理。

相关的岗位。并且,数字技术加速高端人才与普通员工的交流,通过知识溢出效应提高员工的技能和素质,加速企业间的合作。这说明,数字化转型通过影响不同类型劳动力,进而作用于全要素生产率。第二,由于企业股东与管理者目标的不一致,导致管理者并未以企业利益为主,而以实现自身利益为长期目标。大数据、云计算等数字技术提高数据的使用效率,帮助股东实时掌控管理人员的行为,而区块链技术实现信息的公开透明与不可篡改,更有利于股东及时发现和纠正管理人员的不合理行为,提高企业全要素生产率。虽然,股东和管理者仍处于委托—代理关系,但数字技术的应用让两者目标更加趋同,有利于企业发展。而且,企业内部管理人员、股东等,外部生产商、消费者和政府,都是企业利益相关者,数字技术增加了利益相关者之间的联系,使其朝着共同的目标发展。也就是说,企业借鉴数字技术能实时监督管理人员行为,通过薪酬激励等锦标赛制度,提高管理人员的治理效率,促进数字化转型和企业全要素生产率提升。第三,企业数字化转型通过使用相关技术和设备,配合高端人才,提高生产率,并变革传统创新模式,提高企业全要素生产率。企业通过大数据、云计算、物联网等技术,将各类生产要素和产品的信息构建成网络信息库,实时更新,借鉴人工智能的深度学习和自主决策作出最优决策,提高要素配置效率,降低交易成本。企业也从传统的生产导向变为需求导向,以消费者偏好为主,不断变革生产流程,降低流程中产生的费用,通过数字技术提高流程关联度,促进全要素生产率。

本章后续将从员工结构、管理结构和运营能力三个角度分析数字化转型对企业全要素生产率的作用机理。

第二节 数字化转型与企业全要素生产率的理论分析框架

人工智能、大数据、云计算等新一轮科技革命正在加速企业的数字化转型,影响着企业的技术研发、组织架构、管理模式、产品生产和物流销售等。阿西马格鲁等(Acemoglu 等,2022)指出,数字技术对部分低技能和体力劳动者产生替代作用,即具有"劳动力的破坏效应",与此同时也会增加对与数字技术相关的高端人才的需求,即具有"劳动力的创造效应"。[1] 委托—代理理论指出,股东的经验不足,需要雇佣管理人员来运营企业,执行相关决策,由于信息不对称,导致管理人员为了获取自身利益而与股东目标偏离;而数字技术通过智能算法,可以为各流程匹配最优生产要素,降低内部成本,提高周转率,提升企业全要素生产率。[2]

基于以上分析,本节从员工结构、管理结构和运营能力视角出发,探讨数字化转型对企业全要素生产率的影响机理。

---

[1]　Acemoglu D., Autor D., Hazell J., "Artificial Intelligence and Jobs: Evidence from Online Vacancies", *Journal of Labor Economics*, Vol.40, No.1, 2022.

[2]　吴江、陈婷、龚艺巍等:《企业数字化转型理论框架和研究展望》,《管理学报》2021 年第12 期。

一、员工结构视角下数字化转型对企业全要素生产率的影响机理

（一）劳动力替代理论

企业数字化转型产生的劳动力替代效应主要有：（1）企业的数字化转型是劳动节约型技术进步的表现，降低劳动时间和劳动强度，提高生产效率。马克思主义政治经济学理论将劳动分为物化劳动和活劳动。数字技术进步是资本偏好型技术，增加物化劳动时间，减少劳动时间，企业内部不同职能所需的员工数量减少，即单位产出提升。（2）新一轮科技革命是井喷式技术变革，不同技术之间相互交叉融合，加速技术更新换代，资产折旧时间和投资回收周期缩短，减少就业需求，加速数字技术对劳动力的替代效应。（3）数据作为企业和国家发展的核心生产要素之一，数字化转型必然是长期工程。在数字技术被完全熟练使用前的过渡期，其带来的创造效应还未形成。（4）虽然数字技术创造更多的高端人才需求岗位，但规模经济创造的大量中低技能和复杂型工作岗位还不能完全被不成熟的数字技术替代，劳动力的替代效应大于互补效应。（5）企业通过线上平台和人工智能等技术为管理人员提供决策，降低时间成本，更有效地运营企业。而且，简单的数字技术和普通劳动力的融合也能创造更高的生产效率（陈晓佳和徐玮，2024）。[1]

数字技术的快速发展为整个经济社会提供了数量更多和质量更好的原材料和中间产品，资产设备比过去的劳动力更加便宜，企业用节约的雇佣资金购买机器设备、数字平台来替代生产性人员、行政人员、人事人员，以及其他非技术型职能人员，使决策更快更有效。同时，企业使用节约的雇佣成本用于支持数字化生产，高端人才和具有复杂性工作任务的员工有精力和时间进行技术研发和创造性思维工作（宣旸和张万里，2021）。[2] 企业从传统的垂直化生产

---

[1] 陈晓佳、徐玮：《数据要素、交通基础设施与产业结构升级——基于量化空间一般均衡模型分析》，《管理世界》2024年第4期。

[2] 宣旸、张万里：《产业智能化、收入分配与产业结构升级》，《财经科学》2021年第5期。

分工模式向水平化生产分工模式转变,加强自身核心技术的创造和研发("归核化"战略)。智能平台等还能将员工无法解决的问题通过数字平台及时反馈给管理人员,提高管理效率(赵宸宇等,2021)。① 总的来看,企业数字化转型可以替代部分低学历和执行常规性任务员工的需求,提高管理效率和技术研发水平,进而促进全要素生产率的提升。

(二)劳动力互补理论

数字化转型对劳动力的互补效应主要通过以下几点进行说明:(1)数字技术需要雇佣更多的高端人才和高级管理人员来与之适应,现阶段数字技术可以帮助技术员工和高学历人才进行简单的生活和事务处理,使其有时间和精力进行需要创造性思维的科技研发等工作(柏培文和张云,2021)。② (2)数字经济的发展为消费者提供了更多的产品信息,构建了现代信息网络,其中区块链技术让产品的信息更加公开透明(陈晓红等,2022)。③ 产品供给的增加使其价格下降,消费者消费意愿更加强烈,促使企业进行扩大再生产,创造新岗位。(3)上游数字化转型企业通过提高产品数量和质量,为下游企业提供更好的中间产品和原材料,而下游数字化转型企业通过生产率的提升,增加对上游产品的需求,扩大对劳动力的需求。

因此,数字化转型企业为了适应和使用数字技术,增加了对专业技术人才和高学历人才的需求,从而创造更高的生产效率和研发效率,即劳动力的互补效应有利于数字化转型对全要素生产率产生正面的影响。

(三)规模经济理论

规模经济理论最早起源于国际贸易经济学,20 世纪 80 年代才逐渐被应

---

① 赵宸宇、王文春、李雪松:《数字化转型如何影响企业全要素生产率》,《财贸经济》2021年第 7 期。

② 柏培文、张云:《数字经济、人口红利下降与中低技能劳动者权益》,《经济研究》2021 年第 5 期。

③ 陈晓红、李杨扬、宋丽洁等:《数字经济理论体系与研究展望》,《管理世界》2022 年第 2 期。

用到经济增长理论、产业经济学、中心外围理论、新经济地理学等。马歇尔指出,规模经济包含个别企业内部形成的内在规模经济和多个企业或产业内形成的外部规模经济。数字化转型前期需要较高的固定成本,若成功过渡,会形成规模效应,促进企业生产效率的提升。规模经济主要通过两个方面影响劳动力结构:(1)高技术和高学历人员在使用数字技术的过程中提升自我,为了获得高收入,在不同行业和地区间流动,加速部分企业的人才积累,形成内在规模经济(王超贤等,2022)。① (2)物化型技术进步更容易造成低技能劳动力的直接替代,低技能劳动力如若不能提升技能则会被机械设备淘汰。高技术和高学历人群具有较强的技术适应能力,迅速掌握数字技术并寻找新工作,受物化型技术进步的影响小。企业购买数字设备,形成资本积累,高学历和高技术人员不断适应和学习新技术,实现技术进步(李清华和何爱平,2023)。②

(四)知识溢出理论

企业的发展主要通过两种方式来提升数字技术创新水平:(1)内生创新能力,即通过增加科研投入、高技术和高学历人才提高企业创新能力。(2)知识溢出效应,即通过吸收、学习、模仿,提高数字技术创新水平。知识溢出效应包括专业化知识溢出(马歇尔外部性)和多样化知识溢出(雅各布外部性)。马歇尔(Marshall,2009)提出了专业化知识溢出,指出同类型行业汇集在一起,能促进企业间高端人才互相学习技术,推动企业进行技术创新。③ 而雅各布(Jacobs,2016)指出,不同类型企业间也存在技术创新的互补和溢出效应,差异化和多样化的行业特征更有利于企业进行技术创新。④

---

① 王超贤、张伟东、颜蒙:《数据越多越好吗——对数据要素报酬性质的跨学科分析》,《中国工业经济》2022 年第 7 期。
② 李清华、何爱平:《数字经济价值实现的逻辑起点、运行机理与现实批判——基于马克思主义政治经济学的分析》,《财经科学》2023 年第 12 期。
③ Marshall A.,*Principles of Economics:Unabridged Eighth Edition*,Cosimo,Inc.,2009.
④ Jacobs J.,*The Economy of Cities*,Vintage,2016.

企业数字化转型通过企业内知识溢出效应、同行业企业间知识溢出效应和不同行业企业间知识溢出效应影响员工结构和全要素生产率:(1)企业内知识溢出效应。高学历人才通过线上平台、人工智能等数字技术增加了与其他员工之间的交流,提高员工的整体技能水平和素质(涂心语和严晓玲,2022)。① (2)同行业企业间知识溢出效应。数字技术造成地区高端人才不断集聚,同类型企业共享劳动力市场,更好地适应和应用数字技术,提高全要素生产率。(3)不同行业企业间知识溢出效应。首先,不同行业企业间的知识溢出效应体现在上下游关联产业上,上游企业通过数字技术提高生产率,为下游企业提供数量更多和质量更好的产品;下游企业数字化转型后由于产量提升,对上游企业原材料和中间产品的需求提高,推动上游企业进行变革,提高生产效率(张万里和宣旸,2020)。② 其次,非关联企业通过数字技术构造信息网络,通过线上平台和互联网技术与技术专业领域的企业进行交流合作。并且,不同类型行业之间通过数字技术加强交叉领域的合作,迸发颠覆性技术创新,通过知识溢出效应带动企业生产率提升(张万里,2023)。③

二、管理结构视角下数字化转型对企业全要素生产率的影响机理

(一)信息不对称理论

随着专业化分工不断普及,部分企业只专注于某个产品或某类产品的生产,导致行业专业人员与非专业人员之间的信息不对称现象。首先,企业股东缺乏管理、生产和运营等方面的经验和技术,需要雇佣专业人员来运营企业,

---

① 涂心语、严晓玲:《数字化转型、知识溢出与企业全要素生产率——来自制造业上市企业的经验证据》,《产业经济研究》2022 年第 2 期。
② 张万里、宣旸:《产业智能化对产业结构升级的空间溢出效应——劳动力结构和收入分配不平等的调节作用》,《经济管理》2020 年第 10 期。
③ 张万里:《数字化转型对区域技术创新的影响机制研究》,《经济体制改革》2023 年第 6 期。

区块链、大数据等数字技术可以实时搜集和上传企业运营信息,如果发现管理人员的不合理行为,能够及时制止和纠正(袁淳等,2021)。① 其次,管理人员和一线员工之间也存在信息不对称。线下管理模式需要大量管理人员,存在滞后性、非实时性和非同时性等问题,而女性管理人员和年轻管理人员更容易适应数字技术,实时管理生产流程,提高生产效率(Velinov 等,2020)。② 最后,不同企业间管理人员具有关联度。年轻管理人员和女性管理人员使用数字技术搜集其他企业相关信息,与其进行线上交流和学习,更能将先进的思想和技术用于企业管理和生产。

(二)委托—代理理论

委托—代理理论起源于亚当·斯密的《国富论》,他指出,人们在为别人工作的同时,往往不会比为了自身利益而更加努力工作。③ 股份制制度决定了企业所有者分散且股东数量多,无法对企业经营进行有效决策,股东和经营者之间的委托—代理问题不断凸显,股东对企业信息的了解程度不如实际经营者,经营者行为偏离股东的目标。首先,对于国有企业,归属权是国家,需要委托专业人才来管理企业,行使控制权(杨振,2022)。④ 其次,对于民营企业,个人独资企业由一人掌握所有权和控制权;合资民营企业由多人投资,为了平衡股东利益而雇佣股东之外的人员行使控制权,所有权和控制权分离(周立明,2021)。⑤

数字经济时代使企业对数字管理的需求更加迫切,需要专业技术人员或

---

① 袁淳、肖土盛、耿春晓等:《数字化转型与企业分工:专业化还是纵向一体化》,《中国工业经济》2021 年第 9 期。

② Velinov E., Maly M., Petrenko Y., "The Role of Top Management Team Digitalization and Firm Internationalization for Sustainable Business", *Sustainability*, Vol.12, No.22, 2020.

③ Smith A., *The Wealth of Nations: An inquiry into the Nature and Causes of the Wealth of Nations*, Harriman House Limited, 2010.

④ 杨振:《产权清晰视角下国企混改的制度逻辑及政策启示》,《经济体制改革》2022 年第 2 期。

⑤ 周立明:《金字塔式股权控制关系对中国民营企业的多重影响研究》,四川大学 2021 年博士学位论文。

团队行使控制权。企业进行数字化转型后,需要雇佣能适应数字技术的管理人员,并通过高薪酬和数字技术激励和监督管理人员采取促进企业利益最大化的行为。

(三)利益相关者理论

斯坦福大学研究所在 1963 年将利益相关者定义为,"利益相关者是这样一些团体,没有其支持,组织就不可能生存","为企业发展提供必不可少的支持"的人群。1970 年以后,以"股东至上"为基本原则的美国经济出现滞胀,而遵循"利益相关者"原则的德国、日本等国家经济快速发展(姬旭辉和叶青,2023)。① 在利益相关者理论下,企业寻求"双赢"或"多赢"的管理策略,提高了企业绩效。随着企业规模的不断扩大,业务和技术出现多元化,企业需要处理不同利益相关者之间的关系(焦豪,2023)。②

接下来从三个方面分析数字化转型如何影响管理结构,进而作用于全要素生产率:(1)资本市场上的利益相关者。股东和投资者为数字化转型企业提供大量资金,购买数字设备和技术,有利于监督管理企业管理人员行为,保证资金的合理使用。(2)产品市场上的利益相关者。产品市场上的利益相关者包含供应商和客户等,前者提供原材料、中间产品质量和技术研发信息,后者提供采购能力和市场信息。数字技术可以获取更加精准的供应商和客户信息,配合管理人员,发挥资源配置效应,提高全要素生产率。(3)组织中的利益相关者。组织中的利益相关者包括管理人员和员工。数字技术让企业股东和投资者实时监督管理人员,采用高薪酬对管理人员进行激励,促进管理人员和员工与股东和投资者的利益耦合,促进全要素生产率的提升(董竹和柏向昱,2024)。③

---

① 姬旭辉、叶青:《马克思主义政治经济学基本理论和当代资本主义经济研究》,《政治经济学评论》2023 年第 3 期。

② 焦豪:《数字平台生态观:数字经济时代的管理理论新视角》,《中国工业经济》2023 年第 7 期。

③ 董竹、柏向昱:《营商环境不确定性对企业数字化转型的影响:革故鼎新还是畏葸不前?》,《西安交通大学学报(社会科学版)》2024 年第 2 期。

（四）锦标赛理论

锦标赛理论最早由拉齐尔和罗森（Lazear 和 Rosen,1981）提出,指出要根据企业管理人员相应的产出对管理人员进行排序,并将管理人员薪酬和产出进行匹配。[1] 锦标赛理论将企业管理人员职位的晋升看作比赛,激励管理人员以企业长远利益为目标（周柚伶,2021）。[2] 特别是管理级别较低的管理人员,其晋升能够带来高边际产出。随着管理人员等级的提高,面临的挑战和担负企业发展的任务更加艰巨,薪酬差异能够激励高等级管理人员为了维持高薪酬而努力工作。

锦标赛制度需要满足两个条件:（1）管理人员需要有经营管理能力和数字化技术的应用能力,若不符合,则无论采取什么样的薪酬激励措施,都不能促使其进行有效的数字化变革。（2）薪酬激励需要提高经营者的积极性。若不同级别管理人员的薪酬差距不大,那么管理人员就不愿意进行数字化转型（周晓珮,2016）。[3] 与普通员工不同,普通员工的产出按照产品件数来衡量,而管理人员的边际产出无法有效衡量。企业进行数字化转型有利于企业制定合理的薪酬制度激励管理人员促进企业长远发展。不同等级和同等级的管理人员存在竞争关系,也会通过数字技术监督对方,提升企业全要素生产率（He 等,2023）。[4]

三、运营能力视角下数字化转型对企业全要素生产率的影响机理

（一）交易成本理论

科斯在《企业的本质》中提出,"利用价值机制是有成本的",企业存在的

---

① Lazear E.P., Rosen S., "Rank-order Tournaments as Optimum Labor Contracts", *Journal of Political Economy*, Vol.81, No.5, 1981.

② 周柚伶:《高管薪酬对全要素生产率及盈余管理的影响研究》,电子科技大学 2021 年硕士学位论文。

③ 周晓珮:《高管薪酬对企业创新效率影响的实证研究》,山东财经大学 2016 年硕士学位论文。

④ He Z., Kuai L., Wang J., "Driving Mechanism Model of Enterprise Green Strategy Evolution under Digital Technology Empowerment: A Case Study Based on Zhejiang Enterprises", *Business Strategy and the Environment*, Vol.32, No.1, 2023.

原因是节约交易成本。① 交易成本理论包含三条假设:(1)只要保证交易成本为零,则无论产权归谁所有,企业内部生产要素和资源都会通过自由交易的方式实现资源优化配置。(2)当交易成本为正时,企业的资源配置由产权制度决定。合理的产权制度能够减少交易费用和成本,提升企业生产效率。(3)产权制度的合理制定影响交易成本与资源配置效率的关系。

随后,威廉姆森完善了交易成本理论,解释和说明了为什么和什么时候出现交易成本。交易成本产生的主要原因是人们的有限理性、机会主义和信息不对称。交易成本分为事前交易成本和事后交易成本,其中事前交易成本是企业在谈判过程中产生的交通成本、议价成本、信息搜集成本,以及签订合同过程中产生的其他成本等;事后交易成本则是指履行合同和进行生产时产生的监督成本、业务成本等。② 交易成本的属性是资产专用性、不确定性和使用频率:(1)资产专用性指某些特定资产只能用于某些固定的用途,若改为其他用途,其所创造的价值会下降。(2)在资产专用性较高的时候,会导致企业管理遭受昂贵的讨价还价环节,提高交易成本。(3)频繁的交易产生高昂的监督管理成本。资产设备的应用、产权不明晰等导致企业产生昂贵的管理成本,影响企业的发展。

(二)生产率理论

首先,企业进行数字化转型本身就是技术进步的体现,通过发挥数字技术和设备的作用,提高企业运营效率和生产业绩。数字机器设备不容易犯错,内部各流程产品生产率的提升带动整个企业周转率的增加。信息网络有助于企业实时进行决策,合理配置生产要素,促进周转率和全要素生产率的提升。

其次,数字技术与劳动力要素相互融合,提升劳动力生产率。数字机械设备专业化生产某类产品,高技能和高学历人才日常维护机械设备正常运转,降

---

① Coase R.H., "The Nature of the Firm", *Economica*, Vol.4, No.16, 1937.

② Williamson O.E., "Transaction Cost Economics: The Comparative Contracting Perspective", *Journal of Economic Behavior & Organization*, Vol.8, No.4, 1987.

低传统劳动力手工劳动时间,让员工有时间和精力进行创造性思维工作、科研工作等,有利于企业生产率和数字技术的提升,反哺企业使用数字技术,加强数字技术与员工的合作,提高企业各环节产品数量,提升周转率(田鸽和张勋,2022)。① 员工通过数字技术实现线上交流反馈,与其他高技术人才进行实时沟通,解决生产、销售等过程中的问题,减少传统生产模式中的交通成本、时间成本,促进企业运营效率的提高。

（三）流程再造理论

流程再造理论源于哈默和尚比的《再造企业——工商业革命宣言》一书。② 该书指出,企业流程再造的主要问题是要重新考量和规划企业运营过程中的业务流程,通过流程改造和升级,减少运营成本、管理成本和产品成本,适应不断变化的外部市场环境。随着新一轮科技革命的到来,学者不断完善流程再造的内涵:对于企业而言,流程再造是指企业借助人工智能、大数据、云计算等数字技术,与企业各流程深度融合,改善生产、原材料购买、产品销售、技术研发等业务流程(王巍和姜智鑫,2023)。③ 传统的企业是通过职能划分部门,但流程再造理论不是唯职能论,而是将运营流程作为重点,重新构建运营管理模式。

企业的数字化转型通过人工智能、物联网等技术创新企业业务流程管理模式,实现数据与业务流程的深度融合,以大数据作为流程再造的驱动因素能够提升关键流程的效率。数字化企业通过打通数据链,整合数据要素,让数据要素驱动企业全流程运转,削减生产和管理成本、降低产品生产和技术创新的周期,同时还能提升产品质量,形成大规模定制的生产模式。数字化转型企业根据消费者需求偏好将运营流程块式分解,结合部门和流程所需的数据,通过

---

① 田鸽、张勋:《数字经济、非农就业与社会分工》,《管理世界》2022年第5期。

② Hammer M., Champy J., *Reengineering the Corporation: Manifesto for Business Revolution*, Zondervan, 2009.

③ 王巍、姜智鑫:《通向可持续发展之路:数字化转型与企业异地合作创新》,《财经研究》2023年第1期。

人工智能技术提出指令进行要素分配,形成以顾客为中心的流程模式,实现精准对接(徐刚和梁淑静,2012;孙新波等,2019)。①② 流程再造的原理是通过数字技术将顾客和企业员工联系起来,将消费者作为运营流程中的核心要素,满足客户的多样化需求,高效弹性地建立生产流程的信息架构体系,及时掌握生产流程,实现高效、协同、智能化生产。

(四)要素配置理论

亚当·斯密指出,市场是一只"看不见的手",具有自发调节作用,促进资源合理配置。③ 随着经济活动复杂性不断加剧,资源的稀缺性激发了人类的欲望,产生了面临什么、如何生产和为谁生产的经济问题。如何获得并分配宝贵、稀缺且不可复制和不可替代的资源是企业在激烈的竞争中获得利润而不被淘汰的重要原因。

本书将资源分为技术资源、物质资源、信息资源、渠道资源和财务资源,分析企业数字化转型如何充分发挥资源优势,提高运营能力和生产率。(1)技术资源。数字技术使高科技人员和高学历人员有更多的时间和精力,进行技术创新。而高技术人才通过知识溢出效应提高企业员工整体的素质和技能水平,提升企业产品研发、生产工艺和创新水平。(2)物质资源。数字化企业通过大数据、云计算构建信息网络,人工智能和物联网将物质资源分配给最需要的部门,提高资源的利用效率。(3)信息资源。信息网络的每个节点都是网络信息的上传者和使用者,通过建立数字服务平台,打破壁垒,实现资源优化配置。(4)渠道资源。数字技术搜集消费者偏好和需求数据并进行处理,精准对接客户群体,实现个性化、多样化生产,拓宽产品销售渠道。(5)财务资源。财务资源指企业运营过程中的各项投资、筹资活动,数字技术和金融的融

---

① 徐刚、梁淑静:《企业治理视角的 IT 行业流程再造与导向》,《改革》2012 年第 2 期。

② 孙新波、钱雨、张明超等:《大数据驱动企业供应链敏捷性的实现机理研究》,《管理世界》2019 年第 9 期。

③ Smith A. , *The Wealth of Nations:An inquiry into the Nature and Causes of the Wealth of Nations*,Harriman House Limited,2010.

合加速金融科技、数字普惠金融的快速发展,为数字化转型企业提供丰富多样的理财产品和融资渠道。大数据、区块链使企业财务信息更加公开透明,人工智能为财务人员和普通员工办理业务提供便利,降低交易成本。

第三节 数字化转型影响企业全要素生产率的数理分析

一、基本假定

首先假设国家为政府、企业和居民三部门经济体,政府收取一定的税收用于投资数字技术,进而形成新的数字资本。整个社会存在一个最终产品部门,该部门的产品由数字资本 M_t、生产性物质资本 K_t、高技能劳动力 H_t 和低技能劳动力 L_t 共同生产。其中,下标 t 表示时间。根据上文可知,数字化转型对不同类型劳动力产生不同的作用,即对低技能劳动力的替代作用和高技能劳动力的互补作用,根据阿西马格鲁和雷斯特雷波(Acemoglu 和 Restrepo,2020)、雷钦礼和李粤麟(2020)的理论模型,将不同技能劳动力和数字资本纳入到一个模型中,得出非常规性生产任务中的体力劳动无法由生产性物质资本和数字资本替代,由低技能劳动力完成;[1][2]常规性任务由中等技能劳动力和数字资本等完成;创造性思维能力、认知型任务只能由高技能劳动力完成,无法被中低技能劳动力和生产性物质资本替代。鉴于模型推导的有效性,本书将中低技能劳动力全部划分于低技能劳动力,而低技能劳动力负责的非常规性生产未来也可使用数字资本来完成,即存在替代效应。随着数字化水平的不断提升,数字资本的增加导致中低技能劳动力需求减少,而高技能的需求

---

[1] Acemoglu D., Restrepo P., "Robots and Jobs: Evidence from US Labor Markets", *Journal of Political Economy*, Vol.128, No.6, 2020.

[2] 雷钦礼、李粤麟:《资本技能互补与技术进步的技能偏向决定》,《统计研究》2020 年第3 期。

增加。因此,本书将劳动力分为高技能劳动力 H_t 和低技能劳动力 L_t ,探讨数字资本对企业全要素生产率的影响,假设数字资本、高技能劳动力和生产性物质资本对低技能劳动力造成替代,而生产性物质资本、数字资本和高技能劳动力之间无法代替,属于互补关系,因此,数字资本对高技能劳动力的替代小于其对低技能劳动力的替代。

为了区分数字资本、生产性物质资本、高技能劳动力和低技能劳动力等生产要素的替代弹性,采用格里利兹(Griliches,1969)与张万里和刘婕(2023)提出来的多嵌套常数替代弹性生产函数:①②

$$Q_t = \left[\alpha \left(Y_t^H \right)^{(\sigma-1)/\sigma} + (1 - \alpha) \left(Y_t^L \right)^{(\sigma-1)/\sigma} \right]^{\sigma/(\sigma-1)} \tag{2-1}$$

其中, Y_t^H 表示数字资本、高技能劳动力和生产性物质资本形成的增加值投入,这里将数字资本、高技能劳动力和生产性物质资本放到一个常数替代弹性生产函数中,说明它们之间存在一定的互补性,即只有高技能劳动力才能使用数字资本。而 Y_t^L 表示低技能劳动力形成的增加值投入。这两种中间品的替代弹性为常数 $\sigma \in [0, +\infty)$,参数 $\alpha \in (0,1)$ 为常数。

两个增加值投入的生产函数分别为:

$$Y_t^H = \left[\gamma \left(A_t^M M_t \right)^{(\eta-1)/\eta} + \rho \left(A_t^K K_t \right)^{(\eta-1)/\eta} + (1 - \gamma - \rho) \left(A_t^H H_t \right)^{(\eta-1)/\eta} \right]^{\eta/(\eta-1)}$$

$$\tag{2-2}$$

$$Y_t^L = A_t^L L_t \tag{2-3}$$

其中,生产性物质资本 K_t 、高技能劳动力 H_t 和数字资本 M_t 之间的替代弹性为 η ,通过计算可知,数字资本、高技能劳动力和生产性物质资本与低技能劳动力之间的替代弹性为 σ ,满足 $\eta, \sigma > 0$ 。根据阿西马格鲁和雷斯特雷波(Acemoglu 和 Restrepo,2020)的结论,这里假定 $\sigma \geqslant \eta$,且 $1 \geqslant \eta$ 。生产部门

---

① Griliches Z., "Capital-skill Complementarity", *The Review of Economics and Statistics*, Vol.51, No.4, 1969.

② 张万里、刘婕:《人工智能对产业结构升级的影响机制研究——基于资本—技能互补的理论分析》,《经济经纬》2023 年第 2 期。

更偏向使用生产性物质资本、数字资本和高技能劳动力进行生产,替代低技能劳动力。[①] A_t^M、A_t^H、A_t^K、A_t^L 分别为四种生产要素的技术水平,即每单位生产要素能够带来的增加值投入,满足 A_t^M、A_t^K、A_t^L、$A_t^H \in (0, +\infty)$。γ、$1 - \gamma - \rho$、ρ、$1 - \alpha$ 分别为四种生产要素在各自增加值投入函数中的贡献份额。

通过式(2-1)到式(2-3)可知,不同生产要素之间的产出弹性是不同的,说明数字化转型在不同部门和产业下的重要性不同。数字资本与生产性物质资本、高技能劳动力的替代弹性相同,数字化转型替代传统的生产方式。

对于最终产品生产部门,满足目标函数,即:

$$Max \ P_t Q_t - \omega_t^L L_t - \omega_t^H H_t - P_t^M M_t - r_t K_t \tag{2-4}$$

其中,ω_t^L、ω_t^H、P_t^M、r_t 分别为低技能劳动力、高技能劳动力、数字资本和生产性物质资本的价格。通过对生产要素求导,可得:

$$P_t^M = \alpha \gamma P_t \left(A_t^M\right)^{(\eta-1)/\eta} \left(Q_t\right)^{1/\sigma} \left(Y_t^H\right)^{1/\eta - 1/\sigma} \left(M_t\right)^{-1/\eta} \tag{2-5}$$

$$\omega_t^H = \alpha(1 - \gamma - \rho) P_t \left(A_t^H\right)^{(\eta-1)/\eta} \left(Q_t\right)^{1/\sigma} \left(Y_t^H\right)^{1/\eta - 1/\sigma} \left(H_t\right)^{-1/\eta} \tag{2-6}$$

$$r_t = \alpha \rho P_t \left(A_t^K\right)^{(\eta-1)/\eta} \left(Q_t\right)^{1/\sigma} \left(Y_t^H\right)^{1/\eta - 1/\sigma} \left(K_t\right)^{-1/\eta} \tag{2-7}$$

$$\omega_t^L = (1 - \alpha) P_t \left(A_t^L\right)^{(\sigma-1)/\sigma} \left(Q_t\right)^{1/\sigma} \left(L_t\right)^{-1/\sigma} \tag{2-8}$$

由式(2-5)、式(2-6)、式(2-7)和式(2-8)可知,生产要素的价格取决于贡献份额、技术水平、要素投入水平、增加值投入和最终产品价格。

假设对于每一期,四种生产要素的供给分别为 M_t^s、K_t^s、H_t^s、L_t^s,其市场出清条件分别为:

$$M_t^s = M_t \tag{2-9}$$

$$K_t^s = K_t \tag{2-10}$$

$$H_t^s = H_t \tag{2-11}$$

$$L_t^s = L_t \tag{2-12}$$

---

① Acemoglu D., Restrepo P., "Robots and Jobs: Evidence from US Labor Markets", *Journal of Political Economy*, Vol.128, No.6, 2020.

并且,假定整个社会存在 N 个家庭,所有的消费和投资都由这些家庭完成。本书假定每个家庭的效用函数为:

$$u(C_t, H_t, L_t) = \ln C_t - \delta\varphi\ln H_t - \delta(1-\varphi)\ln L_t, \delta > 0, 0 < \varphi < 1$$

$$(2-13)$$

其中,δ 表示决定劳动力供给效用的参数,φ 为高技能劳动力和低技能劳动力供给效用权重的参数,C_t 代表家庭的消费支出,当家庭消费 C_t 增大时家庭的效用增加,而当家庭消费 C_t 减少时家庭的效用下降。当家庭中的高技能劳动力供给 H_t 或低技能劳动力供给 L_t 减少时家庭的效用将增加,当家庭中的高技能劳动力供给 H_t 或低技能劳动力供给 L_t 增加时家庭的效用将下降。假设家庭持有生产性物质资本 K_t,资本收益率为 r_t,数字资本 M_t 由消费者投资和政府的所有投资组成。政府收取固定比例的税收 G_t,税后收入包括家庭的日常消费 C_t、数字资本投资 I_t^M 和生产性物质资本投资 I_t^k,而政府的税收 G_t 全部用于数字资本投资。K_0 和 M_0 为初始的生产性物质资本和数字资本,假定为常数。通过上述假设,家庭的预算约束满足如下:

$$P_t^M M_t + r_t K_t + \omega_t^H H_t + \omega_t^L L_t - G_t = C_t + I_t^K + I_t^M \qquad (2-14)$$

$$K_t = I_t^K + K_0 \qquad (2-15)$$

$$M_t = G_t + I_t^M + M_0 \qquad (2-16)$$

为了使家庭的效用最大化,构建如下的拉格朗日函数:

$$\ln C_t - \delta\varphi\ln H_t - \delta(1-\varphi)\ln L_t + \lambda_1(P_t^M M_t + r_t K_t + \omega_t^H H_t + \omega_t^L L_t - G_t$$
$$- C_t - I_t^K - I_t^M) + \lambda_2(K_t - I_t^K - K_0) + \lambda_3(M_t - G_t - I_t^M - M_0)$$

$$(2-17)$$

对式(2-17)进行一阶求导并求解,可得:

$$1/C_n = \lambda_1 \qquad (2-18)$$

$$\delta\varphi/H_t = \lambda_1\omega_t^H \qquad (2-19)$$

$$\delta(1-\varphi)/L_t = \lambda_1\omega_t^L \qquad (2-20)$$

根据式(2-19)和式(2-20),可得出高技能劳动力和低技能劳动力的相对工资:

$$\omega_t^H / \omega_t^L = \varphi / (1 - \varphi) \times (H_t / L_t)^{-1} \tag{2-21}$$

式(2-5)、式(2-6)、式(2-7)、式(2-8)和式(2-19)均得出,政府、企业和消费三部门的各个环节都和数字资本的投入和技术水平息息相关,这充分说明了企业使用数字资本和技术可以带动整个地区生产率的提升和消费水平的改善。

本书为了分析企业全要素生产率增长率与数字资本、数字技术之间的关系,以及员工结构、管理结构和运营能力之间的传导机制,需要构造全要素生产率增长率指数。借鉴刘平峰和张旺(2021)的研究,令 $(\eta - 1)/\eta = \varepsilon_1$,$(\sigma - 1)/\sigma = \varepsilon_2$,并对式(2-1)取对数,然后在 $\varepsilon_1 = 0$、$\varepsilon_2 = 0$ 处得出二阶双变量泰勒展开式,如下所示:[①]

$$\ln Q_t(\varepsilon_1, \varepsilon_2) = \alpha \big[\gamma \ln A_t^M M_t + \rho \ln A_t^K K_t + (1 - \gamma - \rho) \ln A_t^H H_t \big] +$$

$$(1 - \alpha) \ln A_t^L L_t + \frac{\varepsilon_1 \alpha}{2} \big[\gamma g_{MH}^2 + \rho g_{KH}^2 + (\gamma g_{MH} - \rho g_{KH})^2 \big] +$$

$$\frac{\varepsilon_2}{2} \alpha (1 - \alpha) \big[\gamma g_{MH} + \rho g_{KH} + g_{HL} \big]^2 \tag{2-22}$$

其中,参数 $g_{MH} = \ln(A_t^M / A_t^H) + \ln(M_t / H_t)$,$g_{KH} = \ln(A_t^K / A_t^H) + \ln(K_t / H_t)$,$g_{HL} = \ln(A_t^H / A_t^L) + \ln(H_t / L_t)$。

本书同样对式(2-22)取对数,然后在 $\varepsilon_1 = 0$ 处得出二阶泰勒展开式,如下所示:

$$\ln Y_t^H(\varepsilon_1) = \gamma \ln A_t^M M_t + \rho \ln A_t^K K_t + (1 - \gamma - \rho) \ln A_t^H H_t +$$

$$\frac{\varepsilon_1}{2} \big[\gamma g_{MH}^2 + \rho g_{KH}^2 + (\gamma g_{MH} - \rho g_{KH})^2 \big] \tag{2-23}$$

[①]　刘平峰、张旺:《数字技术如何赋能制造业全要素生产率?》,《科学学研究》2021 年第 8 期。

本书继续对式(2-22)进行时间 t 的偏导,得出全要素生产率增长率为:

$$\frac{\dot{Q}_t}{Q_t} = \alpha\Big[\gamma\Big(\frac{\dot{A}_t^M}{A_t^M} + \frac{\dot{M}_t}{M_t}\Big) + \rho\Big(\frac{\dot{A}_t^K}{A_t^K} + \frac{\dot{K}_t}{K_t}\Big) + (1 - \gamma - \rho)\Big(\frac{\dot{A}_t^H}{A_t^H} + \frac{\dot{H}_t}{H_t}\Big)\Big] +$$

$$(1 - \alpha)\Big(\frac{\dot{A}_t^L}{A_t^L} + \frac{\dot{L}_t}{L_t}\Big) + \varepsilon_1\alpha\Big\{\gamma g_{MH}\Big(\frac{\dot{A}_t^M}{A_t^M} - \frac{\dot{A}_t^H}{A_t^H} + \frac{\dot{M}_t}{M_t} - \frac{\dot{H}_t}{H_t}\Big) +$$

$$\rho g_{KH}\Big(\frac{\dot{A}_t^K}{A_t^K} - \frac{\dot{A}_t^H}{A_t^H} + \frac{\dot{K}_t}{K_t} - \frac{\dot{H}_t}{H_t}\Big) + (\gamma g_{MH} + \rho g_{KH}) \times$$

$$\Big[\gamma\Big(\frac{\dot{A}_t^M}{A_t^M} - \frac{\dot{A}_t^H}{A_t^H} + \frac{\dot{M}_t}{M_t} - \frac{\dot{H}_t}{H_t}\Big) + \rho\Big(\frac{\dot{A}_t^K}{A_t^K} - \frac{\dot{A}_t^H}{A_t^H} + \frac{\dot{K}_t}{K_t} - \frac{\dot{H}_t}{H_t}\Big)\Big]\Big\} +$$

$$\varepsilon_2\alpha(1 - \alpha)(\gamma g_{MH} + \rho g_{KH} + g_{HL})\Big[\gamma\Big(\frac{\dot{A}_t^M}{A_t^M} - \frac{\dot{A}_t^H}{A_t^H} + \frac{\dot{M}_t}{M_t} - \frac{\dot{H}_t}{H_t}\Big) +$$

$$\rho\Big(\frac{\dot{A}_t^K}{A_t^K} - \frac{\dot{A}_t^H}{A_t^H} + \frac{\dot{K}_t}{K_t} - \frac{\dot{H}_t}{H_t}\Big) + \Big(\frac{\dot{A}_t^H}{A_t^H} - \frac{\dot{A}_t^L}{A_t^L} + \frac{\dot{H}_t}{H_t} - \frac{\dot{L}_t}{L_t}\Big)\Big] \tag{2-24}$$

上式剔除生产性物质资本、数字资本、高技能劳动力和低技能劳动力四种要素投入对经济增长贡献后的剩余部分为全要素生产率增长率,本书将会在后续分析中进行推导。

二、均衡分析

假设经济体中存在 N 个代表性家庭,则有 $L_{total}/H_{total} = NL_t/NH_t = L_t/H_t$,根据式(2-6)、式(2-8)和式(2-13),在均衡状态下有:

$$\omega_t^H/\omega_t^L = \varphi/(1 - \varphi) \times (_t^H/L_t) - 1$$
$$= \frac{\alpha(1 - \gamma - \rho)(A_t^H)^{(\eta-1)/\eta}(Y_t^H)^{1/\eta-1/\sigma}(H_t)^{-1/\eta}}{(1 - \alpha)(A_t^L)^{(\sigma-1)/\sigma}(L_t)^{-1/\sigma}} \tag{2-25}$$

根据上式可知,低技能劳动力和高技能劳动力的工资由两种类型劳动力的供给量决定,本书将劳动力结构定义为 $L_{total}/H_{total} = L_t/H_t$,由于 $0 < \varphi < 1$,

则有：

$$\partial(\omega_t^H/\omega_t^L)/\partial(H_t/L_t) = \varphi/(\varphi - 1) \times (H_t/L_t)^{-2} < 0 \qquad (2-26)$$

当高技能劳动力与低技能劳动力相对供给增加时，高技能劳动力工资收入与低技能劳动力工资收入的相对比例下降。并且，可得出不同类型劳动力生产技术和供给量的关系为：

$$\frac{(A_t^H H_t)^{(\eta-1)/\eta}}{(A_t^L L_t)^{(\sigma-1)/\sigma}} = \frac{\varphi}{(1 - \varphi)} \times \frac{(1 - \alpha)}{\alpha(1 - \gamma - \rho)} \times (Y_t^H)^{1/\sigma - 1/\eta} \qquad (2-27)$$

对式（2-27）两边取对数，结合式（2-5）和式（2-6），可得：

$$\frac{\sigma - 1}{\sigma}\ln(\frac{A_t^H}{A_t^L} / \frac{H_t}{L_t}) = \ln\frac{\varphi}{(1 - \varphi)} + \ln\frac{(1 - \alpha)}{\alpha(1 - \gamma - \rho)} + (\frac{1}{\sigma} - \frac{1}{\eta})\ln(Y_t^H)$$

$$+ (\frac{1}{\sigma} - \frac{1}{\eta})[\ln A_t^M M_t + \eta\ln\frac{1 - \gamma - \rho}{\gamma}$$

$$+ (\eta - 1)\ln A_t^H/A_t^M + \eta\ln P_t^M/\omega_t^H] \qquad (2-28)$$

由式（2-28）可知，高技能劳动力和低技能劳动力受到数字资本、不同类型生产要素的生产技术和不同类型生产要素替代弹性的影响。令 $\kappa = \partial g_{HL}/\partial M_t$，则有 $\kappa = (\eta - \sigma)/[(\sigma - 1)\eta]\{\gamma \ (Y_t^H)^{1/(\eta-1)} \ (A_t^M)^{(\eta-1)/\eta} (M_t)^{-1/\eta} + 1/M_t\}$。因为 $\eta < \sigma$，则有 $\kappa > 0$。

假设高技能劳动力的边际产出为 MP_{Ht}，低技能劳动力的边际产出为 MP_{Lt}，根据董直庆和陈锐（2014）的定义，结合式（2-27），将高低技能劳动力边际产出比对相对效率求导得出 $\partial(MP_{Ht}/MP_{Lt})/\partial(A_t^H/A_t^L)$，令 Δ^{HL} 为高低技能劳动力边际产出比，D_t^{HL} 为高低技能劳动力技术进步偏向性指数，$\partial(MP_{Ht}/MP_{Lt})$ 为技术进步偏向性指数，表示由技术进步引发的高技能劳动力与低技能劳动力边际产出比的变化率，则有：①

---

① 董直庆、陈锐：《技术进步偏向性变动对全要素生产率增长的影响》，《管理学报》2014年第8期。

$$D_t^{HL} = \frac{1}{\Delta^{HL}} \frac{\partial \Delta^{HL}}{\partial (A_t^H/A_t^L)} \frac{\mathrm{d}(A_t/B_t)}{\mathrm{d}_t} = \frac{\sigma - 1}{\sigma} (\frac{\dot{A_t^H}}{A_t^H} - \frac{\dot{A_t^L}}{A_t^L}) \qquad (2-29)$$

式(2-29)可知,技术进步方向取决于替代弹性 σ 和高低技能相对效率的增长率 $(\dot{A_t^H}/A_t^H - \dot{A_t^L}/A_t^L)$ 的变化。当高低技能劳动力的要素替代弹性 $\sigma < 1$ 时,若高技能劳动力效率的增长大于低技能劳动力效率的增长,则技术进步偏向于低技能劳动力, $D_t^{HL} < 0$,反之,技术进步偏向于高技能劳动力, $D_t^{HL} > 0$;当高低技能劳动力的要素替代弹性 $\sigma > 1$ 时,若高技能劳动力效率的增长大于低技能劳动力效率的增长,则有技术进步偏向于高技能劳动力, $D_t^{HL} > 0$,反之,技术进步偏向于低技能劳动力, $D_t^{HL} < 0$ 。即 $D_t^{HL} > 0$,技术进步偏向于高技能劳动力; $D_t^{HL} < 0$,技术进步偏向于低技能劳动力。

同理,根据式(2-5)到式(2-7)可以得出,数字资本与高技能劳动力的技术偏向性指数 $D_t^{MH} = (\eta - 1)/\eta \times (\dot{A_t^M}/A_t^M - \dot{A_t^H}/A_t^H)$,生产性物质资本与高技能劳动力的技术偏向性指数为 $D_t^{KH} = (\eta - 1)/\eta \times (\dot{A_t^K}/A_t^K - \dot{A_t^H}/A_t^H)$ 。

由式(2-25)可知,影响高低技能劳动力边际产出的另一个重要变量是高低技能劳动力的相对投入 H_t/L_t ,高低技能劳动力的技术进步与高技能劳动力、低技能劳动力的关系是内在共生、相互影响和制约的,只有相匹配的技术和相应的要素配置,才能促进效率的提升。为了分析技术进步与要素配置的关系,本书构造要素配置偏向性指数 S_t^{HL} ,代表要素配置发生变化导致的高低技能劳动力边际产出的变化率,即:

$$S_t^{HL} = \frac{1}{\Delta^{HL}} \frac{\partial \Delta^{HL}}{\partial (H_t/L_t)} \frac{\mathrm{d}(H_t/L_t)}{\mathrm{d}_t} = -\frac{1}{\sigma} (\frac{\dot{H_t}}{H_t} - \frac{\dot{L_t}}{L_t}) \qquad (2-30)$$

由式(2-30)可知,由于 $\sigma > 0$,要素配置方向取决于高低技能劳动力相对投入增长率的变化 $(\dot{H_t}/H_t - \dot{L_t}/L_t)$ 。当高技能劳动力的投入增长大于低技能劳动力投入的增长时, $S_t^{HL} < 0$,表明要素配置偏向于低技能劳动力;当高技

能劳动力投入的增长小于低技能劳动力投入的增长时, $S_t^{HL} > 0$, 表明要素配置偏向高技能劳动力。

同理, 根据式(2-5)式(2-7)可以得出, 数字资本与高技能劳动力的要素配置偏向性指数 $S_t^{MH} = -1/\eta \times (\dot{M}_t/M_t - \dot{H}_t/H_t)$, 生产性物质资本与高技能劳动力的要素配置偏向性指数为 $S_t^{KH} = -1/\eta \times (\dot{K}_t/K_t - \dot{H}_t/H_t)$。

(一)全要素生产率、劳动力结构与数字资本

通过式(2-26), 结合技术偏向性指数和要素配置偏向性指数, 可以得出全要素生产率增长率:

$$
\begin{aligned}
\dot{T}_t/T_t =\ & (\gamma D_t^{MH} + \rho D_t^{KH})/\varepsilon_1 + \varepsilon_2 D_t^{HL}/\alpha + \dot{A}_t^L/A_t^L + \\
& \varepsilon_1 \alpha \{ \gamma g_{MH}(D_t^{MH}/\varepsilon_1 - \eta S_t^{MH}) + \rho g_{KH}(D_t^{KH}/\varepsilon_1 - \eta S_t^{KH}) + \\
& (\gamma g_{MH} + \rho g_{KH}) \times [\gamma(D_t^{MH}/\varepsilon_1 - \eta S_t^{MH}) + \rho(D_t^{KH}/\varepsilon_1 - \eta S_t^{KH})] \} \\
& + \varepsilon_2 \alpha(1 - \alpha)(\gamma g_{MH} + \rho g_{KH} + g_{HL})[\gamma(D_t^{MH}/\varepsilon_1 \times - \eta S_t^{MH}) \\
& + \rho(D_t^{KH}/\varepsilon_1 - \eta S_t^{KH}) + (D_t^{HL}/\varepsilon_2 - \sigma S_t^{HL})]
\end{aligned} \tag{2-31}
$$

1. 数字资本 M_t 的影响

为了分析全要素生产率增长率与数字资本的关系, 式(2-31)两边分别对 $\ln M_t$ 进行偏导, 假定不同类型生产要素的技术水平不受数字资本的影响, 即 A_t^j 不受 $\ln M_t$ 的影响, 其中 $j = M, K, H, L$, 并假设:

$$
D_t^{KH}/\varepsilon_1 - \eta S_t^{KH} = \zeta^{KH}, \quad D_t^{MH}/\varepsilon_1 - \eta S_t^{MH} = \zeta^{MH}, \quad D_t^{HL}/\varepsilon_2 - \sigma S_t^{HL} = \zeta^{HL}
$$

$$\tag{2-32}$$

得出:

$$
\begin{aligned}
\partial \ln T_t/\partial \ln M_t =\ & \varepsilon_1 \alpha \{ \gamma \zeta^{MH} + \gamma g_{MH} + \gamma[\gamma \zeta^{MH} + \rho(\zeta^{KH})] + \\
& \gamma(\gamma g_{MH} + \rho g_{KH}) \} + \varepsilon_2 \alpha(1 - \alpha) \{ (\gamma + \kappa)[\gamma \zeta^{MH} + \\
& \rho(\zeta^{KH}) + \zeta^{HL}] + \gamma(\gamma g_{MH} + \rho g_{KH} + g_{HL}) \}
\end{aligned} \tag{2-33}
$$

而根据式(2-5)到(2-7)可知:

$$g_{KH} = \ln[\rho\omega_t^H/r_t(1-\gamma-\rho)] + \eta\ln A_t^K/A_t^H \qquad (2\text{-}34)$$

$$g_{MH} = \ln[\gamma\omega_t^H/P_t^M(1-\gamma-\rho)] + \eta\ln A_t^M/A_t^H \qquad (2\text{-}35)$$

由式(2-33)到式(2-35)可知,当数字资本发生变化时,全要素生产率增长率受到不同要素间的技术偏向性指数、要素配置偏向性指数、不同要素之间的技术比例和高低技能劳动力比例的影响。当生产性物质资本租金 r_t、高技能劳动力工资 ω_t^H、数字资本租金 P_t^M 不变,且要素间的替代弹性大于 0 时,随着高低技能劳动力比例 H_t/L_t 的增加,数字资本 M_t 对全要素生产率的正向作用逐渐增强。当高低技能劳动力比例 H_t/L_t 越低,数字资本 M_t 对全要素生产率的正向作用就越弱。即随着数字资本的增加,由于要素间的替代弹性,高技能劳动力占比的增加会通过与数字资本的合作,进而提升最终的全要素生产率。在以上分析成立的同时,可以看到全要素生产率也受到技术偏向性指数和要素配置偏向性指数的影响,若要保持数字资本对全要素生产率的正向作用,以式(2-32)中的 $D_t^{MH}/\varepsilon_1 - \eta S_t^{MH}$ 一项为例,需要满足 $D_t^{MH} > 0$ 和 $S_t^{MH} < 0$,即技术进步偏向于数字资本和要素配置更偏向于数字资本。综合上述分析,随着数字资本的不断增加,相比高技能劳动力,技术进步和要素配置更偏向于数字资本和生产性物质资本;相比低技能劳动力,技术进步和要素配置更偏向于高技能劳动力。同时,随着高低技能劳动力比例的增加,数字资本对全要素生产率的正向作用逐渐增强。以上分析说明,为了发挥数字资本对全要素生产率的提升作用,需要保证不同要素间技术进步和要素配置的重心,而数字资本对全要素生产率的影响受到高低技能劳动力比例的影响。

2. 数字资本技术 A_t^M 的影响

本书为了探究数字技术如何影响全要素生产率增长率,式(2-31)两边分别对 $\ln A_t^M$ 求偏导,同样假定不同类型生产要素的技术水平不受数字资本的影响,即 A_t^j 不受 $\ln M_t$ 的影响,其中 $j = M,K,H,L$,得出:

$$\partial\ln T_t/\partial\ln A_t^M = \gamma/\varepsilon_1 + \varepsilon_1\alpha[\gamma\zeta^{MH} + \gamma g_{MH}/\varepsilon_1 + \gamma(\gamma\zeta^{MH} + \rho\zeta^{KH}) + \gamma(\gamma g_{MH} + \rho g_{KH})/\varepsilon_1] + \varepsilon_2\alpha(1-\alpha) \times \{(\gamma + \kappa') \times$$

$$\left[\gamma\zeta^{MH} + \rho\zeta^{MH} + \zeta^{HL}\right] + \gamma(\gamma g_{MH} + \rho g_{KH} + g_{HL})/\varepsilon_1\}$$

$$(2-36)$$

其中，$\kappa' = (\eta - \sigma)/[(\sigma - 1)\eta][\gamma (Y_t^H)^{1/(\eta-1)} (A_t^M)^{-1/\eta} (M_t)^{(\eta-1)/\eta} + 1/A_t^M + (1 - \eta)/A_t^M]$。因为 $\eta < \sigma$，则有 $\kappa' > 0$。

同样地，由式（2-34）到式（2-35）可知，数字技术对全要素生产率的作用取决于不同要素间的技术偏向性指数、要素配置偏向性指数、不同要素之间的技术比例和高低技能劳动力比例。假设生产性物质资本租金 r_t、高技能劳动力工资 ω_t^H、数字资本租金 P_t^M 保持不变，则当高技能劳动力与低技能劳动力的比例 H_t/L_t 增加时，数字资本技术 A_t^M 对全要素生产率产生的正向促进作用会增大，当高技能劳动力与低技能劳动力的比例 H_t/L_t 减少时，数字技术 A_t^M 对全要素生产率产生的正向作用会减弱，甚至出现负向作用。由于高技能劳动力与数字资本存在互补作用，当数字技术水平提升后，企业会增加高技能劳动力需求，促进数字资本与高技能劳动力的协同合作，发挥数字技术的作用，提升全要素生产率。同理，以上结论同样需要满足以下假设，以式（2-36）为例，式中 S^{MH} 受到数字资本与高技能劳动力的技术偏向性指数和要素配置偏向性指数的影响，需要满足 $D_t^{MH} > 0$ 和 $S_t^{MH} < 0$，即技术进步和要素配置偏向于数字资本。因此，随着数字技术水平的提升，相比高技能劳动力，技术进步和要素配置更偏向于数字资本和生产性物质资本，且相比低技能劳动力，技术进步和要素配置更偏向于高技能劳动力。随着高技能劳动力与低技能劳动力比例的不断上升，数字技术 A_t^M 对全要素生产率的促进作用逐渐增加。以上分析可知，数字技术对全要素生产率的作用是否为正向取决于不同要素间技术进步和要素配置的偏向性和技术比例，而只要高技能劳动力与低技能劳动力之比大于1，且不断增加，则数字技术对全要素生产率的正向作用就会不断加强，即数字技术对全要素生产率的正向作用受到高低技能劳动力的影响。

3. 数字资本 M_t 影响其他生产要素扩展型技术的分析

根据陈（Chen，2020）等的研究，数字资本和技术不仅仅是一种提供最终产品的生产要素,其也能通过正向溢出效应,借鉴人工智能、大数据、云计算、互联网+、物联网、区块链、纳米技术等数字技术完成传统技术研发过程中无法完成的任务,提高高技能劳动力、生产性物质资本的生产技术和效率。[①]

$$A_t^K = A_t^K(M_t) , \ A_t^H = A_t^H(M_t) , \ A_t^M = A_t^M(M_t) \tag{2-37}$$

由式(2-37)可以看出,高技能劳动力和生产性物质资本的生产技术都是数字资本的数学表达式,为了分析全要素生产率如何受到数字资本的影响,需要将这两种生产要素的技术考虑进来。

因此,式(2-31)两边分别对 $\ln M_t$ 求偏导,分析数字资本如何影响企业全要素生产率。假设数字资本提升高技能劳动力和生产性物质资本的生产技术,即 $\partial A_t^K(M_t)/\partial M_t > 0 , \partial A_t^H(M_t)/\partial M_t > 0 , \partial A_t^M(M_t)/\partial M_t > 0$,本书作出如下假定:

$$\partial A_t^K/\partial M_t = \chi^K , \partial A_t^H/\partial M_t = \chi^H , \partial A_t^M/\partial M_t = \chi^M \tag{2-38}$$

$$M_t\left(\frac{\chi^K}{A_t^K} - \frac{\chi^H}{A_t^H}\right) = \zeta^{KH} , M_t\left(\frac{\chi^M}{A_t^M} - \frac{\chi^H}{A_t^H}\right) = \zeta^{MH} , M_t\frac{\chi^H}{A_t^H} = \zeta^{HL} \tag{2-39}$$

值得注意的是,这与前面的假设不同。通过求导可得:

$$\frac{\partial \ln T_t}{\partial \ln M_t} = \frac{(\gamma\zeta^{MH} + \rho\zeta^{KH})}{\varepsilon_1} + \frac{\varepsilon_2\alpha\chi^H M_t}{A_t^M} + \varepsilon_1\alpha \times \{ \gamma\zeta^{MH}(\zeta^{MH} + 1) +$$

$$\gamma g_{MH} \times (\frac{\zeta^{MH}}{\varepsilon_1} + 1) + \rho\zeta^{KH}\zeta^{KH} + \frac{\rho g_{KH}\zeta^{KH}}{\varepsilon_1} + (\gamma\zeta^{MH} + \rho\zeta^{KH})$$

$$\times (\gamma\zeta^{MH} + \rho\zeta^{KH}) + (\gamma g_{MH} + \rho g_{KH}) \times [\gamma(\frac{\zeta^{MH}}{\varepsilon_1} + 1) + \frac{\rho\zeta^{KH}}{\varepsilon_1}]\} +$$

$$\varepsilon_2\alpha(1 - \alpha) \times (\gamma\zeta^{MH} + \rho\zeta^{KH} + \zeta^{HL}) \times (\gamma\zeta^{MH} + \rho\zeta^{KH} + \zeta^{HL}) +$$

$$\varepsilon_2\alpha(1 - \alpha)(\gamma g_{MH} + \rho g_{KH} + g_{HL})[\gamma(\frac{\zeta^{MH}}{\varepsilon_1} + 1) + \frac{\rho\zeta^{KH}}{\varepsilon_1} + \frac{\zeta^{HL}}{\varepsilon_2}]$$

$$\tag{2-40}$$

[①] Chen Y. M., "Improving Market Performance in the Digital Economy", *China Economic Review*, Vol.62, 2020.

由式（2-34）、式（2-35）和式（2-40）可知，当数字资本 M_t 对其他生产要素的生产技术产生影响时，数字资本 M_t 对全要素生产率的作用受到不同要素间的技术偏向性指数和要素配置偏向性指数、不同要素之间的技术比例和高低技能劳动力比例，以及不同要素之间生产技术对数字资本偏导的影响。同理，假设生产性物质资本租金 r_t、高技能劳动力工资 ω_t^H、数字资本租金 P_t^M 保持不变。当高技能劳动力与低技能劳动力比例提高时，数字资本 M_t 对全要素生产率的促进作用增加，反之，数字资本 M_t 对全要素生产率的促进作用下降。随着数字资本的不断增加，数字技术、生产性物质资本技术和高技能劳动力生产技术都将得到提升，由于数字资本与高技能劳动力存在互补作用，增加高技能人才需要补充数字技术和资本，进而提升全要素生产率。

同理，以上分析需要以下面假设为前提。首先，以式（2-40）为例，式中 S^{MH} 一项包含数字资本与高技能劳动力的技术偏向性指数和要素配置偏向性指数，若要保证数字资本对全要素生产率的正向作用，需要满足 $D_t^{MH} > 0$ 和 $S_t^{MH} < 0$，即相比高技能劳动力，技术进步和要素配置偏向于数字资本。与前述分析不同的是，式（2-40）包含 ζ^{MH} 一项，若要保证全要素生产率对数字资本的导数为正，则要求数字资本对生产性物质资本技术的正向作用大于对高技能劳动力生产技术的正向作用，说明数字资本通过促进生产性物质资本和高技能劳动力的生产技术，即 A_t^K 和 A_t^M，进一步提升全要素生产率。因此，当数字资本 M_t 提升时，相比高技能劳动力，技术进步和要素配置更偏向于数字资本和生产性物质资本，且相比低技能劳动力，技术进步和要素配置更偏向于高技能劳动力。随着高低技能劳动力比例的不断上升，数字资本 M_t 对全要素生产率的促进作用增加。并且，还要保证数字资本 M_t 对数字技术 A_t^M 和生产性物质资本生产技术 A_t^K 的促进作用大于对高技能劳动力生产技术 A_t^H 的促进作用。

综合上述分析可知，数字资本 M_t 和数字技术 A_t^M 均促进全要素生产率，且随着高低技能劳动力比例的不断增加，数字资本 M_t 和数字技术 A_t^M 对全要素生产率的正向作用加强。与此同时，相比高技能劳动力，要保证技术进步和要素配置更加偏向于数字资本和生产性物质资本，而相比低技能劳动力，要保证技术进步和要素配置更加偏向于高技能劳动力。并且，数字资本要发挥对数字技术和生产性物质资本生产技术的正向作用，这样才能让数字资本对全要素生产率的正向促进作用更加显著。而后文也将使用不同类型劳动力和管理人员学历水平来衡量高低技能劳动力，进而分析企业数字化转型对全要素生产率的影响。

（二）全要素生产率、要素错配与数字资本

上文分析可知，数字资本不仅直接改善企业生产模式，促进全要素生产率的提升，也通过高低技能劳动力比例的变化，改变对全要素生产率的影响。本书认为，"互联网+"、大数据、云计算、人工智能等数字技术的使用，会显著提高要素的生产效率，通过扁平化管理减少交易成本，让员工和管理人员的交流更加有效，并且也能提升要素配置效率，通过物联网、大数据等技术合理分配劳动力、资本等生产要素。因此，这里采用陈锐(2014)的研究，引入数字资本对生产要素成本的影响，分析数字资本降低交易成本和要素错配现象，进而影响全要素生产率。[①]

通过式(2-13)可以得出代表性家庭的效用函数，本书认为在没有使用数字资本 M_t 和数字技术 A_t^M 时，企业生产过程中存在一定的交易成本、信息不对称，导致高技能劳动力、低技能劳动力甚至是生产性物质资本的配置存在失衡或错配，这使得生产要素未获得该有的报酬，即产生部分要素成本。本书假设低技能劳动力的成本为 $\psi^L(M_t)\omega_t^L$，高技能劳动力的成本为 $\psi^H(M_t)\omega_t^H$，其中，$0 < \psi^L < 1$ 且 $0 < \psi^H < 1$。本书认为，数字资本 M_t 和技术 A_t^M 的应用，会降低信息不对称和交易成本，有利于减少要素错配导致的高技能劳动力收入不均等，但数字资本和技术也会造成低技能劳动力的替代效应，低技能劳动力

---

① 陈锐：《劳动力错配、结构演变及其对技术进步技能偏向性的影响研究》，吉林大学 2014 年博士学位论文。

失业,收入成本提升。因此,这里假定 $\partial\psi^L(M_t)/\partial M_t > 0$ 且 $\partial\psi^H(M_t)/\partial M_t <$ 0,则代表性家庭预算约束如下所示:

$$P_t^M M_t + r_t K_t + (1 - \psi^H)\omega_t^H H_t + (1 - \psi^L)\omega_t^L L_t - G_t = C_t + I_t^K + I_t^M$$

$$(2-41)$$

$$K_t = I_t^K + K_0 \tag{2-42}$$

$$M_t = G_t + I_t^M + M_0 \tag{2-43}$$

当满足理性人假设后,要使家庭效用最大化,结合式(2-13),通过建立拉格朗日函数 φ,可求得:

$$1/C_t = \lambda_1 \tag{2-44}$$

$$\delta\varphi/H_t = \lambda_1(1 - \psi^H)\omega_t^H \tag{2-45}$$

$$\delta(1 - \varphi)/L_t = \lambda_1(1 - \psi^L)\omega_t^L \tag{2-46}$$

因此,可求解高技能劳动力与低技能劳动力的相对工资为:

$$\frac{\omega_t^H}{\omega_t^L} = \left(\frac{1 - \varphi}{\varphi}\right)\left(\frac{1 - \psi^H}{1 - \psi^L}\right)^{-1}\left(\frac{H_t}{L_t}\right)^{-1} \tag{2-47}$$

本书构建高技能劳动力错配指数、低技能劳动力错配指数和高低技能劳动力相对错配指数:

$$\Omega_H = (1 - \psi^H)[(1 - \psi^H) + (1 - \psi^L)] \tag{2-48}$$

$$\Omega_L = (1 - \psi^L)[(1 - \psi^H) + (1 - \psi^L)] \tag{2-49}$$

$$\Omega = \Omega_H/\Omega_L = (1 - \psi^H)/(1 - \psi^L) \tag{2-50}$$

则有, $\partial\Omega/\partial M_t > 0$。对式(2-27)两边取对数,结合式(2-5)和式(2-6),得到如下表达式:

$$\frac{\sigma - 1}{\sigma}\ln(A_t^H/A_t^L \cdot \frac{H_t}{L_t}) = \ln\frac{\varphi}{(1 - \varphi)} + \ln\frac{(1 - \alpha)}{\alpha(1 - \gamma - \rho)} + \left(\frac{1}{\sigma} - \frac{1}{\eta}\right)\ln(Y_t^H)$$

$$+ \ln\Omega + \left(\frac{1}{\sigma} - \frac{1}{\eta}\right)\left[\ln A_t^M M_t + \eta\ln\frac{1 - \gamma - \rho}{\gamma}\right.$$

$$\left. + (\eta - 1)\ln A_t^H/A_t^M + \eta\ln P_t^M/\omega_t^H\right] \tag{2-51}$$

若将式(2-23)带入式(2-51),则可得到高低技能劳动力生产效率的比值 A_t^H/A_t^L 与高低技能劳动力供给比例 H_t/L_t 的关系。

1. 数字资本 M_t 的影响

为了分析全要素生产率增长率与数字资本的关系,式(2-31)两边分别对数字资本 $\ln M_t$ 求偏导,并结合式(2-51),假定不同类型生产要素的技术水平不受数字资本的影响,即 A_t^j 不受 $\ln M_t$ 的影响,其中 $j = M,K,H,L$,则有:

$$\partial \ln T_t / \partial \ln M_t = \varepsilon_1 \alpha [\gamma \zeta^{MH} + \gamma g_{MH} + \gamma (\gamma \zeta^{MH} + \rho \zeta^{KH}) + \gamma (\gamma g_{MH} + \rho g_{KH})] + \varepsilon_2 \alpha (1 - \alpha)[(\gamma + \kappa)(\zeta^{MH} + \rho \zeta^{KH} + \zeta^{HL}) + \gamma (\gamma g_{MH} + \rho g_{KH} + g_{HL})] \tag{2-52}$$

其中 $\kappa = (\eta - \sigma)/[(\sigma - 1)\eta][\gamma (Y_t^H)^{1/(\eta-1)} (A_t^M)^{(\eta-1)/\eta} (M_t)^{-1/\eta} + \partial\Omega/\partial M_t + 1/M_t]$。因为 $\eta < \sigma$ 且 $\partial\Omega/\partial M_t > 0$,则有 $\kappa > 0$。

结合式(2-34)和式(2-35)可知,数字资本的增加会促进全要素生产率增长率的提升,但受到不同要素间的技术偏向性指数、要素配置偏向性指数和相对错配指数,以及不同要素之间的技术比例和高低技能劳动力比例的影响,这与式(2-33)得到的结论不同。这里考虑了引入数字资本后导致的高技能劳动力和低技能劳动力成本的变化或要素错配现象,但根据假设可知,高低技能劳动力相对要素错配指数随着数字资本的增加而增加,呈现正向关系。同理可知,当物质资本租金 r_t、高技能劳动力工资 ω_t^H、数字资本租金 P_t^M 不变时,H_t/L_t 越高,数字资本 M_t 对全要素生产率的正向作用就越强,H_t/L_t 越低,数字资本 M_t 对全要素生产率的正向作用就越弱,甚至为负,即数字资本对全要素生产率的作用受到了高低技能劳动力比例的影响。并且,$\partial\Omega/\partial M_t$ 越大,数字资本 M_t 对全要素生产率的正向作用也就越强,说明数字资本对全要素生产率的影响也受到企业内部交易成本、要素成本和要素错配等因素的作用。

在以上结论成立的同时,以式(2-52)中的 S^{MH} 为例,同样要满足 $D_t^{MH} > 0$ 和 $S_t^{MH} < 0$,即技术进步和要素配置要更偏向于数字资本。因此,要保证数字

资本 M_t 对全要素生产率的正向作用,相比高技能劳动力,技术进步和要素配置要更偏向于数字资本和生产性物质资本,且相比低技能劳动力,技术进步和要素配置要更偏向于高技能劳动力。为了发挥数字资本 M_t 对全要素生产率的提升作用,需要保证不同要素间技术进步和要素配置的重心,而数字资本对全要素生产率的影响受到高低技能劳动力比例和要素错配(数字资本对不同生产要素成本的作用)的影响。

2. 数字技术 A_t^M 的影响

为了继续分析数字技术 A_t^M 如何影响全要素生产率,本书假定数字技术 A_t^M 也会作用于生产要素的成本,即通过互联网+、大数据、云计算、物联网等数字技术,提升信息传输速度,降低数据处理和交易成本,精确配置资源,通过与高技能劳动力的互补作用,提高高技能劳动力工资收入;但部分数字技术会替代低技能劳动力,造成低技能劳动力的失业,使其工资损失增加(陈晓红等,2022)。[①] 因此,存在 $\partial\psi^L(A_t^M)/\partial A_t^M > 0$ 和 $\partial\psi^H(A_t^M)/\partial A_t^M < 0$,则通过式(2-52),有 $\partial\Omega/\partial A_t^M > 0$,即高低技能劳动力相对错配指数随着数字技术水平的提高而降低。

假定不同类型生产要素的技术水平不受数字资本的影响,即 A_t^j 不受 $\ln M_t$ 的影响,其中 $j = M, K, H, L$,通过式(2-33),可得出:

$$\partial\ln T_t/\partial\ln A_t^M = \gamma/\varepsilon_1 + \varepsilon_1\alpha[\gamma\zeta^{MH} + \gamma g_{MH}/\varepsilon_1 + \gamma(\gamma\zeta^{MH} + \rho\zeta^{KH}) +$$
$$\gamma(\gamma g_{MH} + \rho g_{KH})/\varepsilon_1] + \varepsilon_2\alpha(1 - \alpha) \times \{(\gamma + \kappa') \times [\gamma\zeta^{MH} + \rho\zeta^{MH} + \zeta^{HL}] +$$
$$\gamma(\gamma g_{MH} + \rho g_{KH} + g_{HL})/\varepsilon_1\} \tag{2-53}$$

$$\kappa' = (\eta - \sigma)/[(\sigma - 1)\eta][\gamma(\gamma_T^H)^{1/(\eta-1)}(A_t^M)^{-1/\eta}(M_t)^{(\eta-1)/\eta} +$$
$$\partial\Omega/\partial A_t^M + 1/A_t^M + (1 - \eta)/A_t^M] \tag{2-54}$$

由于 $\eta < \sigma$ 且 $\partial\Omega/\partial A_t^M > 0$,则有 $\kappa' > 0$。

---

① 陈晓红、李杨扬、宋丽洁等:《数字经济理论体系与研究展望》,《管理世界》2022 年第2 期。

式(2-53)与式(2-36)得出的结论基本类似:第一,数字技术 A_t^M 对全要素生产率的影响正负和大小由技术进步和要素配置偏向性指数、要素间的技术比例、高低技能劳动力比例和相对错配指数共同决定。当高低技能劳动力的比例 H_t/L_t 上升时,数字技术 A_t^M 对全要素生产率的促进作用加强,反之,数字技术 A_t^M 对全要素生产率产生的正向作用减弱,甚至为负。第二,当数字技术 A_t^M 提升时,相比高技能劳动力,技术进步和要素配置更偏向于数字资本和生产性物质资本,而相比低技能劳动力,技术进步和要素配置更偏向于高技能劳动力,则随着 H_t/L_t 的不断增加,数字技术 A_t^M 对全要素生产率的正向促进作用逐渐加强。第三,当 $\partial\Omega/\partial A_t^M > 0$ 时,数字资本、生产性物质资本和高技能劳动力之间的替代弹性 η 小于与低技能劳动力的替代弹性 σ ,即除了低技能劳动力外,其他生产要素之间是互补关系,则数字技术会通过影响高低技能劳动力相对错配指数,最终对全要素生产率产生影响。第四,数字技术 A_t^M 对全要素生产率的影响还取决于要素间的技术比例。

3. 数字资本 M_t 影响其他生产要素扩展型技术的分析

同样按照上文的假设 $A_t^K = A_t^K(M_t)$、$A_t^H = A_t^H(M_t)$、$A_t^M = A_t^M(M_t)$ 进行分析,即高技能劳动力和生产性物质资本的生产技术都是数字资本的数学表达式。结合式(2-33),通过求导可得:

$$\frac{\partial \ln T_t}{\partial \ln M_t} = \frac{(\gamma\zeta^{MH} + \rho\zeta^{KH})}{\varepsilon_1} + \frac{\varepsilon_2 \alpha \chi^H M_t}{A_t^M} + \varepsilon_1 \alpha \times \left[\gamma\zeta^{MH}(\zeta^{MH} + 1) + \right.$$

$$\gamma g_{MH} \times (\frac{\zeta^{MH}}{\varepsilon_1} + 1) + \rho\zeta^{KH}\zeta^{KH} + \frac{\rho g_{KH}\zeta^{KH}}{\varepsilon_1} + (\gamma\zeta^{MH} + \rho\zeta^{KH})$$

$$\times (\gamma\zeta^{MH} + \rho\zeta^{KH}) + (\gamma g_{MH} + \rho g_{KH}) \times \gamma(\frac{\zeta^{MH}}{\varepsilon_1} + 1) + \frac{\rho\zeta^{KH}}{\varepsilon_1}) \right] +$$

$$\varepsilon_2 \alpha(1 - \alpha) \times (\gamma\zeta^{MH} + \rho\zeta^{KH} + \zeta^{HL} + \nu) \times \left[\gamma\zeta^{MH} + \rho\zeta^{KH} + \zeta^{HL} \right] +$$

$$\varepsilon_2 \alpha(1 - \alpha)(\gamma g_{MH} + \rho g_{KH} + g_{HL}) \left[\gamma(\frac{\zeta^{MH}}{\varepsilon_1} + 1) + \frac{\rho\zeta^{KH}}{\varepsilon_1} + \frac{\zeta^{HL}}{\varepsilon_2} \right]$$

$$(2-55)$$

$$\nu = (\eta - \sigma) / [(\sigma - 1)\eta] \{(\gamma_t^H)^{1/(\eta-1)} [\gamma (A_t^M)^{(\eta-1)/\eta} (M_t)^{-1/\eta} +$$

$$\gamma (M_t)^{(\eta-1)/\eta} (A_t^M)^{-1/\eta} \chi^M + \rho (K_t)^{(\eta-1)/\eta} (A_t^K)^{-1/\eta} \chi^K +$$

$$(1 - \gamma - \rho)(H_t)^{(\eta-1)/\eta} (A_t^H)^{-1/\eta} \chi^H] + \partial \Omega / \partial M_t + \chi^M / A_t^M +$$

$$1/M_t + (\eta - 1)\chi^H / A_t^H\} \tag{2-56}$$

式(2-55)得到的结论与式(2-40)得到的结论基本相似,即数字资本对全要素生产率的作用受到技术和要素配置偏向性指数、要素间的技术比例、高低技能劳动力比例和相对错配指数等因素的影响。并且,随着高低技能劳动力的比例 H_t/L_t 和相对要素错配指数 $\partial \Omega / \partial A_t^M$ 增加,数字资本对全要素生产率的正向促进作用逐渐增加,反之,数字资本对全要素生产率的正向促进作用减弱,甚至为负。与此同时,相比高技能劳动力,技术进步和要素配置更偏向于数字资本和生产性物质资本,而相比低技能劳动力,技术进步和要素配置更偏向于高技能劳动力。

　　本章在前文梳理数字化转型与全要素生产率相关文献和理论的基础上,利用资本—技能互补理论和产业组织理论等学科构建了数字化转型对企业全要素生产率的理论分析框架,为后续实证研究提供思路和方向,具体如下:(1)本章将数字化转型、员工结构、管理结构、运营能力和全要素生产率放在统一的分析框架中,勾勒出数字化转型如何影响企业全要素生产率的基本思路;(2)企业数字化转型通过劳动力替代和互补作用、规模经济效应、知识溢出效应影响不同职务类型和不同学历类型劳动力结构,进而作用于全要素生产率;(3)企业数字化转型通过信息不对称理论、委托—代理理论、利益相关者理论和锦标赛理论等影响管理结构,包括管理人员薪酬、管理人员性别和年龄结构、两权分离率和网络中心度,最终改善企业全要素生产率;(4)企业数字化转型通过交易成本理论、生产率理论、流程再造理论和要素配置理论作用于运营成本和周转率,进而提升全要素生产率。

第三章　员工结构视角下数字化转型对
企业全要素生产率的实证分析

基于第二章的理论分析和模型推导,本章将构建计量经济模型,以中国A股非金融类上市企业的微观数据作为研究样本,利用数据挖掘技术搜索企业年报、政府采购文件和专利申请书中出现的数字化转型关键词,通过倾向得分匹配方法为数字化转型企业寻找对照组,使用双重差分模型分析企业数字化转型对全要素生产率的影响。基于理论分析,本书将员工结构作为企业数字化转型影响全要素生产率的作用机制,并将员工结构按职务和受教育水平分为职务结构和教育结构,采用中介效应模型分析职务结构和教育结构的机制作用,检验地区异质性、所有权异质性和要素密集度异质性下职务结构和教育结构机制作用的差异性。

第一节　假设提出

一、数字化转型与企业全要素生产率

从理论上看,企业全要素生产率受到技术创新、管理模式、要素配置、规模经济和员工技能等多方面的影响,针对不同数字技术,其对全要素生产率的影响是不同的:(1)人工智能通过自主学习、深度学习等,让机器设备拥有类人的思维学习能力,为员工生产、研发、管理等提供便利,通过

替代部分劳动力,实现自动化、智能化生产,提高企业全要素生产率(Bassetti 等,2020)。① (2)区块链通过去中心化、分布式技术让信息更加公开透明,原材料、中间品和劳动力市场的定价更加透明和合理,这无疑会降低企业的成本,提高全要素生产率。(3)大数据、云计算等通过实时上传和搜集数据,提供更多有效的信息,结合人工智能和 5G 等技术,为管理人员和员工提供有关采购、生产、雇佣、销售、研发、管理等不同流程的决策行为,促进资源优化配置,提高全要素生产率(郑玉,2024)。② (4)物联网技术以更低成本、更高效率为企业提供原材料和设备,通过信息传播媒介进行信息交换和通信,以实现智能化识别、定位、跟踪、监管等功能,降低企业内部交易成本,提升全要素生产率(李健,2024)。③ 因此,不同数字技术有不同特征,这为提升企业全要素生产率提供了条件。

本书认为数字化转型通过改变员工结构、管理结构和运营能力影响全要素生产率:(1)员工结构。纳扎雷和希夫(Nazareno 和 Schiff,2021)指出,人工智能等数字技术作为通用技术,最直接的影响是对低技能劳动力的替代和高技能劳动力的互补。④ 作为先进技术,数字化设施和设备需要高端人才和高学历人才来辅助实施,而高技能劳动力会通过知识溢出效应提升其他员工技能和素质,降低管理成本,提高全要素生产率。对于技术水平薄弱的劳动密集型企业和竞争压力更大的非国有企业,在进行数字化转型后,更愿意通过数字技术改善企业结构,提升全要素生产率。(2)管理结构。由上文可知,人工智能、大数据、云计算等数字技术能降低员工和管理人员的交易成本,提高信息传递的公开性和透明性,导致传统金字塔管理结构模式向扁平化转变(谢楠等,2023)。⑤

---

① Bassetti T., Galvez Y.B., Pavesi F., *Artificial Intelligence:Impact on Total Factor Productivity, E-commerce & Fintech*, Luxembourg:Publications Office of the European Union,2020.

② 郑玉:《数字经济、要素市场扭曲缓解与企业全要素生产率》,《经济体制改革》2024 年第 1 期。

③ 李健:《数字经济、产业链创新与绿色全要素生产率》,《统计与决策》2024 年第 9 期。

④ Nazareno L., Schiff D.S., "The Impact of Automation and Artificial Intelligence on Worker Well-being", *Technology in Society*, Vol.67,2021.

⑤ 谢楠、何海涛、王宗润:《复杂网络环境下不同政府补贴方式的企业数字化转型决策分析》,《系统工程理论与实践》2023 年第 8 期。

数字技术为创造性思维能力更强的女性管理人员提供便利,通过线上会议等实现各种形式的交流。而且,在新的颠覆式技术背景下,股东更容易了解管理人员和员工的行为,通过增加董监高①薪酬激励提高管理人员治理效率,更好地适应新技术,促进全要素生产率的提升(马连福和杜善重,2021)。②(3)运营能力。数字化转型本身就是对新技术的应用,提高资本利用率,促进资本深化。而物联网、大数据、云计算等技术可以实时为管理人员和员工提供决策,降低管理成本,提高产品周转率和生产效率(陈春华等,2021)。③ 先进技术也为企业带来比较优势,从而获取市场利润,提高企业利益。基于以上分析,本书提出假设 1 和假设 2:

假设 1:数字化转型促进企业全要素生产率的提升。

假设 2:相对于资本密集型企业和国有企业,劳动密集型企业和非国有企业数字化转型对全要素生产率的作用更大。

二、职务结构视角下数字化转型与企业全要素生产率

柏培文和张云(2021)指出,包括人工智能、大数据、云计算等在内的信息基础设施建设促进信息和知识的流通和使用,进而推动地区经济增长。④ 而数字技术对企业结构调整和劳动力就业产生深刻影响,即一方面,带来大量新增职位需求和劳动力需求,让企业岗位需求多元化;另一方面,技术进步导致常规性、低技术或重复性劳动力岗位下降。因此,企业进行数字化转型后,对不同职务部门劳动力的影响也不同,最终影响企业全要素生产率。

企业数字化转型主要通过技能偏向型技术效应影响全要素生产率:

---

① 董监高,即上市企业董事、监事及高级管理人员的简称。
② 马连福、杜善重:《数字金融能提升企业风险承担水平吗》,《经济学家》2021 年第 5 期。
③ 陈春华、曹伟、曹雅楠等:《数字金融发展与企业"脱虚向实"》,《财经研究》2021 年第 9 期。
④ 柏培文、张云:《数字经济、人口红利下降与中低技能劳动者权益》,《经济研究》2021 年第 5 期。

（1）数字化转型影响职务结构。当企业进行数字化转型后，通过先进的数字技术提升企业信息化水平，增加对高技术人才等高技能劳动力的需求，以满足数字技术带给企业的生产、管理、销售等不同流程的变革。而人工智能等技术也会造成低技能劳动力的替代效应，降低对重复性、程序性工作岗位的需求（张夏恒，2023）。[1] 部分学者研究发现，随着企业数字化水平的提升，销售、生产、办公、行政、财务稽核等工作岗位不断被替代（Greve，2019；孙早和侯玉琳，2019）。[2][3] 首先，以往需要手工进行的行政流程、财务稽核，如今通过数字技术实现上传信息和审核，减少对管理人员的需求，提高办公效率。其次，物联网、大数据等技术降低对销售人员和原材料购买员工的需求，企业通过数字技术和快递业务实现产品的流通和出售。最后，智能化、自动化生产设备和车间也逐渐替代传统生产模式，减少对生产人员的需求。（2）数字化转型通过作用于职务结构，影响全要素生产率。徐远华和孙早（2021）指出，技术人员在长期的生产实践中与生产性人员交流，积累生产经验，提高企业生产过程中的技术研发水平，通过技术创新提高生产性人员的生产能力，将员工劳动转变为现实产出。[4] 企业一方面需要技术人员适应新的技术，解决企业数字化转型过程中由于技术使用不熟练造成的问题，另一方面需要技术人员将新的数字技术与企业生产、管理等流程相结合，为管理人员和员工提供新的技术创新，提高企业生产效率（王京等，2024）。[5]

对于不同类型企业，数字化转型的作用也是不同的。相比国有企业，非国

---

① 张夏恒：《类 ChatGPT 人工智能技术嵌入数字政府治理：价值、风险及其防控》，《电子政务》2023 年第 4 期。

② Greve B.，"The Digital Economy and the Future of European Welfare States"，*International Social Security Review*，Vol.72，No.3，2019.

③ 孙早、侯玉琳：《工业智能化如何重塑劳动力就业结构》，《中国工业经济》2019 年第 5 期。

④ 徐远华、孙早：《中国工业加速创新的新机制——基于人力资本分工和协同的研究视角》，《经济学报》2021 年第 1 期。

⑤ 王京、陈晶、李舒妍：《创新生态系统视角下数字技术对区域创新绩效的影响效应研究》，《科研管理》2024 年第 5 期。

有企业更愿意进行技术创新,并可能进行大规模裁员和调整,实现企业生产、管理等颠覆式变化,最终目标是通过数字化转型,实现企业全要素生产率的稳步提升,占领市场份额,获取利润。因此,国有企业进行数字化转型后对职务结构的影响比非国有企业小(孙伟增和郭冬梅,2021)。[①] 其次,由于东部地区拥有大量的高技术人才、港口、贸易和外商直接投资等,企业发展环境优于中西部地区,并且东部地区信息基础设施也比中西部地区更为完善(朱波和曾丽丹,2024)。[②] 东部地区企业进行数字化转型的意愿高于中西部地区,而且,中西部地区高端人才和企业更愿意转移到东部地区,导致中西部地区企业内部职务结构多以生产性人员和其他人员为主。而信息基础设施等配套设施跟不上,也导致中西部数字化转型发展速度慢。因此,中西部地区企业数字化转型通过职务结构对全要素生产率的作用小于东部地区。基于以上分析,本书提出假设3和假设4:

假设3:数字化转型通过职务结构对全要素生产率产生正向的中介效应,即企业数字化转型提高高技术人员占比、降低生产性人员和其他人员占比,最终促进全要素生产率的提升。

假设4:相对于国有企业和中西部地区,非国有企业和东部地区职务结构的正向中介效应更为显著,且国有企业对其他人员占比的替代作用不显著。

三、教育结构视角下数字化转型与企业全要素生产率

上文分析了数字化转型通过影响职务结构,最终作用于全要素生产率。不同的职务拥有不同的职能,生产性人员以企业日常生产任务为主,技术人员主要提升企业技术创新并解决技术性问题,管理人员则衔接不同职务人员并

---

① 孙伟增、郭冬梅:《信息基础设施建设对企业劳动力需求的影响:需求规模、结构变化及影响路径》,《中国工业经济》2021年第11期。

② 朱波、曾丽丹:《数字经济时代区域经济下行风险防范与应对:基于GaR模型的实证分析》,《中国软科学》2024年第6期。

制定企业发展战略和决策,不同职务人员的受教育水平存在较大差异。①

　　企业数字化转型通过作用于教育结构,进而影响全要素生产率的机制分析与职务结构类似,即技术进步对不同学历人群造成差异化作用。第一,以企业数字化转型与教育结构为例。企业的数字化转型促使传统物质生产要素在形态上发生改变,加速企业内和企业间生产要素的流动和优化配置,而高学历人员更容易应用和适应生产要素的这一变化(阎世平等,2020)。② 并且,人工智能、计算机、物联网等数字技术取代了非交互性的工作任务,对员工认知能力和社交能力等素质方面要求更高,接受高等教育的高技能劳动力拥有更强的比较优势,在一定程度上可以避免被数字技术挤出,或在短暂失业后能更快地重新就业。科研、设计等方面的高学历人才更易受到企业青睐,而以物流、组装员、行政等为代表的中低学历人员更容易被数字技术和设备替代(戚聿东等,2021;黄赜琳等,2022)。③④ 第二,以数字化转型通过教育结构影响全要素生产率为例。张心悦和马莉萍(2022)将高等教育分为普通高等教育与高等职业教育,得出普通高等教育对全要素生产率的作用更为显著,且这种正向作用随着教育层级的提升而增大。⑤ 当企业高等学历人群占比不断增加时,高质量知识资本和人力资本将融入企业的采购、生产、科研和经营活动,导致正向技术扩散效应,提高企业全要素生产率(Van Ark,2016;赵宸宇等,2021)。⑥⑦ 王鹏

---

① 戚聿东、肖旭、蔡呈伟:《产业组织的数字化重构》,《北京师范大学学报(社会科学版)》2020 年第 2 期。

② 阎世平、武可栋、韦庄禹:《数字经济发展与中国劳动力结构演化》,《经济纵横》2020 年第 10 期。

③ 戚聿东、丁述磊、刘翠花:《数字经济时代新职业发展与新型劳动关系的构建》,《改革》2021 年第 9 期。

④ 黄赜琳、秦淑悦、张雨朦:《数字经济如何驱动制造业升级》,《经济管理》2022 年第 4 期。

⑤ 张心悦、马莉萍:《高等教育提升全要素生产率的作用机制》,《教育研究》2022 年第 1 期。

⑥ Van Ark B., "The Productivity Paradox of the New Digital Economy", *International Productivity Monitor*, No.31, 2016。

⑦ 赵宸宇、王文春、李雪松:《数字化转型如何影响企业全要素生产率》,《财贸经济》2021 年第 7 期。

和郭淑芬(2021)指出,企业高学历人群积累到一定程度,会有较强的创新能力和吸收外界技术的能力,长期将降低企业成本、增加效率。[①]

与上文分析类似,我国中西部地区高校发展不如东部地区,而且中西部地区高等学历人才也更愿意转移到沿海地区,导致中西部地区企业的发展环境不如东部地区,而地区数字化基础设施的差异,也让中西部地区企业数字化转型不如东部地区,东部地区数字化转型企业有条件、资本和环境去雇佣高等学历人才,通过高等学历人才改善全要素生产率的作用大于中西部地区(赵渺希等,2024)。[②] 劳动密集型企业本身以低技术和廉价劳动力生产为主,处在价值链中下游,对技术、素质和管理能力的需求比资本密集型企业弱,资本密集型企业数字化转型通过教育结构更能改善全要素生产率。基于以上分析,本书提出假设5和假设6:

假设5:数字化转型提高高等教育人员占比、减少中低等教育人员占比,进而促进全要素生产率,即教育结构具有正向中介效应。

假设6:相对于中西部地区和劳动密集型企业,东部地区和资本密集型企业数字化转型更能通过改变教育结构,进而提升全要素生产率。

第二节　模型设定与变量选取

一、模型设定

在企业早期的数字化转型过程中,政府通常会给予一定的政策支持,拥有良好财务状况和发展潜力的企业更能适应数字化转型,获得政府的支持。如果采用传统的OLS回归进行参数估计,会造成结果的偏误,原因主要有:(1)

---

① 王鹏、郭淑芬:《正式环境规制、人力资本与绿色全要素生产率》,《宏观经济研究》2021年第5期。

② 赵渺希、徐敏、林思仪等:《数字中国网络协同的区域规划响应》,《城市规划》2024年第3期。

企业是否进行数字化转型并非具有随机性。我国是世界上工业机器人使用较多的国家,也是数字技术专利申请量最多的国家,这得益于我国相关政策扶持,如《2006—2020 年国家信息化发展战略》《智能制造科技发展"十二五"专项规划》等。财政部、科技部、工业和信息化部等部门也先后实施数字化转型试点项目,重点扶持前景好、科技水平高的企业。因此,我国企业的数字化转型不是随机产生,部分企业的数字化转型受到国家政策的扶持,而对非随机样本进行直接参数估计会造成数字化转型的选择性误差(高雨辰等,2021)。①
(2)进行数字化转型和未进行数字化转型企业的相关特征可能存在偏差,且不可观测,若直接进行参数估计,会导致异质性偏差,从而低估或高估数字化转型对企业绩效的影响(Caliendo 和 Kopeinig,2008;Bodory 等,2020)。②③ 因此,首先需要使用倾向得分匹配方法搜寻与进行数字化转型企业相关特征类似的对照组来解决样本的选择性偏误,然后采用双重差分模型估计数字化转型对企业全要素生产率的真实影响,保证参数估计的科学性和准确性。本书接下来将详细介绍两种方法:

(一)倾向得分匹配方法

倾向得分匹配是维持观测值数据稳定性较为流行的统计学模型。在现实中,搜集的数据往往存在偏差,并且存在混淆变量(Confouding Variable),这将导致最终参数估计结果的偏误,而倾向得分匹配方法通过构造 Logit 或 Probit 模型,寻找对照组,降低试验和政策实施过程中的"数据偏差"和"混淆变量",让试验组和对照组能进行合理对比。该方法最早由罗森鲍姆和鲁斌(Rosenbaum 和 Rubin,1983)提出,被医学、管理、公共卫生、经济学、心理学等学科广泛应用。倾

---

① 高雨辰、万滢霖、张思:《企业数字化、政府补贴与企业对外负债融资——基于中国上市企业的实证研究》,《管理评论》2021 年第 11 期。

② Caliendo M.,Kopeinig S.,"Some Practical Guidance for the Implementation of Propensity Score Matching",*Journal of Economic Surveys*,Vol.22,No.1,2008.

③ Bodory H.,Camponovo L.,Huber M.,"The Finite Sample Performance of Inference Methods for Propensity Score Matching and Weighting Estimators",*Journal of Business & Economic Statistics*,Vol.38,No.1,2020.

向得分匹配的基本原理是构造随机分组,采用大数定理,减少试验组和对照组之间由于某些因素导致的系统性偏误,寻找对照组的方法如下。[①]

假定存在 N 个企业,每个企业都存在两种状态,即 $\varphi_i(1)$ 和 $\varphi_i(0)$,分别表示受到数字化转型政策干预的试验组和未受到数字化转型政策干预的对照组,其中,$i = 1,\dots,N$ 。则对于第 i 个企业,试验组和对照组的差值如下所示:

$$\xi_i = \varphi_i(1) - \varphi_i(0) \tag{3-1}$$

假设 $D_i = 1$ 和 $D_i = 0$ 分别为企业受到数字化转型政策干预和未受到数字化转型政策干预,φ_i 代表数字化转型政策干预的处理效应。这里引入"反事实",即试验组未被数字化政策干预的情形:

$$\varphi_i = D_i\varphi_i(1) - (1 - D_i)\varphi_i(0) \tag{3-2}$$

因此,平均处理效应如下所示:

$$ATT = E\{\varphi_i(1) - \varphi_i(0) \,|\, D_i = 1\} = E\{\varphi_i(1) \,|\, D_i = 1\} - E\{\varphi_i(0) \,|\, D_i = 1\} \tag{3-3}$$

其中,ATT 为企业在受到数字化转型政策干预状态下的企业绩效与"反事实"特征下企业观测值的差值。但是,"反事实"特征下企业的观测值 $E\{\varphi_i(0) \,|\, D_i = 1\}$ 无法从现实中获得,因此,这里通过企业在未受到数字化转型政策干预状态下的观测值 $E\{\varphi_i(0) \,|\, D_i = 0\}$ 来替换"反事实"特征下企业的观测值,即:

$$ATT = E\{\varphi_i(1) \,|\, D_i = 1\} - E\{\varphi_i(0) \,|\, D_i = 0\} = E\{\varphi_i(1) \,|\, D_i = 1\} - E\{\varphi_i(0) \,|\, D_i = 1\} + E\{\varphi_i(0) \,|\, D_i = 1\} - E\{\varphi_i(0) \,|\, D_i = 0\} = ATT + \text{选择性偏误} \tag{3-4}$$

若某项政策或试验是随机进行的,那么 $E\{\varphi_i(0) \,|\, D_i = 1\}$ 和 $E\{\varphi_i(0) \,|$

---

① Rosenbaum P.R., Rubin D.B., "The Central Role of the Propensity Score in Observational Studies for Causal Effects", *Biometrika*, Vol.70, No.1, 1983.

$D_i = 0$ 之间就不存在显著差异,即式(3-4)中的选择性偏误为 0。

接下来,这里假定所有企业观测值均满足如下两个前提假设:(1)条件独立假设。不同企业在受到数字化转型政策干预后,如果企业观测值独立,则该政策是随机的。(2)共同支撑假设。所有企业观测值所处试验组和对照组的概率分布处在 0 和 1 之间(尹志超等,2023),[①]则构造一组匹配变量 $Matching(X_1, \dots, X_N)$,有:

$$ATT = E\{\varphi_i(1) \mid D_i = 1, X = x\} - E\{\varphi_i(0) \mid D_i = 0, X = x\}$$

$$= E\{\varphi_i(1) \mid D_i = 1, X = x\} - E\{\varphi_i(0) \mid D_i = 0, X = x\}$$

$$= E\{\varphi_i(1) \mid D_i = 1, Matching(X)\} - E\{\varphi_i(0) \mid D_i = 0, Matching(X)\}$$

$$(3-5)$$

对于式(3-5),罗森鲍姆和鲁斌(Rosenbaum 和 Rubin,1983)指出,将试验组的观测值发生的概率定义为 1,对照组观测值发生的概率定义为 0,通过 Logit 模型进行参数估计,在所有未发生数字化转型的对照组中寻找匹配变量,概率最接近试验组的企业,将其作为倾向得分匹配后的对照组,用来消除选择性偏误。常用的匹配方法包含近邻匹配、核匹配、1 : N 匹配等。[②]

本书将采用 1 : 2 不放回匹配的方法寻找对照组,分析企业数字化转型是否会促进全要素生产率,以及能否通过员工结构、管理结构和运营能力对全要素生产率产生机制作用。为了保证结果的稳健性,本书还将采用 1 : 1 不放回匹配和合成控制—双重差分模型进行稳健性检验。

(二)双重差分模型

双重差分模型主要是应用于评价经济政策、社会政策、试点项目实施、金融危机等外部冲击所产生的效果有效性的社会学和经济学模型,基本原理是

---

① 尹志超、吴子硕、严雨:《数字经济能激发农村家庭消费活力吗?》,《经济管理》2023 年第 12 期。

② Rosenbaum P.R., Rubin D.B., "The Central Role of the Propensity Score in Observational Studies for Causal Effects", *Biometrika*, Vol.70, No.1, 1983.

衡量数字化转型企业和未进行数字化转型企业两种情况或样本之间的观测值是否存在显著差异。

基于倾向得分匹配方法,可以将所有上市企业分为试验组和对照组,在样本期内实施数字化转型的企业作为试验组,从未实施数字化转型的企业作为对照组。由于企业实施数字化转型并非同时进行,属于多时期政策实施,因此,本书首先界定两个基本变量:$treat_i$ 和 $year_{it}$。其中,$treat_i$ 为企业 i 是否实施数字化转型,$treat_i = 1$ 为企业 i 进行了关于人工智能、大数据、云计算等数字化转型,表示双重差分模型中的试验组;$treat_i = 0$ 为对照组,表示企业没有进行相关的数字化转型。$year_{it}$ 为企业 i 的时期虚拟变量,使用企业进行数字化转型的年份来构造,即企业 i 第一次进行数字化转型的当年和之后年份,$year_{it} = 1$;企业 i 第一次进行数字化转型之前的年份,$year_{it} = 0$。如下所示:

$$treat_i = \begin{cases} 1, \text{实施数字化转型的企业} \\ 0, \text{未实施数字化转型的企业} \end{cases} \tag{3-6}$$

$$year_{it} = \begin{cases} 1, \text{企业 } i \text{ 实施数字化转型后的时期} \\ 0, \text{企业 } i \text{ 实施数字化转型前的时期} \end{cases} \tag{3-7}$$

令 TFP_{it} 表示企业 i 在 t 时期的被解释变量,本书主要指企业的全要素生产率。因此,可以得到如下双重差分模型:

$$TFP_{it} = \beta_0 + \beta_1 treat_i + \beta_2 year_{it} + \beta_3 D_{it} + \beta_4 X_{it} + \varepsilon_{it} \tag{3-8}$$

其中,i 和 t 代表个体和时间,$D_{it} = treat_i \times year_{it}$,$X_{it}$ 为本书的控制变量,变量的选取和详细介绍见后文。本书采用倍差法分析数字化转型对企业全要素生产率的真实影响,首先进行第一次差分,具体如下:

$$\Delta TFP_{it} \text{实验组} = \Delta TFP_{it} \text{实验后} - \Delta TFP_{it} \text{实验前} = (\beta_0 + \beta_1 + \beta_2 + \beta_3 + \beta_4 X_{it} + \mu_i + \varepsilon_{it}) - (\beta_0 + \beta_1 + \beta_4 X_{it} + \mu_i + \varepsilon_{it}) = \beta_2 + \beta_3 \tag{3-9}$$

$$\Delta TFP_{it} \text{对照组} = \Delta TFP_{it} \text{对照实验后} - \Delta TFP_{it} \text{对照实验前} = (\beta_0 + \beta_2 + \beta_4 X_{it} + \mu_i + \varepsilon_{it}) - (\beta_0 + \beta_4 X_{it} + \mu_i + \varepsilon_{it}) = \beta_2 \tag{3-10}$$

第一次差分能够减少不可观测因素对企业全要素生产率的影响,这里对式(3-9)和式(3-10)进行第二次差分,可得(宣旸和张万里,2021):[1]

$$\Delta y_{it} = \Delta y_{it} \text{实验组} - \Delta y_{it} \text{对照组} = (\beta_2 + \beta_3) - \beta_2 = \beta_3 \qquad (3-11)$$

根据上文分析,本书采用倾向得分匹配方法寻找实施数字化转型企业相匹配的对照组,构造"反事实"特征组。根据式(3-11)得出,交互项 D_{it} 的参数估计系数 β_3 为企业数字化转型对全要素生产率的真实影响,即如果 $\beta_3 > 0$,则实施数字化转型的企业全要素生产率显著高于对照组企业,那么企业实施数字化转型就能显著提升全要素生产率。本书使用双向固定效应模型(Two-way Fixed Effect)对 β_3 进行参数估计,具体如下(Schmidheiny 和 Siegloch,2023):[2]

$$TFP_{it} = \delta_0 + \delta_1 D_{it} + u_i + \lambda_t + \delta_2 X_{it} + \varepsilon_{it} \qquad (3-12)$$

其中, u_i 为个体固定效应, λ_t 为时间固定效应。需要指出的是,由于控制个体固定效应,导致 u_i 与 $treat_i$ 存在多重共线性。通过计算可知, $year_{it}$ 与 D_{it} 也是多重共线性,因此,式(3-12)需剔除 $treat_i$ 和 $year_{it}$ 两项,只保留 D_{it} 一项(Imai 和 Kim,2021)。[3]

本书认为,数字化转型通过员工结构、管理结构和运营能力影响全要素生产率,即起到了中介效应。以员工结构为例,企业进行数字化转型,通过使用人工智能、大数据、物联网等先进技术,降低低技能劳动力的使用,雇佣高技能人才,改变员工结构,而企业高技能人才占比的增加也会改变全要素生产率。具体如下:

---

[1]　宣旸、张万里:《智能化对企业生产绩效的微观影响机理——以产能利用率和盈利能力为例》,《科学学与科学技术管理》2021 年第 11 期。

[2]　Schmidheiny K., Siegloch S., "On Event Studies and Distributed-lags in Two-way Fixed Effects Models:Identification, Equivalence, and Generalization", *Journal of Applied Econometrics*, Vol. 38, No.5, 2023.

[3]　Imai K., Kim I.S., "On the Use of Two-Way Fixed Effects Regression Models for Causal Inference with Panel Data", *Political Analysis*, Vol.29, No.3, 2021.

$$M_{it} = \alpha_0 + \alpha_1 D_{it} + u_i^{''} + \lambda_t^{''} + \alpha_2 X_{it} + \varepsilon_{it}^{''} \tag{3-13}$$

$$TFP_{it} = \beta_0 + \beta_1 D_{it} + \gamma M_{it} + u_i^{'''} + \lambda_t^{'''} + \beta_2 X_{it} + \varepsilon_{it}^{'''} \tag{3-14}$$

其中，M_{it} 为机制变量，本书主要指员工结构、管理结构和运营能力。

式（3-13）和式（3-14）为验证中介效应的模型，借鉴方杰和温忠麟（2023）的方法，将式（3-13）代入式（3-14），可得：[①]

$$TFP_{it} = (\gamma + \beta_0) + (\beta_1 + \gamma\alpha_1)D_{it} + (\beta_2 + \gamma\alpha_2)X_{it} + \zeta \tag{3-15}$$

其中，ζ 包含个体固定效应、时间固定效应和随机误差项。可以看出，数字化转型 D_{it} 对全要素生产率 TFP_{it} 的作用为参数 $\beta_1 + \gamma\alpha_1$，β_1 为直接效应，$\gamma\alpha_1$ 为间接效应或中介效应，表示数字化转型通过影响机制变量，最终改变全要素生产率的作用效果大小。式（3-12）的 δ_1 为数字化转型对全要素生产率的总效应，因此，中介效应的占比为 $|\gamma\alpha_1/\delta_1|$，这是本书需要重点讨论的对象。而中介效应 $\gamma\alpha_1$ 是否显著存在取决于 γ 和 α_1 两个系数，解学梅等（2024）指出，当系数 γ 和 α_1 都不显著时，中介效应也不显著，而当系数 γ_1 和 α_1 最多有一个不显著时，则需要通过 Sobel 检验来验证中介效应是否显著，具体形式为 $Sobel\ test = \gamma\alpha_1/(\alpha_1^2 S_{a1}^2 + \gamma^2 S_\gamma^2)^{1/2}$，其中，$S_{a1}^2$ 和 S_γ^2 分别为 α_1 和 γ 的标准方差。[②]

二、变量选取与测算方法

（一）被解释变量

本书主要研究数字化转型对企业全要素生产率的影响，因此，被解释变量为企业全要素生产率（TFP_{it}）。全要素生产率这一概念主要源自索罗余值，由索罗（Solow，1998）首次提出，是发展经济学中著名的模型。[③] 索罗余值则

---

① 方杰、温忠麟：《有调节的多层中介效应分析》，《心理科学》2023 年第 1 期。

② 解学梅、王宏伟、余生辉：《上下同欲者胜：开放式创新生态网络结构对价值共创影响机理》，《管理科学学报》2024 年第 3 期。

③ Solow R. M., *Monopolistic Competition and Macroeconomic Theory*, Cambridge University Press, 1998.

是指,将劳动力和资本所引发的经济增长剔除后剩余的部分,主要衡量技术进步、管理技术、要素配置等对生产率的贡献,这是国内外学者测算企业或地区全要素生产率的通用办法,具体如下:

$$Add\ Value_{it} = A + aL_{it} + bK_{it} + \varepsilon_{it} \tag{3-16}$$

其中,$Add\ Value_{it}$ 代表工业增加值或工业总产值,L_{it} 为劳动力投入,主要指员工总数,K_{it} 为资本投入,主要指资本存量,A 为索罗余值或全要素生产率。如前文所述,现有学者主要使用 OP 法和 LP 法测算全要素生产率(王启超和孙广生,2024),OP 法将企业的投资当作代理变量或工具变量,用来处理内生性问题。[①] 然而,大部分企业没有甚至不公布投资相关数据,导致大多数企业的全要素生产率无法进行估计,因此,莱文松和佩特林(Levinsohn 和 Petrin,2003)提出 LP 法。[②] 该方法将企业的中间投入作为工具变量,进行参数估计:

$$Add\ Value_{it} = aL_{it} + \varphi(K_{it}, x_{it}) + \varepsilon_{it} \tag{3-17}$$

其中,x_{it} 代表企业的中间投入或投资水平,$\varphi(K_{it}, x_{it})$ 为资本存量 K_{it} 与 x_{it} 高阶多项式,通过对 $\varphi(K_{it}, x_{it})$ 进行展开,采用两次面板参数估计计算全要素生产率。然而,OP 法和 LP 法都有一个强假定,即企业投资和中间投入只与资本存量相关,但现实往往并非如此,这将会导致第一步的回归存在偏误(Sheng 和 Song,2013)。[③] 基于此,阿克伯格等(Ackerberg 等,2007)指出,企业的投资和中间投入应受到资本存量和劳动力的双重影响,因此,应将资本存量 K_{it} 和劳动力 L_{it} 同时放入 $\varphi(K_{it}, L_{it}, x_{it})$ 中,并提出 ACF 法,具体如下:[④]

$$\hat{TFP}_{it} = Add\ Value_{it} - \hat{a}L_{it} - \hat{b}K_{it} \tag{3-18}$$

---

① 王启超、孙广生:《智能化的"去错配"效应与全要素生产率增长》,《管理评论》2024 年第 4 期。

② Levinsohn J., Petrin A., "Estimating Production Functions Using Inputs to Control for Unobservables", *Review of Economic Studies*, Vol.70, No.2, 2003.

③ Sheng Y., Song L.G., "Re-estimation of Firms' Total Factor Productivity in China's Iron and Steel Industry", *China Economic Review*, Vol.24, 2013.

④ Ackerberg D., Benkard C.L., Berry S., "Econometric Tools for Analyzing Market Outcomes", *Handbook of Econometrics*, Vol.6, 2007.

其中,TFP_{it} 为采用参数估计后测算的全要素生产率,$\hat{a}$ 和 $\hat{b}$ 分别为生产函数估计后劳动力 L_{it} 和资本存量 K_{it} 的参数。由于现有公开数据库并未公布中间投入、工业增加值和资本存量等变量的详细数据,这里使用白雪洁和卫婧婧(2017)的方法进行估算:①

增加值=固定资产折旧+劳动者报酬+生产税净额+企业盈余　　　(3-19)

企业中间投入=工业产值+应交增值税-工业增加值　　　(3-20)

其中,劳动者报酬使用应付职工薪酬指标,企业盈余采用营业净利润指标,生产税净额使用应交税费指标,工业产值则使用企业销售收入指标,劳动力投入使用企业员工总数指标。

资本存量 K_{it} 采用杨思莹等(2024)的永续盘存法进行估算:②

$$K_{it} = K_{it-1}(1 - \delta) + I_{it}/P_t \qquad (3-21)$$

其中,K_{it} 代表企业资本存量,使用企业固定资产净值来衡量;I_{it} 代表企业投资额,采用企业固定资产原值来衡量。P_t 为基期价格指数,δ 为资本折旧率,通常选取5%的水平,价格指数则选取以2000年为基期的固定资产投资价格指数,需要指出的是《中国统计年鉴》在2020年后不再公布固定资产投资价格指数,本书采用工业生产者出厂价格指数预测2020年和2021年固定资产投资价格指数(Pokki 等,2018;Alstadt 等,2022;单豪杰,2008)。③④⑤

---

①　白雪洁、卫婧婧:《企业并购、方式选择和社会福利影响——基于 2008—2014 年上市企业的实证研究》,《经济管理》2017 年第 1 期。

②　杨思莹、王汉磊、王文志:《经济增长目标与城市绿色全要素生产率》,《经济纵横》2024 年第 3 期。

③　Pokki H., Virtanen J., Karvinen S., " Comparison of Economic Analysis with Financial Analysis of Fisheries:Application of the Perpetual Inventory Method to the Finnish Fishing Fleet" ,*Marine Policy* ,Vol.95,2018.

④　Alstadt B., Hanson A., Nijhuis A., " Developing a Global Method for Normalizing Economic Loss from Natural Disasters" ,*Natural Hazards Review* ,Vol.23,No.1,2022.

⑤　单豪杰:《中国资本存量 K 的再估算:1952~2006 年》,《数量经济技术经济研究》2008 年第 10 期。

（二）核心解释变量

本书衡量企业数字化转型需要构建三个变量：$treat_i$、$year_t$ 和 D_{it}。由于本书使用双向固定效应模型进行估计，则 $treat_i$ 和 $year_t$ 被剔除，D_{it} 为核心解释变量（张万里等，2022）。[①]

那么，数字化转型企业如何定义？本书借鉴吴非等（2021）、武常岐等（2022）的方法，使用文本分析和网络爬虫方法搜索企业年报、政府采购文件和专利申请书中出现的数字化转型关键词。[②][③] 如若企业 i 在 t 年的相关资料中出现数字化转型关键词，且只要某一类数字技术出现的关键词次数超过 5 次，则认为该企业实施了数字化转型，即 $D_{it} = 1$，否则 $D_{it} = 0$。[④]

（三）机制变量

根据前文理论分析可知，本书的机制变量包含员工结构、管理结构和运营能力三个方面，每个机制的变量选取如下所示：

1. 员工结构

本书采用职务结构和教育结构来进行具体分析。

第一，职务结构。本书按照赵灿和刘啟仁（2019）、于海峰等（2023）的研究，将企业技术人员与研发人员作为高技术人员，将技术人员与研发人员总人数占员工总数的比例作为高技术人员占比（$dut1$）；将生产人员占员工总数的比例作为生产性人员占比（$dut2$）；将其他人员占员工总数的比例作为其他人员占比（$dut3$）。其中，其他人员包括销售人员、客服人员、财务人员、人事

---

① 张万里、张澄、宣旸：《智慧城市减缓还是加剧城乡收入差距——来自数字普惠金融和城镇化的视角》，《经济问题探索》2022 年第 5 期。

② 吴非、胡慧芷、林慧妍等：《企业数字化转型与资本市场表现——来自股票流动性的经验证据》，《管理世界》2021 年第 7 期。

③ 武常岐、张昆贤、周欣雨等：《数字化转型、竞争战略选择与企业高质量发展——基于机器学习与文本分析的证据》，《经济管理》2022 年第 4 期。

④ 本书认为，在企业年报、政府采购文件和专利申请书中，若数字化转型相关关键词出现1 次或较少次数，那么企业可能并非进行高强度的数字化转型，而是为了迎合数字化转型热点。因此，这里将某一类数字技术关键词出现次数大于 5 次的企业作为试验组。

人员、综合管理人员、行政人员、风控稽核人员、采购仓储人员和其他人员。①② 企业数字化转型对不同类型员工的作用存在显著差异,按照阿西马格鲁和雷斯特雷波(Acemoglu 和 Restrepo,2020)的观点,数字化转型增加对高技术人员的需求,通过使用机器设备,降低生产和其他人员的使用。③

第二,教育结构。本书借鉴孙早和侯玉琳(2019)、孙伟增和郭冬梅(2021)的研究,将企业员工的学历指标分为三组,即高等教育人员占比、中等教育人员占比和低等教育人员占比。④⑤ 其中,高等教育人员占比指本科及本科以上学历人数占员工总数的比例($edu1$);中等教育人员占比为专科人数占比($edu2$);低等教育人员占比是高中及以下学历人数占员工总数的比例($edu3$)。学历越高的人群,越能适应和使用数字技术,而人工智能、区块链、物联网等数字技术的应用也会加速对高学历人群的需求,最终影响全要素生产率。

2. 管理结构

第一,管理人员结构。本书采用吕英等(2021)的研究,使用女性管理人员占比和管理人员平均年龄作为机制变量。其中,女性管理人员占比($fman$)为女性管理人员人数占管理人员总人数的比例,管理人员平均年龄($mage$)使用管理人员平均年龄加上 1 并取对数来衡量。⑥

---

① 赵灿、刘啟仁:《进口自由化有利于企业人力资本优化吗?——来自中国微观企业的证据》,《经济科学》2019 年第 6 期。

② 于海峰、葛立宇、苏晓琛:《税收创新激励政策如何影响企业人力资本结构——基于研发费用加计扣除政策"资本—技术互补"效应》,《广东财经大学学报》2023 年第 4 期。

③ Acemoglu D.,Restrepo P.,"Robots and Jobs:Evidence from US Labor Markets",*Journal of Political Economy*,Vol.128,No.6,2020.

④ 孙早、侯玉琳:《工业智能化如何重塑劳动力就业结构》,《中国工业经济》2019 年第 5 期。

⑤ 孙伟增、郭冬梅:《信息基础设施建设对企业劳动力需求的影响:需求规模、结构变化及影响路径》,《中国工业经济》2021 年第 11 期。

⑥ 吕英、王正斌、姚海博:《女性董事、团体动力与企业社会责任——性别协同还是团体协同?》,《财经论丛》2021 年第 4 期。

第二,董监高薪酬。借鉴熊巍等(2022)的研究,使用董事前三薪酬、监事层前三薪酬和高级管理人员前三薪酬来衡量。[1] 其中,董事前三薪酬($mwage1$)使用董事前三薪酬加 1 并取对数来衡量,监事层前三薪酬($mwage2$)使用监事层前三薪酬加 1 并取对数来衡量,高级管理人员前三薪酬($mwage3$)使用高级管理人员前三薪酬加 1 并取对数来衡量。

第三,治理结构[2]。本书采用两权(即企业所有权和控制权)分离率和独立董事网络中心度来分析企业治理结构(朱孟楠等,2020;陈俊华等,2023)。[3][4] 其中,两权分离率($devia$)为企业控制权与现金流权的差额,这里对其进行加 1 并取对数处理。独立董事网络中心度($netm$)的测算则借鉴李志生等(2018)的研究,根据企业高管在其他企业兼任的情况来构造网络,若企业 i 的董事成员在企业 j 担任董事职务,则 $p_{ij} = 1$,否则 $p_{ij} = 0$,最终 $netm = \sum_{j=1}^{n} p_{ij}/n - 1$,其中,$n$ 为构成连锁企业的数量。[5]

3. 运营能力

第一,周转率。借鉴梁若冰和王群群(2021)、何雪菁等(2022)的研究,采用存货周转率、总资产周转率和现金周转率来衡量。[6][7] 其中,存货周转率($turn1$)使用存货周转率加上 1 并取对数衡量,总资产周转率($turn2$)使用总资产周转率加上 1 并取对数衡量,现金周转率($turn3$)使用现金及现金等价物周

---

① 熊巍、潘晗、李林巍等:《监事会特征的优化能否稳健提升企业经营效率?——来自沪深两市上市企业的证据》,《调研世界》2022 年第 3 期。

② 本书用企业所有权与控制权的关系来表示企业治理结构。

③ 朱孟楠、梁裕珩、吴增明:《互联网信息交互网络与股价崩盘风险:舆论监督还是非理性传染》,《中国工业经济》2020 年第 10 期。

④ 陈俊华、郝书雅、易成:《数字化转型、破产风险与企业韧性》,《经济管理》2023 年第 8 期。

⑤ 李志生、苏诚、李好等:《企业过度负债的地区同群效应》,《金融研究》2018 年第 9 期。

⑥ 梁若冰、王群群:《地方债管理体制改革与企业融资困境缓解》,《经济研究》2021 年第 4 期。

⑦ 何雪菁、徐晓莉、孔可静:《企业营运能力水平指数构建——基于新疆上市企业的实证研究》,《新疆大学学报(哲学社会科学版)》2022 年第 6 期。

转率加上 1 并取对数衡量。

第二,运营成本。本书采用曹晓芳等(2022)、王昱等(2022)的研究,使用管理费用占比、财务费用占比和销售费用占比来衡量。[1][2] 其中,管理费用占比($cost1$)为企业管理费用与营业总收入之比,财务费用占比($cost2$)为企业财务费用与营业总收入之比,销售费用占比($cost3$)为企业销售费用与营业总收入之比。

(四)控制变量

通过引入企业层面、行业层面和地区层面的控制变量,控制模型的有效性。通过宣旸和张万里(2021)、谢莉娟和王诗桴(2018)的研究,控制变量选择如下:[3][4]

第一,企业控制变量。(1)企业年龄(Age),采用当年年份与企业成立年份的差额的对数来衡量;(2)资本密集度($Capd$),通过企业固定资产与员工总数的比值来衡量;(3)企业研发水平($Rese$),采用企业研发支出在营业总收入中的占比来衡量;(4)企业勒纳指数($Lern$),也称为勒纳垄断势力指数,使用价格与边际成本的偏离率来衡量;(5)融资约束(SA),本书借鉴参考哈德洛克和皮尔斯(Hadlock 和 Pierce,2010)的方法,构建 SA 指数;[5](6)资产负债率($Loan$),采用企业负债与总资产的比值来衡量。

第二,行业控制变量。不同行业的垄断程度、产品生产、周转率均具有显著差异。因此,为了控制行业差异对企业全要素生产率的作用,这里使用行业资产负债率($indu1$)和行业总资产周转率($indu2$)来分析企业的行业特点

---

① 曹晓芳、张宇霖、柳学信等:《董事会地位断裂带对企业战略变革的影响研究》,《管理学报》2022 年第 6 期。

② 王昱、夏君诺、刘思钰:《产融结合对企业研发投入的影响研究》,《管理评论》2022 年第 5 期。

③ 宣旸、张万里:《智能化对企业生产绩效的微观影响机理——以产能利用率和盈利能力为例》,《科学学与科学技术管理》2021 年第 11 期。

④ 谢莉娟、王诗桴:《国有企业应该转向轻资产运营吗——工业和流通业的比较实证分析》,《财贸经济》2018 年第 2 期。

⑤ Hadlock C. J., Pierce J. R., " New Evidence on Measuring Financial Constraints: Moving Beyond the KZ Index", *Review of Financial Studies*, Vol.23, No.5, 2010.

（Elzinga 和 Mills，2011；王贤彬和许婷君，2020）。[1][2]

第三，地区控制变量。本书的地区控制变量根据变量可得性分为：（1）省份贸易水平（$Region1$），即各省份进出口占生产总值的比例；（2）省份市场化指数（$Region2$），使用樊纲等（2011）提出的市场化指数。[3]

（五）匹配变量

为了通过倾向得分匹配寻找对照组，本书借鉴曾敏等（2022）的方法，使用如下匹配变量：[4]（1）企业规模（$Size$），即企业总资产；（2）资本密集度（$Capd$）；（3）企业资产负债率（$Loan$）；（4）资产回报率（ROA），即企业税后净利润与总资产的比值；（5）企业产权性质（SOE），若为国有企业则取值为1，非国有企业取值为0。

所有变量的定义如表3-1所示。

表3-1　变量选取

变量类型	变量名称	变量介绍
被解释变量	全要素生产率	采用 ACF 法衡量的全要素生产率
核心解释变量	数字化转型	采用组别虚拟变量与时期虚拟变量的乘积：$D_{it} = treat_i \times year_t$
控制变量	企业控制变量	（1）企业年龄（Age）；（2）资本密集度（$Capd$）；（3）企业研发水平（$Rese$）；（4）企业勒纳指数（$Lern$）；（5）融资约束（SA）；（6）资产负债率（$Loan$）
	行业控制变量	（1）行业资产负债率（$indu1$）；（2）行业总资产周转率（$indu2$）
	地区控制变量	（1）省份贸易水平（$Region1$）；（2）省份市场化指数（$Region2$）

---

① Elzinga K.G., Mills D.E., "The Lerner Index of Monopoly Power: Origins and Uses", *American Economic Review*, Vol.101, No.3, 2011.

② 王贤彬、许婷君:《外商直接投资与僵尸企业——来自中国工业企业的微观证据》,《国际经贸探索》2020年第9期。

③ 樊纲、王小鲁、马光荣:《中国市场化进程对经济增长的贡献》,《经济研究》2011年第9期。

④ 曾敏、李常青、李宇坤:《国有资本参股何以影响民营企业现金持有?——基于合作优势和竞争制衡的双重视角》,《经济管理》2022年第4期。

续表

变量类型	变量名称	变量介绍
机制变量	员工结构	(1)职务结构:采用高技术人员占比($dut1$)、生产性人员占比($dut2$)、其他人员占比($dut3$)衡量
		(2)教育结构:采用高等教育人员占比($edu1$)、中等教育人员占比($edu2$)和低等教育人员占比($edu3$)衡量
	管理结构	(1)管理人员结构:采用女性管理人员占比($fman$)和管理人员平均年龄($mage$)衡量
		(2)董监高薪酬:采用董事前三薪酬($mwage1$)、监事层前三薪酬($mwage2$)和高级管理人员前三薪酬($mwage3$)衡量
		(3)治理结构:采用两权分离率($devia$)和独立董事网络中心度($netm$)衡量
	运营能力	(1)周转率:采用存货周转率($turn1$)、总资产周转率($turn2$)和现金周转率($turn3$)衡量。
		(2)运营成本:采用管理费用占比($cost1$)、财务费用占比($cost2$)和销售费用占比($cost3$)衡量。
匹配变量	匹配变量	(1)企业规模($Size$);(2)资本密集度($Capd$);(3)企业资产负债率($Loan$);(4)资产回报率(ROA);(5)企业产权性质(SOE)

资料来源:笔者整理。

三、资料来源

本书选取的 A 股非金融类上市企业年报、政府采购文件和专利申请书中,数字化转型关键词包括五个方面:(1)大数据。包括征信、大数据、数据挖掘、虚拟现实、混合现实、增强现实、数据可视化、文本挖掘、异构数据等关键词。(2)区块链。包括联盟链、数字货币、去中心化、智能合约、分布式计算、比特币、共识机制、分布式能源、分布式光伏等关键词。(3)云计算。包括物联网、云计算、绿色计算、图计算、流计算、融合架构、认知计算、信息物理系统、内存计算、EB 级存储、多方安全计算、亿级并发、类脑计算等关键词。(4)人工智能。包括工业机器人、语音识别、人脸识别、人工智能、智能机器人、生物识别技术、机器学习、深度学习、商业智能、自然语言处理、自动驾驶、身份验证、图像理解、智能数据分析等关键词。(5)其他数字技术。包括智能、智慧、电子商务、互联网金融、移动互联、金融科技、智能客服、数字金融、智能投顾、智慧农业、数字营销、智能营销、智能家居、工业互联网、网联、智能穿戴、智能交通、智能机器人、智能电网、无人零售、智能环保、智能医疗、智能能源、智能文旅等关键词。需要指出的是,上述五个方面中如果其一方面关键词出现的次数过少,则不能认为企业进行了有效的数字化转型,可能只是迎合数字化转型背景。因此,本书将某一方面关键词出现次数在5次及以上的企业作为数字化转型企业。

本书企业年报来自上海证券交易所和深圳证券交易所官方网站,专利申请书来源于国家知识产权局官方网站,政府采购文件来源于中国政府采购网。其他相关企业数据和行业控制变量数据均来自国泰安上市企业财务报表数据库和 WIND 数据库,地区控制变量来源于《中国统计年鉴》,并选取 2000—2021 年中国 A 股非金融类上市企业作为研究对象。① 部分行业和地区数据缺失,本书进行线性插值。部分企业可能进行多时期的数字化转型,本书将第一次数字化转型作为实施年份,若企业数字化转型显著提升企业全要素生产率,那么多次数字化转型更能促进企业全要素生产率提升。本书按照如下原则对数据进行筛选:(1)删除 ST、*ST 和 SST 企业;(2)删除已经退市的企业;(3)剔除主要财务数据缺失严重的企业;(4)删除金融类企业;(5)对全样本企业和进行倾向得分匹配后样本企业的主要变量进行 1% 和 99% 水平上的缩尾处理。

第三节　特征事实分析

一、描述性统计分析

表 3-2 为本章主要变量的描述性统计分析,管理结构和运营能力相关变

---

① 由于 2010 年以前员工数据缺失严重,采用 2010—2021 年的样本进行实证分析。

量的描述性统计分析在后续章节。可以看出,除了全要素生产率、资本密集度、研发水平、资产负债率和省份市场化指数的标准差大于 1 外,其余变量的标准差均小于 1,数据整体较为集中。对于因变量 TFP 而言,最大值和最小值分别为 7.299 和 0,而标准差为 1.493,数据变化幅度不大。所有机制变量的标准差均小于 0.25,远小于最大值和最小值的差值,数据波动性小。而对于标准差最大的变量 $Loan$ 而言,其标准差为 4.380,最大值和最小值分别为877.256 和 0.002,数据变化幅度不大。

表 3-2　描述性统计分析

变量	样本量	均值	标准差	最小值	最大值
TFP	45211	3.013	1.493	0.000	7.299
$dut1$	27589	0.143	0.029	0.001	0.167
$dut2$	30910	0.142	0.226	0.001	1.000
$dut3$	31101	0.728	0.186	0.001	1.000
$edu1$	31719	0.447	0.220	0.008	1.000
$edu2$	27589	0.244	0.062	0.001	0.333
$edu3$	29304	0.373	0.142	0.001	1.000
Age	45130	2.648	0.501	0.405	3.555
$Capd$	45213	2.535	2.325	0.263	30.137
$Rese$	45213	2.418	3.935	0.000	29.200
$Lern$	45213	0.112	0.175	−2.201	0.668
SA	45213	−3.693	0.328	−5.646	2.131
$Loan$	45208	0.495	4.380	0.002	877.256
$Region1$	45213	0.078	0.063	0.001	0.302
$Region2$	45213	8.145	2.302	0.000	27.904
$indu1$	45213	0.476	0.204	0.000	9.823
$indu2$	45213	0.668	0.308	0.000	2.584

注:(1)管理结构和运营能力的描述性统计将在后续章节详细介绍;(2)由于 2010 年以前员工结构数据缺失严重,因此,员工结构变量的样本量相对较少。
资料来源:国泰安数据库和 WIND 数据库。

　　处理后本研究样本共含有 4341 家企业的年度数据,其中,进行数字化转型的试验组 1257 家,未进行数字化转型的对照组 3084 家。如表 3-3 所示,我国 A 股非金融类上市企业进行数字化转型的数量逐年增加。截止到 2020 年,国有企业进行数字化转型的合计 256 家,非国有企业 1001 家,不同所有权结构企业进行数字化转型的分布是截然不同的。与此同时,进行数字化转型的企业多集中在沿海和中部地区,排名前 15 的省份中,东部地区 9 个,中部地区 5 个,西部地区仅四川 1 个省份,这说明不同地区数字化转型存在显著差异。而我国实施数字化转型的企业主要以制造业和生产性服务业为主,多集中在软件和信息技术服务业,计算机、通信和其他电子设备制造业,电气机械及器材制造业,这三个行业进行数字化转型的企业高达 45%,而数字化转型企业数量排名前 15 的行业中,制造业 9 个,服务业 6 个。因此,不同行业企业的数字化转型也存在显著差异。

表 3-3　数字化转型企业相关分布情况

年份	个数	企业类型分布		分布地区		分布行业	
		国有	非国有	地区	数量	行业名称	数量
2007	12	7	5	广东	264	软件和信息技术服务业	231
2008	19	10	9	北京	161	计算机、通信和其他电子设备制造业	204
2009	34	15	19	浙江	155	电气机械及器材制造业	113
2010	76	28	48	江苏	131	专用设备制造业	63
2011	131	49	82	上海	123	零售业	55
2012	161	56	105	福建	61	互联网和相关服务业	49
2013	219	71	148	山东	51	仪器仪表制造业	41
2014	306	78	228	四川	44	商务服务业	36
2015	409	99	310	湖南	40	批发业	34
2016	499	118	381	湖北	38	化学原料及化学制品制造业	33
2017	617	130	487	安徽	23	通用设备制造业	28

续表

年份	个数	企业类型分布		分布地区		分布行业	
		国有	非国有	地区	数量	行业名称	数量
2018	691	145	546	辽宁	18	房地产业	23
2019	767	164	603	河南	17	医药制造业	23
2020	923	186	737	河北	14	纺织服装、服饰业	20
合计	1257	256	1001	吉林	13	汽车制造业	19

注:合计为数字化转型企业、数字化转型国有企业和数字化转型非国有企业2007—2020年的总个数。

资料来源:国泰安数据库。

二、相关变量的特征事实分析

(一)时间趋势分析

图3-1为我国总体全要素生产率、各行业全要素生产率和不同地区全要素生产率的时间趋势图,其中,地区或行业的全要素生产率选取企业全要素生产率作为样本,将企业营业总收入与地区或行业所有企业营业总收入的比值作为权重,进行加权平均计算得出。可以看出,通过 ACF 法求出的全国层面的全要素生产率在2000—2021年呈上升趋势,从2000年的5.107上升至2021年6.513,上升幅度达到28%,说明我国全要素生产率整体得到改善。分样本进行分析:(1)以不同地区为例。[①] 东部地区全要素生产率远高于中部和西部地区,虽然2008—2010年全要素生产率的提升受到国际金融危机的影响而减缓,但不同地区全要素生产率均呈现稳步上升趋势。并且,中部地区全要素生产率略微高于西部地区,虽然2013—2016年西部地区逐渐赶超中部地区,但2017年后中部地区全要素生产率增长趋势大于西部地区。(2)以不同

---

① 地区分类方法来源于国家统计局。其中,东部地区包括:北京、天津、河北、辽宁、上海、江苏、浙江、福建、山东、广东和海南;中部地区包括:山西、吉林、黑龙江、安徽、江西、河南、湖北和湖南;西部地区包括:内蒙古、广西、重庆、四川、贵州、云南、西藏、陕西、甘肃、青海、宁夏和新疆。

行业为例。2000—2021 年农业全要素生产率远小于工业和服务业,虽然农业全要素生产率整体呈现增长趋势,但部分年份发展不稳定,波动较大。工业和服务业全要素生产率增长也呈上升趋势,并且 2011 年以前工业部门全要素生产率大于服务业部门,但 2011 年以后,服务业部门全要素生产率增长幅度大于工业部门。

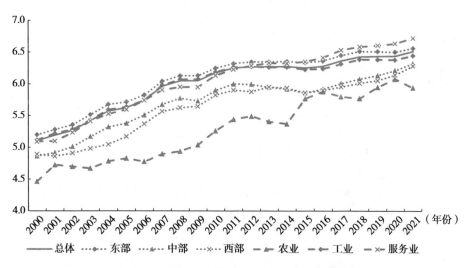

图 3-1　2000—2021 年全要素生产率发展趋势图

注:由于上市企业年报只更新至 2022 年,且 2022 年相关变量数据缺失较为严重,故只分析到 2021 年,
　　下文不再赘述。

资料来源:国泰安数据库和 WIND 数据库。

　　图 3-2 分别以进行数字化转型的试验组和未进行数字化转型的对照组为样本,分别衡量不同地区和不同行业的全要素生产率。具体结果如下:(1)以不同地区为例。2007 年以前中部地区的数字化转型企业数据缺失。可以看出,东部地区进行数字化转型的企业全要素生产率增长趋势最为稳定,且显著高于中部和西部地区。而西部地区和中部地区在 2013 年以前变化趋势较大,2013 年以后发展逐渐稳定,并且 2013—2018 年中部地区数字化转型企业全要素生产率大于西部地区,2019—2021 年西部地区数字化转型企业全要素生产率反超中部地区,主要是因为 2013 年以前中西部地区数字化转型企业

数量较少,地区全要素生产率受到新增数字化转型企业的影响大,数据波动较大。而未进行数字化转型的企业得出的结论与图 3-1 类似,即东部地区大于

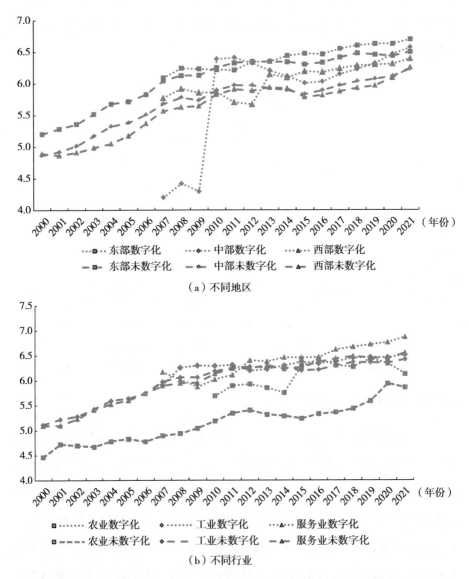

（a）不同地区

（b）不同行业

图 3-2　2000—2021 年数字化转型与未数字化转型全要素生产率趋势图

资料来源:国泰安数据库和 WIND 数据库。

中部和西部地区,且中部地区和西部地区全要素生产率较为相近。进一步分析可知,2013 年以后,各地区数字化转型企业全要素生产率要显著高于未进行数字化转型的企业,从而可以直观得出数字化转型促进全要素生产率。(2)以不同行业为例。可以看出,农业部门数字化转型起步较晚,2010 年才开始进行数字化转型,但 2010 年以后全要素生产率一直保持上升趋势。2007—2011 年,我国工业部门数字化转型企业全要素生产率显著大于服务业部门,但 2011 年后,服务业部门进行数字化转型的企业全要素生产率超过工业部门,并逐渐拉大差距,这说明我国数字化转型的重点正在发生结构性变化。而对于未进行数字化转型的企业,工业和服务业部门全要素生产率显著大于农业部门,这与图 3-1 的结论相同。农业部门和工业部门数字化转型企业的全要素生产率分别大于未进行数字化转型的农业部门和工业部门,而服务业部门数字化转型企业的全要素生产率则在 2011 年以后超过未进行数字化转型的服务业部门。以上分析得出,各地区和各行业数字化转型企业的全要素生产率均大于未进行数字化转型的企业,即数字化转型在地区和行业差异上均表现出促进全要素生产率的趋势,这为后文使用倾向得分匹配—双重差分模型等实证方法提供了可靠证据。

(二)地区布局分析

本节将从全要素生产率、职务结构和教育结构入手,分析相关变量的空间分布,得出数字化转型与相关变量的内在关系。

1. 全要素生产率

本节计算各省份数字化转型和未进行数字化转型企业的全要素生产率的加权平均值,观察各省份数字化转型加权平均值减去未进行数字化转型的加权平均值。除了黑龙江、陕西、河南、北京、重庆和云南等省份外,其他地区数字化转型的全要素生产率均大于未进行数字化转型的全要素生产率,并且这些省份未进行数字化转型企业的全要素生产率与数字化转型企业的全要素生产率的差值均小于 0.2。总体来看,数字化转型的确能提升各省份全要素生产率。

2. 职务结构

职务结构不能使用加权平均的方法来分析空间分布。以 2020 年的高技术人员占比为例,本书采用如下衡量方法:第一,计算 2020 年高技术人员占比的均值;第二,分别求出各省份数字化转型企业和未进行数字化转型企业超过均值的个数,即 $numd1_i$ 和 $numd2_i$;第三,测算我国 2020 年高技术人员占比为非空值,数字化转型和未进行数字化转型企业的个数,即 $num1$ 和 $num2$;第四,分别求出超过均值的数字化转型企业和未进行数字化转型企业的占比,即 $numd1_i/num1$ 和 $numd2_i/num2$,并对两个比值取差值。某省份该指数为正意味着该省份数字化转型企业高技术人员占比的平均值大于未进行数字化转型的企业,相反,数字化转型企业高技术人员占比的平均值小于未进行数字化转型的企业。

第一,以生产性人员占比为例,除了广东外,其他省份均小于 0,即数字化转型企业生产性人员占比小于未进行数字化转型企业,说明数字化转型降低了生产性人员占比。第二,以高技术人员占比为例,除了山西、甘肃、新疆和江西等省份外,其他省均大于 0,说明数字化转型显著提高了高技术人员占比($dut2$)。第三,以其他人员占比为例,除了广东和福建两个省份为正外,其他地区均小于 0,说明数字化转型显著降低了其他人员占比。

3. 教育结构

与职务结构相同,这里计算教育结构不同变量的指标。第一,以高等教育人员占比为例,除了安徽、黑龙江、内蒙古、山西、陕西、宁夏、新疆和西藏外,其他省份均大于 0,说明我国中部和东部地区数字化转型显著增加了高等教育人员占比。第二,以中等教育人员占比为例,除了广东外,其他省份均小于 0,说明数字化转型降低了中等教育人员占比。第三,以低等教育人员占比为例,除了福建、黑龙江、湖北、湖南和陕西等省份外,其他地区均小于 0,说明数字化转型显著减少了低等教育人员占比。

以上分析得出,数字化转型与相关指标之间存在内在关联,这也为本章理论假设的提出和实证检验提供经验证据。

第四节　基准回归结果分析

一、倾向得分匹配—双重差分模型结果分析

为了解决数字化转型企业的"自选择"难题,本书采用倾向得分匹配方法寻找对照组。借鉴陈等(Chen 等,2021)的方法,使用前文提出的匹配变量,通过 Logit 回归衡量每个企业进行数字化转型的概率值,进行 1∶2 近邻匹配,为每个数字化转型的试验组企业匹配 2 个概率值接近的企业。[①] 这里采用逐年匹配的方法为企业寻找对照组,考虑年份效应(冯国强和王天乐,2024)。[②]

为了分析 PSM 方法的有效性,借鉴刘新仪等(2023)的研究,进行平衡性检验,分析在匹配变量下,试验组和对照组之间是否有显著差异,结果见表3-4 和表 3-5。[③] 由表 3-4 可知,2008 年以前匹配前的试验组和对照组几乎不存在显著差异,而匹配后 2001 年、2003 年、2004 年和 2006 年的试验组和对照组存在显著差异。而在 2008 年后,匹配前试验组和对照组之间存在显著差异,而匹配后试验组和对照组不存在显著差异或显著性水平下降。试验组和对照组在数字化转型实施前后企业全要素生产率发生变化,需要进行匹配寻找对照组。而匹配后试验组和对照组的全要素生产率不再存在显著差异,更能反映出数字化转型的真实影响。

---

① Chen L.L., Guo S.Y., Lu J., "Outward FDI and Efficiency in Within-firm Resource Allocation-Evidence from Firm-level Data of China", *Journal of Asian Economics*, Vol.74, 2021.
② 冯国强、王天乐:《地铁开通与服务业企业选址及其集聚效应研究——以北京市为例》,《城市问题》2024 年第 3 期。
③ 刘新仪、徐颖欣、高原等:《宅基地退出政策对农户迁入社区韧性的影响——以四川邛崃市宅基地异地置换模式为例》,《中国土地科学》2023 年第 1 期。

表 3-4　匹配的平衡性检验(逐年匹配)

年份	匹配前			匹配后		
	试验组	对照组	t 值	试验组	对照组	t 值
2000	3.402	3.335	0.71	3.402	3.409	-0.06
2001	3.253	3.243	0.11	3.253	3.422	-2.61***
2002	3.636	3.508	0.33	3.636	3.664	-1.17
2003	3.407	3.248	1.70*	3.407	3.632	-2.22**
2004	3.348	3.310	0.46	3.348	3.103	-3.49***
2005	3.264	3.222	0.49	3.264	3.349	-0.76
2006	3.401	3.360	0.48	3.401	3.579	-1.71*
2007	3.591	3.626	-0.42	3.591	3.626	-0.34
2008	3.606	3.809	-2.03**	3.606	3.684	-0.74
2009	3.567	3.477	1.15	3.567	3.582	-0.16
2010	3.707	3.563	2.02**	3.707	3.593	1.31
2011	3.801	3.589	1.75*	3.801	3.724	1.01
2012	4.007	3.658	2.42**	4.007	3.924	1.10
2013	4.257	4.074	3.03***	4.257	4.115	1.86*
2014	4.312	2.878	5.21***	4.312	4.272	0.93
2015	4.512	4.162	6.06***	4.512	4.386	1.36
2016	4.956	4.446	7.53***	4.956	4.499	5.46***
2017	5.196	4.627	7.17***	5.196	4.977	1.67*
2018	5.374	4.894	7.39***	5.274	5.201	0.56
2019	5.275	4.960	8.19***	5.275	4.886	6.38***
2020	5.489	4.944	6.95***	5.489	5.381	1.08
2021	5.455	5.016	2.74***	5.455	5.406	0.69

注:***、**、*分别表示在1%、5%、10%水平下显著。
资料来源:国泰安数据库和WIND数据库。

　　表 3-5 报告了 2021 年全要素生产率的平衡性检验,分析匹配变量在试验组和对照组之间是否平衡。可以看出,所有变量的 t 值均减少,说明匹配后数字化转型企业与未进行数字化转型企业在匹配变量上不再具有显著差异。所

有变量标准偏差的绝对值均小于10%,匹配变量是合理的,使用匹配变量匹配后的对照组可以和试验组进行对比分析。而且,偏差减少幅度均较大,能有效消除匹配变量的作用。因此,企业是否进行数字化转型与匹配变量无关,是随机进行的,对照组符合"反事实"特征。

表3-5 匹配的平衡性检验(2021年)

变量	匹配过程	变量均值		标准偏差(%)	偏差减少幅度(%)	t 值	P 值
		实验组	控制组				
Size	匹配前	1.819	2.307	-4.5	28.7	-0.99	0322
	匹配后	1.819	2.254	-3.2		-0.63	0.527
Capd	匹配前	2.587	2.501	3.7	50.3	0.81	0.416
	匹配后	2.587	2.629	-1.9		-0.37	0.714
Loan	匹配前	0.394	0.408	-6.8	82.5	-1.70*	0.091
	匹配后	0.394	0.392	1.2		0.24	0.810
ROA	匹配前	0.042	0.038	6.2	75.4	1.35	0.177
	匹配后	0.042	0.041	1.5		0.32	0.752
SOE	匹配前	0.252	0.287	-7.8	76.8	-1.68*	0.092
	匹配后	0.252	0.244	1.8		-0.37	0.709

注:由于篇幅限制,这里只报告2021年ACF法计算出的全要素生产率的匹配结果;***、**、*分别表示在1%、5%、10%水平下显著。

资料来源:国泰安数据库和WIND数据库。

二、数字化转型对企业全要素生产率的总效应分析

(一)基准回归结果分析

上文采用倾向得分匹配方法获取对照组,本节通过式(3-12)设定的双重差分模型对全要素生产率进行双向固定效应的参数估计,结果如表3-6所示。德尔加多和芙罗拉科斯(Delgado 和 Florax,2015)指出,在使用双重差分模型时,首先需要验证 $Treat_i$、$year_{it}$ 和 D_{it} 是否显著,如果显著才能加入控制

变量来进行分析。[①] 表3-6中,列(1)到列(4)为全样本情形下的双重差分模型回归结果分析,列(5)到列(8)为使用$1:2$近邻匹配后的双重差分回归结果分析。其中,列(1)和列(5)只加入核心解释变量D_{it},列(2)和列(6)加入企业控制变量,列(3)和列(7)加入地区控制变量,列(4)和列(8)加入行业控制变量。

由表3-6可以看出,列(1)核心解释变量D_{it}在全样本的情形下系数为0.120,在1%的水平上是显著的,列(5)匹配后数字化转型对全要素生产率的作用为0.040,虽然也在1%的水平上显著,但显著性水平下降,说明倾向得分匹配方法在本研究中的作用,如果不进行匹配,则会高估数字化转型对全要素生产率的作用。由列(2)到列(4)、列(6)到列(8)可知,在不断加入控制变量的情况下,双重差分项D_{it}的系数均显著为正,说明数字化转型的确能促进全要素生产率。以列(5)为例,核心解释变量D_{it}的系数为0.040,说明进行数字化转型的试验组企业比未进行数字化转型的对照组企业全要素生产率高0.040,即数字化转型企业全要素生产率比相似类型、相似特征的其他企业高。而在不断加入控制变量后,数字化转型对全要素生产率的作用略微下降,主要因为控制变量解释了部分全要素生产率,降低了数字化转型的解释力度。以上结论与温湖炜和钟启明(2021)的研究相同,说明本章提出的假设1成立。[②]

从控制变量视角来分析,以列(8)为例,企业年龄(Age)的系数为0.17,虽然不显著,但为正,说明企业发展时间越长,企业的内部管理、科技研发和生产流程越完善,企业文化随着企业年龄增长而不断稳固,均能提升企业全要生产率。资本密集度($Capd$)对全要素生产率的作用为0.324,并且在1%的水平上显著为正,即资本密集度增加1个单位,全要素生产率提升0.324个单位,说

---

① Delgado M.S., Florax R., "Difference-in-differences Techniques for Spatial Data: Local Autocorrelation and Spatial Interaction", *Economics Letters*, Vol.137, 2015.

② 温湖炜、钟启明:《智能化发展对企业全要素生产率的影响——来自制造业上市企业的证据》,《中国科技论坛》2021年第1期。

明资本密集度越高,企业人均机械设备等硬件和软件水平越高,越容易通过自动化、信息化、智能化等提升全要素生产率,这与刘伟江等(2022)的结论相同。[①] 研发水平($Rese$)的系数为-0.143,在1%的水平上显著,可能原因是当期研发投入不能很快转换为科技成果,不利于全要素生产率的提升。勒纳指数($Lern$)对全要素生产率的作用在1%的水平上显著(1.702),说明企业垄断能力越强,获取利润就越高,越能改善和提升全要素生产率(王贵东,2017)。[②] 融资约束(SA)和资产负债率($Loan$)的系数分别为-0.235和-0.241,说明企业负债率越高,经营状况就越差,越不利于提升全要素生产率,而融资约束也会阻碍企业获得进行数字化转型和改善全要素生产率的资金(宋敏等,2021)。[③] 列(6)到列(8)控制变量的系数和显著性水平没有发生太大变化,而与全样本回归结果对比可知,控制变量的符号也没有发生改变,说明回归结果具有可靠性。

表3-6　对全要素生产率的回归结果分析

变量	全样本 DID				PSM-DID			
	(1)	(2)	(3)	(4)	(5)	(6)	(7)	(8)
	TFP	*TFP*	*TFP*	*TFP*	*TFP*	*TFP*	*TFP*	*TFP*
D_{it}	0.120 ***	0.093 ***	0.092 ***	0.187 ***	0.040 ***	0.029 ***	0.028 ***	0.022 ***
	(20.08)	(20.94)	(20.85)	(20.32)	(8.39)	(9.52)	(9.40)	(8.80)
Age		0.021	0.022	0.018		0.012	0.011	0.017
		(1.53)	(1.61)	(1.30)		(0.73)	(0.67)	(1.01)

①　刘伟江、杜明泽、白玥:《环境规制对绿色全要素生产率的影响——基于技术进步偏向视角的研究》,《中国人口·资源与环境》2022年第3期。
②　王贵东:《中国制造业企业的垄断行为:寻租型还是创新型》,《中国工业经济》2017年第3期。
③　宋敏、周鹏、司海涛:《金融科技与企业全要素生产率——"赋能"和信贷配给的视角》,《中国工业经济》2021年第4期。

续表

变量	全样本 DID				PSM-DID			
	（1）	（2）	（3）	（4）	（5）	（6）	（7）	（8）
	TFP	*TFP*	*TFP*	*TFP*	*TFP*	*TFP*	*TFP*	*TFP*
Capd		0.123***	0.123***	0.122***		0.325***	0.325***	0.324***
		（96.04）	（96.05）	（95.64）		（76.74）	（76.69）	（76.44）
Rese		−0.014***	−0.014***	−0.013***		−0.134***	−0.134***	−0.143***
		（−14.78）	（−14.74）	（−14.00）		（−3.40）	（−3.37）	（−2.95）
Lern		0.669***	0.669***	0.671***		1.703***	1.702***	1.702***
		（42.03）	（42.01）	（42.21）		（4.68）	（4.63）	（4.77）
SA		−0.661***	−0.662***	−0.659***		−0.233***	−0.233***	−0.235***
		（−27.20）	（−27.20）	（−27.16）		（−4.39）	（−4.38）	（−4.54）
Loan	−0.242***	−0.241***	−0.241***		−0.242***	−0.241***	−0.241***	
	（−18.44）	（−18.33）	（−18.40）		（−15.47）	（−15.38）	（−15.47）	
*Region*1			−0.182*	−0.132			−0.099	−0.037
			（−1.80）	（−1.31）			（−0.81）	（−0.30）
*Region*2			−0.001	−0.001			0.003*	0.002**
			（−0.17）	（−0.37）			（1.69）	（2.35）
*indu*1				0.040*				0.055***
				（1.64）				（3.56）
*indu*2				0.215***				0.273**
				（13.93）				（2.01）
Cons	4.965***	3.154***	3.157***	3.036***	4.997***	3.558***	3.538***	3.373***
	（291.53）	（40.31）	（39.35）	（37.71）	（237.51）	（49.07）	（45.69）	（43.28）
Obs	45211	45211	44782	44782	33251	33251	33016	33016
调整后 R^2	0.679	0.774	0.776	0.778	0.650	0.748	0.750	0.752

注:(1)括号内数值为 t 值;(2) ***、**、* 分别表示在 1%、5%、10%水平下显著;(3)这里使用双向固定效应进行参数估计,即控制了个体效应和年份效应。若无强调说明,后文的回归均采用该方法。

资料来源:国泰安数据库和 WIND 数据库。

第五节　机制检验

为了检验数字化转型如何影响全要素生产率,本书采用中介效应模型验证员工结构的机制作用,分析职务结构和教育结构的中介效应或间接作用,以期为企业调整内部员工结构、适应数字化发展提供借鉴(见表3-7和表3-8)。此外,本书利用滞后模型分析数字化转型对全要素生产率的动态作用,探讨数字化转型随时间变化对全要素生产率和员工结构的作用如何改变(见表3-9)。

一、职务结构的机制检验

表3-7报告了职务结构的中介效应回归结果。其中,列(1)、列(3)和列(5)为式(3-13)的回归结果,列(2)、列(4)和列(6)为式(3-14)的回归结果,所有模型均采用双向固定效应模型,即控制了个体效应和年份效应。

第一,以生产性人员占比为例。列(1)核心解释变量D_{it}的系数为-0.021,在1%的水平上显著,即数字化转型企业比未进行数字化转型企业生产性人员占比低0.021个单位,数字化转型显著降低生产性人员占比。列(2)数字化转型D_{it}对全要素生产率的作用在1%的水平上显著为正,即0.111,这与表3-6得出的结论相同。列(2)的机制变量为生产性人员占比,可以看出,生产性人员占比$dut1$对全要素生产率的作用变为负值,且在1%的水平上显著,说明由于数字技术的应用,企业已不断减少生产性人员的使用,并使用机器设备来替代生产性劳动力,而大量使用生产性人员反而会造成全要素生产率的下降。本书通过逐步回归法测算的中介效应为0.007[(-0.021)×(-0.343)],Sobel检验为6.51,在1%的水平上显著,中介效应占比为32%(0.007/0.022)①,说明数字化转型通过降低生产性人员占比,最终提升企业全要素生

---

① 中介效应占比为式(3-12)和式(3-15)中的$\gamma\alpha_1/\delta_1$。

产率。为了保证中介效应的稳健性,本书采用 Bootstrap 方法衡量的中介效应为 0.009,采用 1000 次迭代的置信区间为 $[0.0077, 0.0099]$,不包含 0。因此,生产性人员占比的中介效应是显著存在的。[1]

第二,以高技术人员占比为例。列(3)数字化转型对高技术人员占比的作用在 1% 的水平上显著为正,即 0.010,说明数字化转型加速企业雇佣人工智能、大数据、云计算等高端数字化人才。列(4)双重差分项 D_{it} 的系数为 0.115,在 1% 的水平上显著,与表 3-6 的结论相同,即数字化转型促进全要素生产率的提升。列(4)机制变量 $dut2$ 的系数为 0.369,同样在 1% 的水平显著为正,由于数字经济的发展,对创造性思维、技术创新等高端人才的需求提升,而这部分高端人才通过高技术、高技能和高素质带动全要素生产率的提升,也能通过溢出效应提升企业其他员工的技能和素质。可以看出,逐步回归法求出的中介效应为 0.004,Sobel 检验为 4.59,中介效应占比为 19%,说明高技术人员占比的中介效应是显著的。并且,通过 Bootstrap 求出的中介效应为 0.004,与逐步回归法求出的中介效应相差较小,且置信区间不包含 0。因此,数字化转型通过提升高技术人员占比,进而促进全要素生产率的提升。

第三,以其他人员占比为例。可以看出,列(5)核心解释变量 D_{it} 对其他人员占比的作用在 1% 的水平上显著为负,即 -0.034,即数字化转型企业比未进行数字化转型企业的其他人员占比少 0.034 个单位。列(6)得出,数字化转型对全要素生产率的作用为正,即 0.124,这与表 3-6 结论相同,且机制变量 $dut3$ 的系数为 -0.179。通过逐步回归法和 Bootstrap 方法求出的中介效应分别为 0.006 和 0.012,Sobel 检验在 1% 的显著性水平上为 5.02,置信区间不包含 0。因此,数字化转型降低企业对其他人员的雇佣,从而促进全要素生产率的提升。

以上结论与假设 3 相同。

---

① Callaway B.,Santanna P.,"Difference-in-Differences with Multiple Time Periods",*Journal of Econometrics*,Vol.225,No.2,2021.

表 3-7 职务结构的机制检验

变量	机制：生产性人员占比		机制：高技术人员占比		机制：其他人员占比	
	（1）	（2）	（3）	（4）	（5）	（6）
	dut1	TFP	dut2	TFP	dut3	TFP
机制变量		−0.343***		0.369***		−0.179***
		（−10.78）		（9.32）		（−15.34）
D_{it}	−0.021***	0.111***	0.010***	0.115***	−0.034***	0.124***
	（−8.17）	（11.13）	（5.27）	（11.76）	（−5.31）	（12.65）
Age	0.028***	0.085**	−0.024***	−0.032	0.058**	0.003
	（2.98）	（2.32）	（−3.51）	（−0.90）	（2.53）	（0.09）
Capd	−0.004***	−0.166***	0.003***	−0.156***	−0.015***	−0.159***
	（−6.37）	（−62.66）	（7.53）	（−65.09）	（−9.74）	（−66.13）
Rese	−0.001***	−0.007***	0.002***	−0.008***	−0.002***	−0.007***
	（−3.88）	（−6.77）	（11.16）	（−8.14）	（−2.89）	（−7.14）
Lern	−0.002	0.952***	0.056***	0.871***	−0.099***	0.901***
	（−0.23）	（29.53）	（9.50）	（28.56）	（−4.98）	（29.49）
SA	0.036***	−0.222***	−0.026***	−0.459***	0.085***	−0.360***
	（2.80）	（−4.48）	（−2.93）	（−10.12）	（2.95）	（−8.07）
Loan	0.021***	0.544***	−0.009**	0.546***	0.100***	0.569***
	（3.26）	（22.08）	（−2.00）	（22.23）	（6.30）	（23.16）
Region1	−0.046	−0.036	−0.042*	−0.145	−0.127	−0.284**
	（−1.34）	（−0.27）	（−1.78）	（−1.18）	（−1.61）	（−2.33）
Region2	0.001	−0.000	0.002*	−0.003	0.005	−0.005
	（0.93）	（−0.09）	（1.79）	（−0.59）	（1.56）	（−0.97）
indu1	−0.005	0.208***	0.007	0.146***	0.027	0.190***
	（−0.35）	（3.96）	（0.71）	（2.79）	（0.80）	（3.63）
indu2	−0.017**	0.322***	0.007	0.401***	−0.054***	0.410***
	（−2.50）	（12.63）	（1.42）	（15.84）	（−3.36）	（16.46）

续表

变量	机制:生产性人员占比		机制:高技术人员占比		机制:其他人员占比	
	（1）	（2）	（3）	（4）	（5）	（6）
	*dut*1	*TFP*	*dut*2	*TFP*	*dut*3	*TFP*
Cons	0.478 ***	2.772 ***	0.084 *	2.003 ***	1.382 ***	2.567 ***
	(7.31)	(10.93)	(1.75)	(8.03)	(8.56)	(10.28)
中介效应1	0.007		0.004		0.006	
Sobel 检验	6.51 ***		4.59 ***		5.02 ***	
中介效应2	0.009		0.004		0.012	
置信区间	[0.0077,0.0099]		[0.0032,0.0044]		[0.0107,0.0126]	
Obs	18289	18289	20889	20889	21320	21320
调整后 R²	0.343	0.745	0.435	0.719	0.329	0.716

注:(1)括号内数值为 t 值;(2) ***、**、* 分别表示在 1%、5%、10%水平下显著。
资料来源:国泰安数据库和 WIND 数据库。

二、教育结构的机制检验

表3-8 报告了教育结构的中介效应回归结果。与表3-7 相同,列(1)、列(3)和列(5)为式(3-13)的回归结果,列(2)、列(4)和列(6)为式(3-14)的回归结果,所有模型均采用双向固定效应模型,即控制了个体效应和年份效应。

第一,以高等教育人员占比为例。可以看出,列(1)数字化转型 D_{it} 对高等教育人员占比的作用在 1%的水平上显著为正,即 0.050,说明数字化转型增加了企业对高等教育人员的雇佣。列(2)双重差分项 D_{it} 的系数同样在 1%的水平上显著为正,即 0.114,与表3-6 结论相同。列(2)高等教育人员占比 *edu*1 对全要素生产率的作用为 0.146,且十分显著。逐步回归法得出的中介效应为 0.007,Sobel 检验为 5.63,在 1%的水平上显著,中介效应占比为 32%。通过 Bootstrap 方法测算的中介效应为 0.008,与逐步回归法类似,且置信区间不包含 0。因此,在数字经济高速发展阶段,企业不仅对高技术人员的需求提升,也增加了对高学历人群的需求,因为高学历人群拥有先进的技术和素质,更能适应数字技术带来的变革,改善企业全要素生产率(赵静和栾甫贵,2024)。[①]

第二,以中等教育人员占比为例。列(3)数字化转型对中等教育人员占比的作用为-0.036,且在 1%的水平上显著为负。列(4)可知,双重差分项 D_{it} 和机制变量 $edu2$ 的系数分别为 0.105 和-0.343,均在 1%的水平上显著,即数字化转型促进全要素生产率的提升,且中等教育人员占比降低全要生产率。通过逐步回归法测算的中介效应为 0.012,Sobel 检验在 1%的水平上显著(7.74),中介效应占比为 55%。而 Bootstrap 方法求出的中介效应为 0.011,置信区间不包含 0。因此,数字化转型通过降低中等教育人群的需求,进而改善全要素生产率。

第三,以低等教育人员占比为例。列(5)得出,数字化转型的系数为-0.027,在 1%的水平上降低了对低教育人群的使用,该系数小于列(3)的系数,说明数字化转型对中等教育人员的替代作用更大。列(6)数字化转型对全要素生产率的作用与表 3-6 相同,即数字化转型促进企业全要素生产率提升。而机制变量 $edu3$ 的系数为-0.372,说明低技能劳动力正在降低企业全要素生产率。通过逐步回归法和 Bootstrap 方法求出的中介效应分别为 0.010 和 0.008,Sobel 检验在 1%的显著性水平上为 6.88,置信区间不包含 0。因此,低等教育人员占比的中介效应是显著存在的(谢萌萌等,2020)。[②]

以上结论与假设 5 相同。

[①] 赵静、栾甫贵:《数字经济、研发要素流动与企业创新边界》,《统计与决策》2024 年第 2 期。

[②] 谢萌萌、夏炎、潘教峰等:《人工智能、技术进步与低技能就业——基于中国制造业企业的实证研究》,《中国管理科学》2020 年第 12 期。

表3-8　教育结构的机制检验

变量	机制:高等教育人员占比		机制:中等教育人员占比		机制:低等教育人员占比	
	(1)	(2)	(3)	(4)	(5)	(6)
	*edu*1	*TFP*	*edu*2	*TFP*	*edu*3	*TFP*
机制变量		0.146***		−0.343***		−0.372***
		(15.62)		(−18.97)		(−17.41)
D_{it}	0.050***	0.114***	−0.036***	0.105***	−0.027***	0.107***
	(6.03)	(11.60)	(−8.48)	(10.77)	(−7.49)	(11.00)
Age	−0.127***	0.061*	0.057***	0.059	0.055***	0.060*
	(−4.14)	(1.68)	(3.61)	(1.64)	(4.11)	(1.66)
Capd	0.012***	−0.161***	−0.007***	−0.160***	−0.005***	−0.160***
	(5.55)	(−65.12)	(−6.71)	(−65.20)	(−5.38)	(−64.85)
Rese	0.009***	−0.007***	−0.003***	−0.007***	−0.003***	−0.007***
	(9.66)	(−6.90)	(−6.38)	(−6.92)	(−6.98)	(−6.92)
Lern	0.125***	0.918***	−0.052***	0.920***	−0.041***	0.923***
	(4.72)	(29.49)	(−3.85)	(29.66)	(−3.53)	(29.70)
SA	−0.105***	−0.249***	0.026	−0.280***	0.014	−0.284***
	(−2.67)	(−5.35)	(1.29)	(−6.09)	(0.80)	(−6.16)
Loan	−0.064***	0.542***	0.025**	0.542***	0.012	0.538***
	(−3.12)	(22.33)	(2.33)	(22.45)	(1.28)	(22.24)
Region1	−0.221**	−0.090	0.011	−0.109	0.025	−0.104
	(−2.05)	(−0.71)	(0.19)	(−0.86)	(0.52)	(−0.82)
Region2	−0.006	−0.002	0.005**	−0.001	0.005**	−0.001
	(−1.45)	(−0.47)	(2.14)	(−0.18)	(2.39)	(−0.17)
indu1	0.086*	0.178***	−0.048**	0.177***	−0.045**	0.177***
	(1.96)	(3.45)	(−2.14)	(3.46)	(−2.38)	(3.45)
indu2	0.073***	0.379***	−0.025**	0.375***	−0.017*	0.377***
	(3.50)	(15.37)	(−2.29)	(15.28)	(−1.89)	(15.34)

续表

变量	机制:高等教育人员占比		机制:中等教育人员占比		机制:低等教育人员占比	
	(1)	(2)	(3)	(4)	(5)	(6)
	*edu*1	*TFP*	*edu*2	*TFP*	*edu*3	*TFP*
Cons	0.598 ***	2.488 ***	0.660 ***	2.412 ***	0.366 ***	2.322 ***
	(2.84)	(10.04)	(8.19)	(13.12)	(5.36)	(12.62)
中介效应1	0.007		0.012		0.010	
Sobel 检验	5.63 ***		7.74 ***		6.88 ***	
中介效应2	0.008		0.011		0.008	
置信区间	[0.0071,0.0087]		[0.0098,0.0115]		[0.0074,0.0089]	
Obs	19510	19510	19539	19539	19539	19539
调整后 R^2	0.258	0.741	0.279	0.744	0.335	0.743

注:(1)括号内数值为 t 值;(2) ***、**、* 分别表示在1%、5%、10%水平下显著。
资料来源:国泰安数据库和 WIND 数据库。

三、滞后效应的检验

本书借鉴王莉静等(2024)的研究,分析数字化转型滞后5期如何影响全要素生产率与员工结构,以期探讨数字化转型的动态作用,结果见表3-9。[1]第一,以全要素生产率为例,数字化转型 D_{it} 滞后1期到滞后4期的系数均显著为正,滞后5期的系数变为负,且不显著,并且滞后1期到滞后4期的系数不断减少,说明数字化转型对全要素生产率的正向作用随着时间推移不断减弱。第二,以职务结构为例。双重差分项 D_{it} 滞后1期到滞后3期对生产性人员占比的作用分别为-0.017、-0.009 和-0.006,滞后4期和滞后5期不显著。而数字化转型对高技术人员占比的作用只有滞后1期和滞后2期显著为正,其他滞后期虽然为正,却不显著。数字化转型滞后1期对其他人员占比的作

① 王莉静、徐梦杰、徐莹莹等:《企业数字化转型对服务化价值共创绩效的影响研究:基于合作网络视角》,《中国软科学》2024年第6期。

用显著为负,但滞后 2 期到滞后 5 期的作用不显著,滞后 4 期到滞后 5 期甚至变为正值。以上结论说明,数字化转型对不同职务结构的作用随着时间的推移是不断减弱的,但总体提高了对高技术人员的需求,降低了对生产性人员和其他人员的需求。第三,以教育结构为例。双重差分项 D_{it} 滞后期对高等教育人员占比的作用均显著为正,并且滞后期的正向作用并没有下降太多,说明数字化转型企业为了提高企业绩效,不断改善教育结构水平,通过增加高等教育人才,适应数字技术,扩大市场份额和收益率。而对于中等教育人员占比和低等教育人员占比,数字化转型 D_{it} 滞后 1 期和滞后 2 期的系数均显著为负,其他滞后项的系数不显著,滞后 5 期甚至变为正,说明企业数字化转型随着时间推移对中低等教育人员的需求不断减弱。未来企业若要提高全要素生产率,并应用数字技术,则应该合理调整员工结构,增加高技术和高等教育人员占比。

表 3-9 滞后效应分析

Panel A	被解释变量:全要素生产率				
	滞后 1 期	滞后 2 期	滞后 3 期	滞后 4 期	滞后 5 期
D_{it}	0.141***	0.107***	0.071***	0.033**	−0.001
	(12.28)	(8.75)	(5.41)	(2.32)	(−0.05)
Panel B	被解释变量:生产性人员占比				
	滞后 1 期	滞后 2 期	滞后 3 期	滞后 4 期	滞后 5 期
D_{it}	−0.017***	−0.009***	−0.006*	0.001	0.003
	(−6.49)	(−3.02)	(−1.79)	(0.27)	(0.68)
Panel C	被解释变量:高技术人员占比				
	滞后 1 期	滞后 2 期	滞后 3 期	滞后 4 期	滞后 5 期
D_{it}	0.007***	0.005**	0.003	0.002	0.002
	(3.39)	(2.37)	(1.21)	(0.70)	(0.62)
Panel D	被解释变量:其他人员占比				
	滞后 1 期	滞后 2 期	滞后 3 期	滞后 4 期	滞后 5 期

续表

D_{it}	−0.025***	−0.011	−0.002	0.001	0.006
	(−3.62)	(−1.52)	(−0.24)	(0.18)	(0.64)
Panel E	被解释变量:高等教育水平人员占比				
	滞后1期	滞后2期	滞后3期	滞后4期	滞后5期
D_{it}	0.045***	0.034***	0.021*	0.030***	0.034***
	(4.69)	(3.40)	(1.95)	(2.60)	(2.75)
Panel F	被解释变量:中等教育水平人员占比				
	滞后1期	滞后2期	滞后3期	滞后4期	滞后5期
D_{it}	−0.028***	−0.013***	−0.008	−0.003	0.002
	(−6.08)	(−2.82)	(−1.60)	(−0.60)	(0.30)
Panel G	被解释变量:低等教育水平人员占比				
	滞后1期	滞后2期	滞后3期	滞后4期	滞后5期
D_{it}	−0.021***	−0.009**	−0.006	−0.001	0.005
	(−5.60)	(−2.40)	(−1.38)	(−0.09)	(0.99)

注:括号内数值为 t 值;***、**、*分别表示在 1%、5%、10%水平下显著。由于篇幅限制,这里只报告核心解释变量 D_{it} 滞后 5 期的回归结果。

资料来源:国泰安数据库和 WIND 数据库。

第六节　异质性分析

根据前文的分析,不同地区数字化转型企业分布存在差异,基础设施、政府补贴等都不同,高技能人才更愿意转移到东部地区,不同地区、不同类型企业数字化转型对全要素生产率的影响也不同。此外,数字化转型对劳动密集型产业劳动力的替代和互补作用更强。基于此,本书按照地区异质性、所有权结构和要素密集度三个维度,对 A 股非金融类上市企业进行样本划分,按照异质性重新对样本进行 PSM 匹配,估计数字化转型对不同地区和不同类型企业全要素生产率的影响。

一、地区异质性

本书按照企业归属地对样本进行划分。由于中西部地区数字化转型企业远小于东部地区,尤其是西部地区,数字化转型企业过少,如若以西部地区为研究样本,会导致结果的偏误。因此,本书将总样本划分为东部地区和中西部地区。

(一)职务结构的异质性分析(见表3—10)

总效应。由列(1)可知,东部地区双重差分项 D_{it} 的系数为0.154,在1%的水平上显著,即东部地区数字化转型企业的全要素生产率高于未进行数字化转型企业0.154个单位。由列(8)可得,中西部地区数字化转型对全要素生产率的作用在1%的水平上显著,但系数小于列(1),说明东部地区企业的数字化转型效果更为显著(杨慧梅和江璐,2021)。①

生产性人员占比。第一,以东部地区为例。列(2)和列(3)可知,东部地区数字化转型 D_{it} 的系数均在1%的水平上显著,分别为-0.024和0.126,列(3)机制变量 $dut1$ 对全要素生产率的作用为-0.600,同样在1%的水平上显著。逐步回归方法求出的中介效应为0.014,Sobel检验在1%的水平上显著(7.92)。第二,以中西部地区为例。列(9)和列(10)双重差分项同样在1%的水平上显著,但数值的绝对值小于东部地区,并且列(10)生产性人员占比 $dut1$ 对全要素生产率的作用也显著为负,中介效应为0.013,但 Sobel 检验小于东部地区。可以得出,东部地区和中西部地区数字化转型均能通过降低生产性人员占比,进而促进全要素生产率的提升,但由于中西部地区企业的技术水平、基础设施、外商投资等均不如东部地区,导致东部地区的中介效应大于中西部地区。

高技术人员占比。第一,以东部地区为例。列(4)和列(5)数字化转型

---

① 杨慧梅、江璐:《数字经济、空间效应与全要素生产率》,《统计研究》2021年第4期。

D_{it} 和机制变量 $dut2$ 的系数均为正,且在 1% 的水平上显著。因此,通过逐步回归法求出的中介效应为 0.003,Sobel 检验为 4.13,而 Bootstrap 求出的中介效应置信区间不包含 0,说明东部地区高技术人员占比的中介效应是显著存在的。第二,以中西部地区为例。列(11)和列(12)双重差分项与机制变量 $dut2$ 的系数和显著性水平与列(4)和列(5)的结论相同,但系数和显著性水平下降。而中介效应为 0.005,Sobel 检验为 2.35,数值小于东部地区,说明中介效应减弱。由于东部地区拥有港口、外商直接投资、基础设施和进出口等先天优势,所以高端人才集聚,且东部地区数字经济发展较中西部地区快。因此,东部地区企业数字化转型更能通过增加高技术人员需求,进而提升全要素生产率(韩民春等,2020),与假设 4 结论相同。①

其他人员占比。第一,以东部地区为例。列(6)数字化转型对其他人员占比的作用在 1% 的水平上显著为负,即降低其他人员的使用。列(7)数字化转型 D_{it} 的系数在 1% 的水平上显著为正,机制变量 $dut3$ 对全要素生产率的作用在 1% 的水平上显著为负,即 -0.188,中介效应为 0.007,Sobel 检验较为显著。第二,以中西部地区为例。列(13)数字化转型对其他人员占比的作用虽然为负,但不显著。列(14)双重差分项与机制变量的系数和显著性水平与东部地区类似。然而,中西部地区中介效应为 0.004,Sobel 检验为 1.52,且不显著,Bootstrap 方法求出的中介效应的置信区间包含 0,说明中西部地区数字化转型不能通过降低其他人员占比,进而提升全要素生产率。

---

① 韩民春、韩青江、夏蕾:《工业机器人应用对制造业就业的影响——基于中国地级市数据的实证研究》,《改革》2020 年第 3 期。

表 3-10 地区异质性下职务结构的机制效应分析

变量	东部地区							中西部地区						
	总效应	机制:dut1		机制:dut2		机制:dut3		总效应	机制:dut1		机制:dut2		机制:dut3	
	(1)	(2)	(3)	(4)	(5)	(6)	(7)	(8)	(9)	(10)	(11)	(12)	(13)	(14)
	TFP	dut1	TFP	dut2	TFP	dut3	TFP	TFP	dut1	TFP	dut2	TFP	dut3	TFP
机制变量			-0.600***		0.343***		-0.188***			-0.659***		0.503***		-0.219***
			(-12.97)		(7.13)		(-13.43)			(-8.23)		(5.45)		(-8.99)
D_{it}	0.154***	-0.024***	0.126***	0.010***	0.130***	-0.040***	0.136***	0.106***	-0.019***	0.072***	0.009***	0.089***	-0.020	0.105***
	(13.87)	(-10.01)	(10.97)	(5.08)	(11.53)	(-5.84)	(12.15)	(5.42)	(-4.37)	(3.59)	(2.60)	(4.43)	(-1.54)	(5.32)
Age	-0.131***	0.031***	0.083***	-0.020***	-0.015	0.085***	0.011	-0.057	0.047***	0.124	-0.046***	-0.130	0.055	0.075
	(-4.18)	(3.85)	(2.08)	(-2.82)	(-0.39)	(3.59)	(0.29)	(-0.81)	(2.53)	(1.41)	(-2.97)	(-1.44)	(0.99)	(0.87)
Capd	-0.152***	-0.005***	-0.164***	0.003***	-0.155***	-0.013***	-0.155***	-0.148***	-0.003***	-0.158***	0.002***	-0.150***	-0.017***	-0.149***
	(-55.18)	(-7.58)	(-52.18)	(6.57)	(-54.40)	(-7.50)	(-54.81)	(-36.60)	(-3.05)	(-33.23)	(2.61)	(-34.81)	(-6.46)	(-35.56)
Rese	-0.008***	-0.001***	-0.009***	0.002***	-0.008***	-0.002***	-0.008***	-0.005**	-0.001*	-0.007***	0.002***	-0.008***	-0.003*	-0.005**
	(-7.08)	(-4.18)	(-6.98)	(11.91)	(-7.64)	(-3.27)	(-7.18)	(-2.33)	(-1.85)	(-2.89)	(4.50)	(-3.42)	(-1.97)	(-2.20)
Lern	0.981***	-0.020**	1.010***	0.066***	0.926***	-0.108***	0.938***	0.683***	-0.020	0.606***	0.034***	0.615***	-0.201***	0.648***
	(27.49)	(-2.48)	(26.24)	(10.08)	(25.63)	(-4.85)	(26.10)	(12.01)	(-1.56)	(10.05)	(3.30)	(10.49)	(-5.41)	(11.21)
SA	-0.630***	0.054***	-0.390***	-0.017*	-0.504***	0.168***	-0.350***	-0.721***	0.067***	-0.132	-0.093***	-0.505***	0.226***	-0.434***
	(-13.46)	(4.49)	(-6.60)	(-1.69)	(-9.33)	(5.19)	(-6.69)	(-9.21)	(3.03)	(-1.26)	(-5.44)	(-5.13)	(3.62)	(-4.50)

续表

变量	东部地区								中西部地区					
	总效应	机制:dut1		机制:dut2		机制:dut3		总效应	机制:dut1		机制:dut2		机制:dut3	
	(1)	(2)	(3)	(4)	(5)	(6)	(7)	(8)	(9)	(10)	(11)	(12)	(13)	(14)
	TFP	dut1	TFP	dut2	TFP	dut3	TFP	TFP	dut1	TFP	dut2	TFP	dut3	TFP
Loan	0.591***	0.024***	0.571***	-0.007	0.596***	0.108***	0.617***	0.268***	-0.003	0.398***	-0.013	0.336***	-0.013	0.360***
	(21.30)	(4.10)	(19.66)	(-1.29)	(20.60)	(6.08)	(21.52)	(6.20)	(-0.27)	(8.25)	(-1.49)	(6.89)	(-0.40)	(7.40)
Region1	0.052	-0.040	0.256*	-0.036	0.040	-0.242***	-0.051	-0.503	0.030	0.008	-0.058	0.278	0.031	0.050
	(0.38)	(-1.33)	(1.77)	(-1.46)	(0.30)	(-2.95)	(-0.38)	(-0.62)	(0.17)	(0.01)	(-0.41)	(0.34)	(0.06)	(0.06)
Region2	0.009	0.002	0.010	0.001	0.011	0.001	0.008	-0.008	-0.002	-0.009	0.001	-0.008	0.001	-0.007
	(1.23)	(1.10)	(1.31)	(0.54)	(1.43)	(0.23)	(1.01)	(-1.28)	(-1.44)	(-1.48)	(0.80)	(-1.27)	(0.24)	(-1.21)
indu1	0.246***	-0.035***	0.218***	0.008	0.203***	-0.026	0.202***	0.316***	-0.010	0.250**	0.040**	0.084	-0.002	0.282**
	(3.99)	(-2.61)	(3.37)	(0.68)	(3.20)	(-0.67)	(3.18)	(3.00)	(-0.46)	(2.30)	(2.05)	(0.74)	(-0.03)	(2.57)
indu2	0.390***	-0.022***	0.283***	0.017***	0.375***	-0.083***	0.365***	0.336***	-0.003	0.290***	-0.012	0.342***	0.028	0.421***
	(14.45)	(-3.64)	(9.56)	(3.33)	(13.06)	(-4.72)	(12.84)	(7.51)	(-0.27)	(5.79)	(-1.27)	(6.45)	(0.90)	(8.61)
Cons	1.433***	0.566***	1.951***	0.141***	1.446***	1.538***	2.229***	0.889***	0.572***	2.758***	-0.083	1.727***	1.782***	1.617***
	(7.73)	(11.90)	(8.37)	(3.58)	(6.69)	(11.84)	(10.56)	(2.79)	(6.51)	(6.61)	(-1.20)	(4.33)	(7.03)	(4.09)
中介效应1			0.014		0.003		0.007			0.013		0.005		0.004
Sobel 检验		7.92***		4.13***		5.36***			3.86***		2.35**		1.52	

续表

变量	东部地区							中西部地区						
	总效应	机制:dul1		机制:dul2		机制:dul3		总效应	机制:dul1		机制:dul2		机制:dul3	
	(1)	(2)	(3)	(4)	(5)	(6)	(7)	(8)	(9)	(10)	(11)	(12)	(13)	(14)
	TFP	dul1	TFP	dul2	TFP	dul3	TFP	TFP	dul1	TFP	dul2	TFP	dul3	TFP
中介效应2		0.011		0.003		0.006			0.015		0.006		0.002	
置信区间		[0.0099, 0.0134]		[0.0023, 0.0046]		[0.0040, 0.0071]			[0.0101, 0.0178]		[0.0051, 0.0073]		[−0.0024, 0.0039]	
Obs	17181	13594	13594	15768	15768	16139	16139	5453	4450	4450	4911	4911	5055	5055
调整后 R^2	0.719	0.367	0.744	0.342	0.717	0.332	0.713	0.756	0.142	0.770	0.149	0.746	0.137	0.746

注:(1)括号内数值为 t 值;(2)***、**、* 分别表示在 1%、5%、10%水平下显著;(3)中介效应1为逐步回归法求出的中介效应,中介效应2为 Bootstrap 方法求出的中介效应,置信区间是 1000 次迭代求出的中介效应的置信区间。

资料来源:国泰安数据库和 WIND 数据库。

148

（二）教育结构的异质性分析（见表3-11）

由于上文已经分析了东部地区和中西部地区数字化转型对全要素生产率的总效应，因此，本节重点分析教育结构的机制效应，具体如下：

高等教育人员占比。第一，以东部地区为例。列（1）和列（2）双重差分项 D_{it} 与机制变量 $edu1$ 的系数均在1%的水平上显著为正，说明东部地区数字化转型提升企业高等教育人员占比和全要素生产率，并且提高高等教育人员占比也会提升全要素生产率。中介效应为0.007，Sobel 检验在1%的水平上显著，Bootstrap 方法的置信区间不包含0，东部地区 $edu1$ 的中介效应显著。第二，以中西部地区为例。列（7）和列（8）得出的结论与列（1）和列（2）类似，即中西部地区数字化转型既能提高高等教育人员占比，又能提升全要素生产率，并且提高高等教育人员占比可以改善企业全要素生产率。中介效应为0.002，Sobel 检验在1%的水平上显著为正，但小于东部地区。

中等教育人员占比。第一，以东部地区为例。列（3）和列（4）东部地区核心解释变量 D_{it} 与机制变量 $edu2$ 的系数均在1%的水平上显著，中介效应为0.013，Sobel 检验为7.76，同样在1%的水平上显著。东部地区企业数字化转型通过降低中等教育人员占比，提升全要素生产率。第二，以中西部地区为例。列（9）数字化转型对中等教育人员的作用不显著，列（10）数字化转型与机制变量的系数均显著，但中介效应为0.005，Sobel 检验不显著，并且 Bootstrap 方法得出的置信区间包含0，中西部地区中等教育人员占比的机制作用不显著。

低等教育人员占比。第一，以东部地区为例。列（5）和列（6）核心解释变量和机制变量同样均在1%的水平上显著，正负号与表3-8相同。中介效应0.012，Sobel 检验在1%的水平上显著。第二，以中西部地区为例。列（11）数字化转型对低技能劳动力的作用不显著，虽然列（12）双重差分项与机制变量的系数均在1%的水平上显著，但中介效应为0.002，Sobel 检验也表明中介效应不存在。

表3-11 地区异质性下教育结构的机制效应分析

变量	东部地区						中西部地区					
	机制:edu1		机制:edu2		机制:edu3		机制:edu1		机制:edu2		机制:edu3	
	(1)	(2)	(3)	(4)	(5)	(6)	(7)	(8)	(9)	(10)	(11)	(12)
	edu1	TFP	edu2	TFP	edu3	TFP	edu1	TFP	edu2	TFP	edu3	TFP
机制变量		0.118***		-0.294***		-0.329***		0.188***		-0.385***		-0.414***
		(11.30)		(-13.82)		(-13.20)		(9.72)		(-10.44)		(-9.38)
D_{it}	0.063***	0.133***	-0.045***	0.125***	-0.035***	0.126***	0.010***	0.089***	-0.012	0.079***	-0.006	0.081***
	(6.37)	(11.75)	(-9.38)	(11.06)	(-8.59)	(11.21)	(2.59)	(4.54)	(-1.37)	(4.09)	(-0.84)	(4.18)
Age	-0.095***	0.022	0.058***	0.028	0.057***	0.030	-0.348***	0.187**	0.088**	0.158*	0.097***	0.164*
	(-2.78)	(0.57)	(3.48)	(0.72)	(3.96)	(0.76)	(-4.83)	(2.19)	(2.34)	(1.85)	(3.07)	(1.92)
Capd	0.012***	-0.158***	-0.008***	-0.157***	-0.006***	-0.157***	0.006	-0.152***	-0.003	-0.151***	-0.002	-0.151***
	(4.67)	(-53.51)	(-5.93)	(-53.27)	(-5.30)	(-53.14)	(1.59)	(-34.01)	(-1.42)	(-34.12)	(-1.24)	(-33.98)
Rese	0.011***	-0.008***	-0.003***	-0.008***	-0.003***	-0.008***	0.001	-0.004*	-0.003**	-0.005**	-0.002***	-0.005**
	(10.53)	(-6.58)	(-5.96)	(-6.48)	(-6.23)	(-6.48)	(0.52)	(-1.80)	(-2.49)	(-2.04)	(-2.80)	(-2.04)
Lern	0.197***	0.988***	-0.062***	0.998***	-0.050***	1.000***	-0.055	0.622***	-0.071***	0.589***	-0.041*	0.599***
	(6.03)	(26.55)	(-3.88)	(26.97)	(-3.66)	(27.00)	(-1.11)	(10.73)	(-2.79)	(10.16)	(-1.93)	(10.32)
SA	-0.065	-0.390***	0.041*	-0.409***	0.011	-0.417***	-0.325***	-0.303***	0.112***	-0.315***	0.059*	-0.334***
	(-1.33)	(-7.01)	(1.73)	(-7.45)	(0.55)	(-7.60)	(-3.98)	(-3.13)	(2.65)	(-3.27)	(1.67)	(-3.45)

续表

变量	东部地区						中西部地区					
	机制:edu1		机制:edu2		机制:edu3		机制:edu1		机制:edu2		机制:edu3	
	(1)	(2)	(3)	(4)	(5)	(6)	(7)	(8)	(9)	(10)	(11)	(12)
	edu1	TFP	edu2	TFP	edu3	TFP	edu1	TFP	edu2	TFP	edu3	TFP
Loan	-0.067***	0.563***	0.027**	0.567***	0.009	0.562***	-0.004	0.366***	-0.015	0.369***	-0.026	0.364***
	(-2.67)	(19.72)	(2.19)	(19.97)	(0.84)	(19.78)	(-0.09)	(7.68)	(-0.71)	(7.78)	(-1.51)	(7.64)
Region1	-0.254**	0.181	-0.058	0.155	-0.003	0.171	-1.043	0.153	0.299	0.148	0.203	0.117
	(-2.08)	(1.31)	(-0.97)	(1.12)	(-0.06)	(1.23)	(-1.55)	(0.19)	(0.85)	(0.19)	(0.69)	(0.15)
Region2	-0.011*	0.013*	0.007**	0.014**	0.007***	0.015**	0.008	-0.010*	-0.001	-0.008	-0.000	-0.008
	(-1.71)	(1.72)	(2.24)	(1.98)	(2.60)	(2.01)	(1.57)	(-1.67)	(-0.21)	(-1.31)	(-0.06)	(-1.28)
indu1	0.093*	0.201***	-0.055**	0.197***	-0.032	0.203***	0.176**	0.233**	-0.044	0.261**	-0.050	0.258**
	(1.68)	(3.18)	(-2.04)	(3.13)	(-1.40)	(3.22)	(1.97)	(2.19)	(-0.94)	(2.47)	(-1.27)	(2.43)
indu2	0.071***	0.334***	-0.018	0.330***	-0.008	0.333***	0.066	0.327***	-0.013	0.333***	-0.008	0.335***
	(2.86)	(11.76)	(-1.51)	(11.68)	(-0.74)	(11.78)	(1.62)	(6.82)	(-0.61)	(6.95)	(-0.43)	(6.97)
Cons	0.771***	2.119***	0.702***	1.917***	0.327***	1.818***	0.030	1.501***	0.928***	1.948***	0.470***	1.785***
	(2.99)	(7.20)	(7.45)	(8.76)	(4.07)	(8.32)	(0.07)	(3.00)	(5.34)	(4.93)	(3.23)	(4.51)
中介效应1	0.007		0.013		0.012		0.002		0.005		0.002	
Sobel 检验	5.55***		7.76***		7.20***		2.50***		1.36		0.84	

151

续表

变量	东部地区						中西部地区					
	机制:edu1		机制:edu2		机制:edu3		机制:edu1		机制:edu2		机制:edu3	
	(1)	(2)	(3)	(4)	(5)	(6)	(7)	(8)	(9)	(10)	(11)	(12)
	edu1	TFP	edu2	TFP	edu3	TFP	edu1	TFP	edu2	TFP	edu3	TFP
中介效应2	0.008		0.009		0.011		0.003		0.007		0.003	
置信区间	[0.0067, 0.0092]		[0.0079, 0.0125]		[0.0084, 0.0157]		[0.0021, 0.0037]		[−0.0048, 0.0035]		[−0.0024, 0.0049]	
Obs	14531	14531	14542	14542	14542	14542	4758	4758	4775	4775	4775	4775
调整后 R^2	0.258	0.738	0.270	0.740	0.323	0.740	0.163	0.769	0.196	0.772	0.264	0.771

注：(1)括号内数值为 t 值；(2)***、**、*分别表示在1%、5%、10%水平下显著；(3)中介效应1为逐步回归法求出的中介效应，中介效应2为Bootstrap方法求出的中介效应，置信区间是1000次迭代求出的中介效应的置信区间。

资料来源：国泰安数据库和 WIND 数据库。

二、所有权结构异质性

(一)职务结构的异质性分析(见表3-12)

总效应。列(1)和列(8)双重差分项D_{it}的系数分别为0.097和0.135,均在1%的水平上显著,说明国有企业和非国有企业数字化转型均促进全要素生产率的提升,但非国有企业的作用显著大于国有企业。

生产性人员占比。第一,以国有企业为例。列(2)和列(3)核心解释变量D_{it}和机制变量$dut1$均在1%的水平上显著,中介效应为0.010,占比为10%,Sobel检验也显著为3.54。国有数字化转型企业生产性人员占比的中介效应为正,且显著。第二,以非国有企业为例。列(9)和列(10)数字化转型与生产性人员占比的系数均显著,显著性水平高于国有企业,中介效应为0.014,Sobel检验为8.05,说明非国有企业的中介效应大于国有企业。

高技术人员占比。第一,以国有企业为例。列(4)和列(5)得出,核心解释变量与机制变量均显著为正,中介效应为0.004,Sobel虽然显著,但仅在5%的水平上显著。第二,以非国有企业为例。列(11)与列(12)数字化转型和高技术人员占比同样均能促进全要素生产率,通过计算得出中介效应为0.004,Sobel检验为4.17,系数相比国有企业更为显著。

其他人员占比。第一,以国有企业为例。列(6)和列(7)表明中介效应0.001,Sobel检验为0.40,不显著,由于其他人员包含管理人员、行政人员等,这部分人员的调动力度小,导致其他人员占比的中介效应不显著。第二,以非国有企业为例。列(13)和列(14)核心解释变量仍是显著的,中介效应显著为0.008,说明非国有企业在通过数字化转型提高企业技术的同时,更愿意发挥数字化的替代作用提高全要素生产率。

表3-12 所有权结构下职务结构的机制效应分析

变量	国有企业							非国有企业						
	总效应	机制:dut1		机制:dut2		机制:dut3		总效应	机制:dut1		机制:dut2		机制:dut3	
	(1)	(2)	(3)	(4)	(5)	(6)	(7)	(8)	(9)	(10)	(11)	(12)	(13)	(14)
	TFP	dut1	TFP	dut2	TFP	dut3	TFP	TFP	dut1	TFP	dut2	TFP	dut3	TFP
机制变量			-0.537 ***		0.325 ***		-0.134 ***			-0.598 ***		0.432 ***		-0.218 ***
			(-7.07)		(4.04)		(-6.54)			(-13.15)		(8.74)		(-15.22)
D_{it}	0.097 ***	-0.019 ***	0.105 ***	0.012 ***	0.084 ***	-0.006	0.083 ***	0.135 ***	-0.024 ***	0.094 ***	0.010 ***	0.110 ***	-0.038 ***	0.118 ***
	(5.38)	(-4.09)	(4.99)	(3.26)	(4.28)	(-0.40)	(4.34)	(12.11)	(-10.18)	(8.51)	(4.75)	(9.83)	(-5.58)	(10.62)
Age	-0.048	0.027	0.031	0.001	-0.113	0.277 ***	-0.019	-0.125 ***	0.018 **	0.091 **	-0.033 ***	-0.042	0.062 **	-0.022
	(-0.75)	(1.35)	(0.33)	(0.07)	(-1.33)	(4.76)	(-0.24)	(-3.85)	(2.13)	(2.28)	(-4.51)	(-1.06)	(2.54)	(-0.57)
Capd	-0.157 ***	-0.002	-0.178 ***	0.000	-0.153 ***	-0.014 ***	-0.155 ***	-0.147 ***	-0.005 ***	-0.161 ***	0.003 ***	-0.152 ***	-0.014 ***	-0.154 ***
	(-38.44)	(-1.48)	(-34.36)	(0.39)	(-34.84)	(-4.36)	(-36.45)	(-55.82)	(-8.02)	(-53.91)	(5.97)	(-55.03)	(-8.02)	(-56.34)
Rese	-0.013 ***	-0.001 **	-0.014 ***	0.003 ***	-0.014 ***	-0.004 ***	-0.013 ***	-0.007 ***	-0.001 ***	-0.007 ***	0.002 ***	-0.008 ***	-0.002 ***	-0.007 ***
	(-5.35)	(-1.97)	(-4.82)	(5.93)	(-5.82)	(-2.09)	(-5.54)	(-6.13)	(-4.82)	(-6.05)	(11.99)	(-6.96)	(-3.14)	(-6.09)
Lern	0.824 ***	-0.004	0.696 ***	0.037 ***	0.777 ***	-0.164 ***	0.783 ***	0.931 ***	-0.017 **	0.994 ***	0.052 ***	0.868 ***	-0.073 ***	0.874 ***
	(14.02)	(-0.25)	(10.44)	(3.05)	(12.32)	(-3.72)	(12.95)	(27.89)	(-2.22)	(28.20)	(8.37)	(25.46)	(-3.47)	(25.75)
SA	0.033	0.047 **	0.291 ***	-0.026	0.336 ***	-0.037	0.357 ***	-0.915 ***	0.031 **	-0.642 ***	-0.039 ***	-0.842 ***	0.152 ***	-0.774 ***
	(0.42)	(2.13)	(2.83)	(-1.38)	(3.45)	(-0.56)	(3.93)	(-18.61)	(2.44)	(-10.86)	(-3.92)	(-15.23)	(4.46)	(-14.04)

续表

变量	国有企业							非国有企业						
	总效应	机制:dul1		机制:dul2		机制:dul3		总效应	机制:dul1		机制:dul2		机制:dul3	
	(1)	(2)	(3)	(4)	(5)	(6)	(7)	(8)	(9)	(10)	(11)	(12)	(13)	(14)
	TFP	dul1	TFP	dul2	TFP	dul3	TFP	TFP	dul1	TFP	dul2	TFP	dul3	TFP
Loan	0.627***	0.008	0.623***	-0.012	0.606***	0.078**	0.598***	0.447***	0.012**	0.472***	-0.010**	0.428***	0.071***	0.462***
	(13.40)	(0.72)	(11.72)	(-1.26)	(11.91)	(2.17)	(12.11)	(16.92)	(2.03)	(17.25)	(-1.96)	(15.26)	(4.14)	(16.58)
Region1	-0.327	-0.014	-0.263	0.008	-0.152	-0.155	-0.375*	-0.001	-0.051	0.228	-0.025	-0.093	-0.222**	-0.160
	(-1.53)	(-0.25)	(-1.05)	(0.18)	(-0.68)	(-0.98)	(-1.74)	(-0.01)	(-1.56)	(1.47)	(-0.95)	(-0.63)	(-2.43)	(-1.08)
Region2	-0.021***	0.001	-0.010	-0.001	-0.011*	0.006	-0.011*	0.004	-0.001	0.005	0.003***	0.005	-0.008***	0.001
	(-3.29)	(0.83)	(-1.52)	(-0.61)	(-1.66)	(1.26)	(-1.71)	(0.91)	(-0.56)	(1.17)	(3.08)	(1.06)	(-2.96)	(0.22)
indu1	0.098	-0.032	0.065	0.059***	0.105	-0.089	0.131	0.219***	-0.004	0.290***	-0.001	0.200***	0.027	0.228***
	(1.02)	(-1.41)	(0.62)	(3.01)	(1.02)	(-1.19)	(1.28)	(3.69)	(-0.34)	(4.74)	(-0.13)	(3.20)	(0.71)	(3.68)
indu2	0.258***	-0.021**	0.283***	0.011	0.303***	-0.035	0.315***	0.428***	-0.022***	0.301***	0.012**	0.400***	-0.060***	0.431***
	(6.56)	(-2.00)	(5.70)	(1.25)	(6.55)	(-1.09)	(7.17)	(15.20)	(-3.51)	(10.25)	(2.20)	(13.14)	(-3.27)	(14.51)
Cons	3.756***	0.549***	4.548***	0.036	4.746***	0.213	4.809***	0.520***	0.522***	1.101***	0.082	0.436**	1.589***	0.930***
	(11.15)	(5.56)	(9.93)	(0.44)	(11.08)	(0.72)	(11.92)	(2.77)	(10.88)	(4.85)	(2.10)	(2.02)	(12.02)	(4.33)
中介效应1		0.010		0.004		0.001			0.014		0.004		0.008	
Sobel 检验		3.54***		2.53**		0.40			8.05***		4.17***		5.24***	

155

续表

变量	国有企业							非国有企业						
	总效应	机制:dut1		机制:dut2		机制:dut3		总效应	机制:dut1		机制:dut2		机制:dut3	
	(1)	(2)	(3)	(4)	(5)	(6)	(7)	(8)	(9)	(10)	(11)	(12)	(13)	(14)
	TFP	dut1	TFP	dut2	TFP	dut3	TFP	TFP	dut1	TFP	dut2	TFP	dut3	TFP
中介效应2		0.009		0.004		0.002			0.012		0.005		0.011	
置信区间		[0.0061, 0.0149]		[0.0011, 0.0090]		[−0.0042, 0.0085]			[0.0093, 0.0201]		[0.0024, 0.0087]		[0.0066, 0.0173]	
Obs	6224	4785	4785	5435	5435	5659	5659	16633	13476	13476	15457	15457	15754	15754
调整后 R^2	0.798	0.164	0.782	0.148	0.781	0.141	0.787	0.703	0.356	0.747	0.344	0.700	0.324	0.698

注：(1) 括号内数值为 t 值；(2) ***、**、* 分别表示在 1%、5%、10% 水平下显著；(3) 中介效应 1 为逐步回归法求出的中介效应，中介效应 2 为 Bootstrap 方法求出的中介效应，置信区间是 1000 次迭代求出的中介效应的置信区间。

资料来源：国泰安数据库和 WIND 数据库。

（二）教育结构的异质性分析（见表3-13）

高等教育人员占比。第一，以国有企业为例。列（1）双重差分项 D_{it} 对高等教育人员占比的作用为正，即0.022，但不显著。列（2）机制变量 $edu1$ 与核心解释变量 D_{it} 的系数分别为0.101和0.089，在1%的水平上显著，国有企业高等教育人员和数字化转型均促进全要素生产率。中介效应为0.002，Sobel检验为1.21，不显著。因此，国有企业高等教育人员的中介效应不显著。第二，以非国有企业为例。列（7）和列（8）所有核心解释变量和机制变量均在1%的水平上显著为正，中介效应为0.009，Sobel检验也在1%的水平上显著，并且显著性水平高于国有企业。

中等教育人员占比。第一，以国有企业为例。列（3）数字化转型 D_{it} 的系数同样不显著。列（4）数字化转型与中等教育人员占比均对企业全要素生产率产生显著的影响。中介效应为0.003，Sobel检验同样不显著，Bootstrap衡量的置信区间包含0。因此，国有企业中等教育人员占比的中介效应不显著。第二，以非国有企业为例。列（9）和列（10）相关解释变量在1%的水平上是显著的，中介效应为0.015，中介效应的绝对值显著高于国有企业，且Sobel检验为8.01，也在1%的水平上显著。

低等教育人员占比。第一，以国有企业为例。列（5）和列（6）得出的结论与中等教育人员占比（$edu2$）相同，即数字化转型对低教育人群产生负向作用，但不显著。中介效应为0.002，Sobel检验也不显著。第二，以非国有企业为例。列（11）和列（12）数字化转型与低教育人群均促进全要素生产率，中介效应在1%的水平上显著为正，即0.013。无论是国有企业还是非国有企业，数字化转型对中等教育人群的替代作用均大于低等教育人群。

表3-13 所有权结构下教育结构的机制效应分析

变量	国有企业						非国有企业					
	机制:edu1		机制:edu2		机制:edu3		机制:edu1		机制:edu2		机制:edu3	
	(1)	(2)	(3)	(4)	(5)	(6)	(7)	(8)	(9)	(10)	(11)	(12)
	edu1	TFP	edu2	TFP	edu3	TFP	edu1	TFP	edu2	TFP	edu3	TFP
机制变量		0.101***		-0.278***		-0.324***		0.142***		-0.336***		-0.361***
		(5.80)		(-8.31)		(-7.81)		(13.13)		(-15.90)		(-14.74)
D_{it}	0.022	0.089***	-0.009	0.083***	-0.006	0.083***	0.062***	0.109***	-0.045***	0.101***	-0.035***	0.103***
	(1.24)	(4.41)	(-0.96)	(4.16)	(-0.82)	(4.18)	(6.55)	(10.00)	(-9.28)	(9.22)	(-8.51)	(9.42)
Age	0.006	-0.026	0.017	-0.039	-0.034	-0.055	-0.133***	0.062	0.059***	0.061	0.067***	0.065*
	(0.08)	(-0.29)	(0.41)	(-0.45)	(-1.02)	(-0.63)	(-3.89)	(1.58)	(3.38)	(1.54)	(4.44)	(1.65)
$Capd$	0.006	-0.171***	-0.001	-0.171***	-0.000	-0.171***	0.012***	-0.151***	-0.007***	-0.150***	-0.005***	-0.150***
	(1.44)	(-36.60)	(-0.62)	(-36.80)	(-0.25)	(-36.71)	(4.73)	(-53.61)	(-5.71)	(-53.51)	(-4.63)	(-53.25)
$Rese$	0.018***	-0.012***	-0.004***	-0.011***	-0.003***	-0.012***	0.008***	-0.007***	-0.003***	-0.007***	-0.002***	-0.007***
	(7.35)	(-4.57)	(-2.82)	(-4.26)	(-3.30)	(-4.29)	(7.60)	(-6.17)	(-5.48)	(-6.26)	(-5.56)	(-6.20)
$Lern$	0.114*	0.671***	-0.087***	0.662***	-0.068***	0.665***	0.111***	0.966***	-0.033**	0.974***	-0.025*	0.976***
	(2.00)	(10.50)	(-2.94)	(10.42)	(-2.81)	(10.45)	(3.73)	(28.06)	(-2.19)	(28.38)	(-1.89)	(28.40)
SA	0.154*	0.380***	-0.037	0.375***	-0.031	0.375***	-0.213***	-0.604***	0.047*	-0.657***	0.029	-0.662***
	(1.75)	(3.87)	(-0.80)	(3.83)	(-0.83)	(3.83)	(-4.45)	(-10.93)	(1.96)	(-12.07)	(1.40)	(-12.15)

续表

变量	国有企业						非国有企业					
	机制:edu1		机制:edu2		机制:edu3		机制:edu1		机制:edu2		机制:edu3	
	(1)	(2)	(3)	(4)	(5)	(6)	(7)	(8)	(9)	(10)	(11)	(12)
	edu1	TFP	edu2	TFP	edu3	TFP	edu1	TFP	edu2	TFP	edu3	TFP
Loan	-0.030	0.636***	-0.002	0.644***	-0.015	0.640***	-0.040*	0.453***	0.015	0.448***	0.005	0.444***
	(-0.66)	(12.37)	(-0.09)	(12.58)	(-0.76)	(12.49)	(-1.69)	(16.62)	(1.24)	(16.52)	(0.52)	(16.38)
Region1	0.233	-0.251	-0.125	-0.310	-0.183**	-0.334	-0.167	0.127	0.005	0.119	0.054	0.137
	(1.11)	(-1.07)	(-1.15)	(-1.33)	(-2.07)	(-1.43)	(-1.26)	(0.83)	(0.07)	(0.79)	(0.92)	(0.90)
Region2	-0.001	-0.011*	0.004	-0.010	0.004	-0.010	0.003	0.003	-0.000	0.004	-0.001	0.004
	(-0.14)	(-1.71)	(1.31)	(-1.50)	(1.50)	(-1.49)	(0.62)	(0.67)	(-0.07)	(0.90)	(-0.45)	(0.85)
indu1	-0.003	0.068	-0.000	0.083	0.013	0.087	0.113**	0.237***	-0.052*	0.236***	-0.053**	0.234***
	(-0.04)	(0.67)	(-0.00)	(0.82)	(0.33)	(0.86)	(2.17)	(3.92)	(-1.95)	(3.92)	(-2.30)	(3.89)
indu2	0.119***	0.334***	-0.027	0.343***	-0.012	0.347***	0.027	0.358***	-0.015	0.354***	-0.002	0.358***
	(2.87)	(7.20)	(-1.26)	(7.46)	(-0.71)	(7.53)	(1.09)	(12.46)	(-1.14)	(12.33)	(-0.22)	(12.45)
Cons	1.151***	4.808***	0.534***	4.953***	0.440***	4.947***	0.165	1.396***	0.762***	1.102***	0.417***	0.997***
	(2.60)	(9.74)	(2.62)	(11.36)	(2.67)	(11.34)	(0.62)	(4.51)	(8.09)	(5.17)	(5.14)	(4.68)
中介效应1	0.002		0.003		0.002		0.009		0.015		0.013	
Sobel 检验	1.21		0.95		0.82		5.86***		8.01***		7.37***	

159

续表

变量	国有企业						非国有企业					
	机制:edu1		机制:edu2		机制:edu3		机制:edu1		机制:edu2		机制:edu3	
	(1)	(2)	(3)	(4)	(5)	(6)	(7)	(8)	(9)	(10)	(11)	(12)
	edu1	TFP	edu2	TFP	edu3	TFP	edu1	TFP	edu2	TFP	edu3	TFP
中介效应2	0.003		0.003		0.001		0.012		0.001		0.015	
置信区间	[-0.0009, 0.0054]		[-0.0023, 0.0046]		[-0.0029, 0.0027]		[0.0092, 0.0155]		[0.0103, 0.0218]		[0.0118, 0.0236]	
Obs	5208	5208	5227	5227	5227	5227	14292	14292	14303	14303	14303	14303
调整后 R^2	0.269	0.784	0.285	0.787	0.355	0.787	0.455	0.735	0.474	0.737	0.528	0.736

注:(1)括号内数值为 t 值;(2)***、**、*分别表示在 1%、5%、10%水平下显著;(3)中介效应 1 为逐步回归法求出的中介效应,中介效应 2 为 Bootstrap 方法求出的中介效应,置信区间是 1000 次迭代求出的中介效应的置信区间。

资料来源:国泰安数据库和 WIND 数据库。

三、要素密集度异质性

由前文可知,不同要素密集型企业对不同类型劳动力需求不同,导致数字化转型对企业全要素生产率的影响存在差异。

(一)职务结构的异质性分析(见表 3-14)

总效应。列(1)和列(8)得出,劳动密集型企业和资本密集型企业数字化转型均对全要素生产率产生显著的正向作用,分别为 0.193 和 0.110,说明企业数字化转型有利于提升全要素生产率。进一步分析可知,资本密集型企业 D_{it} 的系数小于劳动密集型企业,主要是因为数字技术对劳动力的替代和互补作用是最直接的,而劳动密集型企业多以中低技能劳动或非技术人员为主,因此,数字化转型对劳动密集型企业全要素生产率作用更高,与假设 2 结论相同。

生产性人员占比。第一,以劳动密集型企业为例。列(2)和列(3)得出,数字化转型 D_{it} 对生产性人员和全要素生产率均产生显著的影响,因此,中介效应为 0.015,Sobel 检验在 1% 的水平上显著为正。第二,以资本密集型企业为例。列(9)和列(10)核心解释变量和机制变量也在 1% 的水平上显著,中介效应为 0.011,Sobel 检验为 7.36,显著性水平明显高于劳动密集型企业,但系数的绝对值却小于劳动密集型企业。

技术人员占比。第一,列(4)数字化转型 D_{it} 的系数不显著,且列(5)技术人员占比对全要素生产率的作用也不显著。中介效应为 0.001,Sobel 检验为 0.14,同样不显著。第二,以资本密集型企业为例,列(11)数字化转型对高技术人员占比的作用显著为正,列(12)数字化转型与高技术人员占比均对全要素生产率产生显著的正向作用,即 0.468 和 0.092,中介效应为 0.006,Sobel 检验在 1% 的水平上显著(5.39)。

其他人员占比。第一,以劳动密集型为例。列(6)和列(7)核心解释变量和机制变量均显著,中介效应为 0.013,Sobel 检验为 3.16,在 1% 的水平上显

表3-14　要素密集度下职务结构的机制效应分析

变量	劳动密集型企业								资本密集型企业					
	总效应	机制:dul1		机制:dul2		机制:dul3		总效应	机制:dul1		机制:dul2		机制:dul3	
	(1)	(2)	(3)	(4)	(5)	(6)	(7)	(8)	(9)	(10)	(11)	(12)	(13)	(14)
	TFP	dul1	TFP	dul2	TFP	dul3	TFP	TFP	dul1	TFP	dul2	TFP	dul3	TFP
机制变量			-0.917***		0.014		-0.281***			-0.516***		0.468***		-0.178***
			(-10.39)		(0.14)		(-11.33)			(-11.62)		(10.19)		(-12.69)
D_{it}	0.193***	-0.016***	0.150***	0.002	0.165***	-0.046***	0.163***	0.110***	-0.021***	0.098***	0.013***	0.092***	-0.027***	0.102***
	(8.44)	(-3.16)	(5.92)	(0.64)	(7.05)	(-3.29)	(7.23)	(10.79)	(-9.51)	(9.25)	(6.36)	(8.81)	(-4.15)	(9.76)
Age	-0.417***	-0.016	-0.314***	-0.009	-0.324***	-0.109*	-0.262***	-0.049	0.031***	0.166***	-0.027***	0.062*	0.108***	0.092**
	(-5.29)	(-0.69)	(-2.86)	(-0.60)	(-3.31)	(-1.88)	(-2.81)	(-1.64)	(3.83)	(4.32)	(-3.86)	(1.67)	(4.69)	(2.49)
$Capd$	-0.148***	-0.005***	-0.159***	0.002***	-0.141***	-0.016***	-0.150***	-0.173***	-0.003***	-0.183***	0.002***	-0.179***	-0.011***	-0.177***
	(-33.88)	(-4.65)	(-30.03)	(3.17)	(-31.62)	(-6.01)	(-34.46)	(-62.28)	(-4.19)	(-57.35)	(3.66)	(-60.50)	(-6.11)	(-60.04)
$Rese$	-0.038***	0.003***	-0.050***	0.005***	-0.041***	0.001	-0.042***	-0.003***	-0.001***	-0.004***	0.002***	-0.004***	-0.002***	-0.003***
	(-7.10)	(2.91)	(-8.56)	(6.69)	(-8.03)	(0.22)	(-8.15)	(-3.15)	(-6.22)	(-3.47)	(12.15)	(-4.28)	(-3.81)	(-2.78)
$Lern$	0.974***	-0.014	0.819***	0.034***	0.836***	-0.126***	0.845***	0.839***	-0.000	0.867***	0.051***	0.784***	-0.037*	0.818***
	(14.41)	(-0.92)	(11.01)	(3.34)	(12.34)	(-3.04)	(12.58)	(25.33)	(-0.04)	(24.90)	(8.00)	(23.27)	(-1.75)	(24.32)
SA	-0.314***	-0.030	0.148	0.019	0.064	0.187***	0.237**	-0.932***	0.044***	-0.528***	-0.037***	-0.891***	0.084**	-0.752***
	(-3.47)	(-1.20)	(1.23)	(1.20)	(0.63)	(2.99)	(2.34)	(-19.94)	(3.69)	(-9.34)	(-3.61)	(-16.43)	(2.54)	(-14.10)

续表

变量	劳动密集型企业							资本密集型企业						
	总效应	机制:dut1		机制:dut2		机制:dut3		总效应	机制:dut1		机制:dut2		机制:dut3	
	(1)	(2)	(3)	(4)	(5)	(6)	(7)	(8)	(9)	(10)	(11)	(12)	(13)	(14)
	TFP	dut1	TFP	dut2	TFP	dut3	TFP	TFP	dut1	TFP	dut2	TFP	dut3	TFP
Loan	0.854*** (15.57)	0.033*** (2.71)	0.682*** (11.39)	-0.025*** (-2.90)	0.738*** (12.75)	0.156*** (4.45)	0.795*** (13.99)	0.410*** (16.55)	0.022*** (3.91)	0.472*** (17.71)	-0.014*** (-2.69)	0.430*** (16.18)	0.104*** (6.30)	0.460*** (17.38)
Region1	-0.590** (-2.00)	0.039 (0.58)	-0.560* (-1.71)	0.096** (2.19)	-0.306 (-1.05)	-0.013 (-0.07)	-0.492* (-1.74)	0.066 (0.51)	-0.063** (-2.11)	0.075 (0.53)	-0.028 (-1.12)	0.024 (0.19)	-0.133* (-1.65)	0.021 (0.16)
Region2	-0.004 (-0.36)	-0.002 (-0.89)	0.001 (0.12)	0.003* (1.77)	0.001 (0.12)	0.000 (0.07)	-0.003 (-0.29)	-0.007 (-1.40)	0.000 (0.48)	-0.005 (-1.16)	0.000 (0.11)	-0.003 (-0.69)	0.003 (0.86)	-0.005 (-1.14)
indu1	0.052 (0.51)	0.026 (1.12)	0.128 (1.12)	0.019 (1.19)	0.031 (0.29)	0.120* (1.81)	0.086 (0.80)	0.357*** (5.09)	-0.040** (-2.64)	0.367*** (5.14)	0.035** (2.49)	0.318*** (4.37)	-0.065 (-1.45)	0.382*** (5.30)
indu2	0.373*** (10.13)	-0.009 (-1.02)	0.204*** (4.93)	-0.006 (-0.94)	0.383*** (9.51)	0.026 (1.09)	0.382*** (9.75)	0.509*** (16.01)	-0.019*** (-2.67)	0.424*** (12.67)	0.032*** (4.90)	0.469*** (13.79)	-0.116*** (-5.70)	0.508*** (15.46)
Cons	3.226*** (8.57)	0.334*** (3.31)	5.100*** (10.33)	0.184*** (2.80)	4.283*** (9.78)	1.729*** (6.54)	5.048*** (11.75)	0.221 (1.25)	0.539*** (11.82)	1.195*** (5.50)	0.075* (1.91)	-0.111 (-0.53)	1.234*** (9.70)	0.524*** (2.55)
中介效应1		0.015		0.001		0.013			0.011		0.006		0.005	
Sobel 检验		3.02***		0.14		3.16***			7.36***		5.39***		3.94***	

续表

变量	劳动密集型企业							资本密集型企业						
	总效应	机制:du1		机制:du2		机制:du3		总效应	机制:du1		机制:du2		机制:du3	
	(1)	(2)	(3)	(4)	(5)	(6)	(7)	(8)	(9)	(10)	(11)	(12)	(13)	(14)
	TFP	$du1$	TFP	$du2$	TFP	$du3$	TFP	TFP	$du1$	TFP	$du2$	TFP	$du3$	TFP
中介效应2		0.017		0.002		0.012			0.012		0.006		0.05	
置信区间		[0.0022,0.0309]		[-0.0043,0.0067]		[0.0079,0.0182]			[0.0093,0.0151]		[0.0030,0.0176]		[0.0022,0.0098]	
Obs	5506	3752	3752	4781	4781	5068	5068	17158	14106	14106	15903	15903	16125	16125
调整后 R^2	0.682	0.256	0.713	0.228	0.688	0.242	0.693	0.766	0.358	0.773	0.351	0.754	0.432	0.751

注:(1)括号内数值为 t 值;(2) ***、**、* 分别表示在 1%、5%、10% 水平下显著;(3)中介效应 1 为逐步回归法求出的中介效应,中介效应 2 为 Bootstrap 方法求出的中介效应,置信区间是 1000 次迭代代求出的中介效应的置信区间。

资料来源:国泰安数据库和 WIND 数据库。

著,说明劳动密集型企业通过降低其他人员占比,进而促进全要素生产率。第二,以资本密集型企业为例。列(13)和列(14)得出,核心解释变量 D_{it} 和机制变量 $dut3$ 的系数均在1%的水平上显著,说明数字化转型不仅降低资本密集型企业其他人员占比,也能提升全要素生产率,而其他人员占比的下降也会改善企业全要素生产率。中介效应为 0.005,Sobel 检验在1%的水平上显著为3.94,Bootstrap 求出的置信区间不包含0,说明资本密集型企业中介效应是显著存在的。

(二)教育结构的异质性分析(见表3-15)

高等教育人员占比。第一,以劳动密集型企业为例。列(1)双重差分项 D_{it} 的系数为-0.020,但不显著,而列(2)数字化转型 D_{it} 和机制变量 $edu1$ 的系数均在1%的水平上显著为正,说明数字化转型和提高高等教育人员占比都能提升劳动密集型企业全要素生产率。中介效应虽然为正,即 0.004,但 Sobel 检验为1.05,不显著,说明劳动密集型企业高等教育人员占比的中介效应不显著。第二,以资本密集型企业为例,列(7)和列(8)核心解释变量 D_{it} 和机制变量 $edu1$ 的系数均在1%的水平上显著为正,中介效应为 0.008,Sobel 检验在1%的水平上显著(6.17)。

中等教育人员占比。第一,以劳动密集型企业为例。列(3)数字化转型对中等教育人员占比影响不显著,但列(4)核心解释变量和机制变量的系数在1%的水平上显著,中介效应为 0.006,Sobel 检验为1.25。第二,以资本密集型企业为例。列(9)和列(10)可知,数字化转型 D_{it} 与中等教育人员占比 $edu2$ 的系数均在1%的水平上显著,中介效应为 0.010,Sobel 检验为7.09。

低等教育人员占比。第一,以劳动密集型企业为例。列(5)核心解释变量系数不显著,列(6)数字化转型和机制变量的参数估计均在1%的水平上显著,中介效应虽然为正,但不显著。第二,以资本密集型企业为例。列(11)和列(12)相关核心解释变量和低等教育人员占比的系数均在1%的水平上显

表3-15　要素密集度下教育结构的机制效应分析

变量	劳动密集型企业						资本密集型企业					
	机制:edu1		机制:edu2		机制:edu3		机制:edu1		机制:edu2		机制:edu3	
	(1)	(2)	(3)	(4)	(5)	(6)	(7)	(8)	(9)	(10)	(11)	(12)
	edu1	TFP	edu2	TFP	edu3	TFP	edu1	TFP	edu2	TFP	edu3	TFP
机制变量		0.204***		-0.485***		-0.536***		0.111***		-0.275***		-0.284***
		(9.90)		(-12.53)		(-11.17)		(10.66)		(-13.29)		(-11.92)
D_{it}	-0.020	0.159***	-0.012	0.138***	-0.010	0.138***	0.070***	0.102***	-0.038***	0.095***	-0.031***	0.097***
	(-1.06)	(6.85)	(-1.26)	(6.08)	(-1.28)	(6.08)	(7.57)	(9.67)	(-8.39)	(9.14)	(-7.76)	(9.30)
Age	-0.055	-0.260***	0.026	-0.216**	0.040	-0.207**	-0.165***	0.128***	0.075***	0.137***	0.069***	0.136***
	(-0.71)	(-2.67)	(0.64)	(-2.26)	(1.21)	(-2.16)	(-4.95)	(3.38)	(4.48)	(3.62)	(4.78)	(3.59)
Capd	0.022***	-0.155***	-0.006***	-0.152***	-0.005***	-0.152***	0.010***	-0.178***	-0.005***	-0.179***	-0.004***	-0.178***
	(5.81)	(-32.74)	(-3.18)	(-32.67)	(-3.30)	(-32.48)	(3.65)	(-58.76)	(-3.90)	(-59.02)	(-3.12)	(-58.82)
Rese	0.001	-0.054***	0.004	-0.051***	0.002	-0.052***	0.009***	-0.003**	-0.003***	-0.002**	-0.003***	-0.002**
	(0.14)	(-9.49)	(1.59)	(-9.24)	(1.22)	(-9.31)	(10.29)	(-2.44)	(-6.94)	(-2.23)	(-6.79)	(-2.12)
Lern	0.194***	0.850***	-0.051*	0.875***	-0.028	0.885***	0.065**	0.855***	-0.006	0.855***	0.001	0.857***
	(3.48)	(12.21)	(-1.76)	(12.80)	(-1.20)	(12.89)	(2.17)	(24.99)	(-0.39)	(24.98)	(0.09)	(25.01)
SA	0.116	0.277***	-0.048	0.301***	-0.058	0.293***	-0.172***	-0.635***	0.071***	-0.633***	0.034	-0.643***
	(1.36)	(2.61)	(-1.05)	(2.81)	(-1.56)	(2.73)	(-3.56)	(-11.52)	(2.95)	(-11.50)	(1.59)	(-11.67)

变量	劳动密集型企业						资本密集型企业					
	机制:edu1		机制:edu2		机制:edu3		机制:edu1		机制:edu2		机制:edu3	
	(1)	(2)	(3)	(4)	(5)	(6)	(7)	(8)	(9)	(10)	(11)	(12)
	edu1	TFP	edu2	TFP	edu3	TFP	edu1	TFP	edu2	TFP	edu3	TFP
Loan	-0.046	0.641***	0.049**	0.689***	0.031	0.682***	-0.126***	0.476***	0.039***	0.469***	0.017*	0.463***
	(-1.00)	(11.26)	(2.05)	(12.26)	(1.62)	(12.09)	(-5.45)	(17.97)	(3.39)	(17.77)	(1.70)	(17.52)
Region1	0.731***	-0.633**	-0.276**	-0.533*	-0.302***	-0.561*	-0.309**	0.072	-0.016	0.023	0.039	0.039
	(3.05)	(-2.12)	(-2.21)	(-1.82)	(-2.98)	(-1.90)	(-2.57)	(0.53)	(-0.27)	(0.17)	(0.75)	(0.28)
Region2	0.003	0.008	0.005	0.010	0.005	0.010	-0.006	-0.006	0.001	-0.005	0.000	-0.005
	(0.29)	(0.71)	(1.08)	(0.96)	(1.38)	(0.99)	(-1.36)	(-1.20)	(0.24)	(-1.12)	(0.16)	(-1.13)
indu1	-0.073	0.144	0.006	0.147	-0.005	0.142	0.102	0.373***	-0.081***	0.373***	-0.061**	0.377***
	(-0.85)	(1.35)	(0.13)	(1.41)	(-0.14)	(1.35)	(1.64)	(5.24)	(-2.59)	(5.25)	(-2.25)	(5.31)
indu2	0.053*	0.291***	0.007	0.296***	0.003	0.294***	0.068**	0.477***	-0.022	0.483***	-0.002	0.489***
	(1.71)	(7.52)	(0.46)	(7.79)	(0.22)	(7.70)	(2.39)	(14.65)	(-1.55)	(14.88)	(-0.15)	(15.04)
Cons	1.145***	4.839***	0.359*	5.208***	0.098	5.086***	0.495**	0.789***	0.834***	0.822***	0.434***	0.716***
	(3.20)	(10.85)	(1.90)	(11.74)	(0.64)	(11.42)	(2.14)	(2.99)	(8.98)	(3.88)	(5.36)	(3.38)
中介效应1	0.004		0.006		0.005		0.008		0.010		0.009	
Sobel 检验	1.05		1.25		1.27		6.17***		7.09***		6.50***	

167

续表

变量	劳动密集型企业						资本密集型企业					
	机制:edu1		机制:edu2		机制:edu3		机制:edu1		机制:edu2		机制:edu3	
	(1)	(2)	(3)	(4)	(5)	(6)	(7)	(8)	(9)	(10)	(11)	(12)
	edu1	TFP	edu2	TFP	edu3	TFP	edu1	TFP	edu2	TFP	edu3	TFP
中介效应2		0.003		0.005		0.006		0.010		0.002		0.011
置信区间	[-0.0023,0.0077]		[-0.060,0.0098]		[-0.0031,0.0105]		[0.0059,0.0214]		[0.0023,0.0279]		[0.0038,0.0192]	
Obs	5506	4428	4428	4448	4448	4448	14849	14849	14867	14867	14867	14867
调整后 R^2	0.682	0.162	0.717	0.176	0.728	0.247	0.464	0.770	0.481	0.772	0.533	0.772

注:(1)括号内数值为 t 值;(2)***、**、*分别表示在1%、5%、10%水平下显著;(3)中介效应1为逐步回归法求出的中介效应,中介效应2为 Bootstrap 方法求出的中介效应,置信区间是1000次迭代求出的中介效应的置信区间。

资料来源:国泰安数据库和 WIND 数据库。

著,中介效应为 0.009,Sobel 检验为 6.50。数字技术对低等教育人员的作用以及低等教育人员对全要素生产率的作用均小于中等教育人员。

第七节　稳健性检验

为了保证本书实证结果的有效性,本节通过平行趋势检验、安慰剂检验、使用其他变量和估计方法来检验是否得到与上文同样的结论,确保结论的稳健性。

一、平行趋势检验

双重差分模型的回归结果是否具有现实意义,主要在于数字化转型前后的平行趋势假设是否得到满足(陈国进等,2021)。[①] 因此,本书为了检验双重差分模型回归结果的可靠性,进行平行趋势检验。考虑到企业实施数字化转型是多时期的,因此,这里只分析 2010 年、2013 年和 2016 年的平行趋势检验,考虑数字化转型前后共 12 期企业全要素生产率的趋势变化情况,如图 3-3 所示。

图 a 报告的是平行趋势的结果,b_6 表示企业实施数字化转型前第 6 年,a_6 表示企业实施数字化转型后第 6 年,其他参数与此类似,current 代表数字化转型当期。由图 a 可知,以 2010 年为例,数字化转型实施前的第 1 年和第 2 年试验组与对照组全要素生产率不存在显著区别,在 0 附件波动。而在数字化转型后,试验组企业的全要素生产率得到显著的提升,且随着时间推移,全要素生产率增长明显,因此,2010 年的平行趋势检验得出数字化转型并没有受到时间趋势的影响。2013 年和 2016 年均可以得到数字化转型实施前试验组与对照组企业全要素生产率没有差别,但实施后试验组企业全要素生产率

---

① 陈国进、丁赛杰、赵向琴等:《中国绿色金融政策、融资成本与企业绿色转型——基于央行担保品政策视角》,《金融研究》2021 年第 12 期。

显著高于对照组企业,说明本书采用的 DID 方法得到的结论是有实际意义的,也是稳健的。

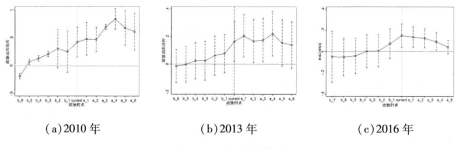

（a）2010 年　　　　　　　　（b）2013 年　　　　　　　　（c）2016 年

图 3-3　平行趋势检验

资料来源:国泰安数据库和 WIND 数据库。

二、安慰剂检验

由于数字化转型企业可能受到国家政策影响,而对实证结果产生偏差,因此,本书继续设计安慰剂检验(胡宗义等,2022)。[①] 具体设计如下:利用 Stata 软件中的随机数对所有样本企业的序号进行随机排序,生成新的企业序号,并按照原样本试验组企业个数,对随机排序后的企业重新选取试验组,并且数字化转型实施的年份也与原样本相同。对于新生成的虚拟试验组样本企业采取传统的双重差分模型进行参数估计,得到估计系数 δ_1,同时可以得到重新排序后样本回归结果的估计系数标准误和 t 值。将上述步骤重复 1000 次,每一次对样本企业进行重新排序,最终获取 1000 个重新排序后的估计系数和 t 值。采用 Stata 软件,将 1000 个系数和 t 值画成核密度曲线,与正态分布进行对比,结果如图 3-4 所示。

图 3-4 的子图(a)为参数估计系数的核密度分布曲线,子图(b)为 t 值的核密度曲线。由图 3-4 可以看出,估计系数与 t 值的核密度分布与正态分布

---

① 胡宗义、周积琨、李毅:《自贸区设立改善了大气环境状况吗?》,《中国人口·资源与环境》2022 年第 2 期。

的核密度分布非常相似,均值接近 0。因此,不可观测变量没有对本书数字化转型企业全要素生产率产生影响,即试验组和控制组企业全要素生产率的差异并非其他因素导致,估计结果是稳健的。

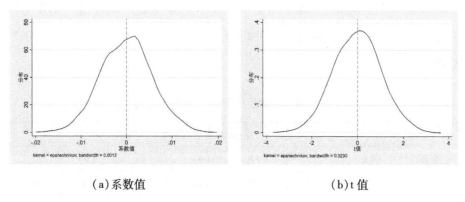

（a）系数值　　　　　　　　　　　　　（b）t 值

图 3-4　安慰剂检验

资料来源:国泰安数据库和 WIND 数据库。

三、核心变量的改变

本书首先使用 ACF 法测算企业全要素生产率,解决内生性和选择性偏误问题,为了保证实证结果的稳健性,这里采用莱文松和佩特林(Levinsohn 和 Petrin,2003)提出的 LP 法重新衡量企业全要素生产率 *TFP*1,结果如表 3-16 所示。[①] 其中,列(2)到列(7)分别加入职务结构和教育结构的机制变量,由于匹配方法没有发生改变,则双重差分项 D_{it} 对职务结构和教育结构的影响没有变化。首先,以数字化转型的系数为例。可以看出,列(1)到列(7)双重差分项 D_{it} 的系数均在 1%的水平上显著为正,说明企业数字化转型对全要素生产率产生总效应。考虑机制变量后,数字化转型也对全要素生产率产生直接效应,这也是后文分析其他机制变量的原因。其次,列(2)到列(7)中,除了列

---

① Levinsohn J., Petrin A., "Estimating Production Functions Using Inputs to Control for Unobservables", *Review of Economic Studies*, Vol.70, No.2, 2003.

（4）其他人员占比 *dut*3 的机制变量系数不显著外，其他都在 1% 的水平上显著，说明高技术人员占比 *dut*2 和高等教育人员占比 *edu*1 均会提升企业全要素生产率，而生产性人员 *dut*1、中等教育人员占比 *edu*2 和低等教育人员占比 *edu*3 均会降低全要素生产率。结合表 3-7 和表 3-8 数字化转型对职务结构和教育结构的影响，可以得出，除了其他人员占比外，所有机制变量的中介效应都是显著的。

表 3-16　稳健性检验:改变被解释变量

变量	被解释变量:*TFP*1						
	（1）	（2）	（3）	（4）	（5）	（6）	（7）
		*dut*1	*dut*2	*dut*3	*edu*1	*edu*2	*edu*3
机制变量		−0.300 ***	0.385 ***	0.065	0.132 ***	−0.299 ***	−0.268 ***
		(−10.43)	(10.57)	(0.62)	(15.91)	(−12.09)	(−14.97)
D_{it}	0.038 ***	0.114 ***	0.116 ***	0.179 ***	0.116 ***	0.114 ***	0.112 ***
	(5.76)	(11.89)	(12.34)	(8.12)	(12.28)	(12.10)	(11.98)
Age	0.077 ***	0.091 ***	−0.026	−0.162 **	0.068 **	0.052	0.063 *
	(6.57)	(2.68)	(−0.80)	(−2.01)	(2.03)	(1.57)	(1.87)
Capd	0.006 ***	−0.166 ***	−0.157 ***	−0.170 ***	−0.162 ***	−0.159 ***	−0.159 ***
	(4.92)	(−67.44)	(−69.89)	(−31.69)	(−69.65)	(−68.84)	(−68.96)
Rese	−0.007 ***	−0.008 ***	−0.008 ***	−0.009 ***	−0.008 ***	−0.007 ***	−0.007 ***
	(−10.48)	(−7.71)	(−8.93)	(−4.78)	(−7.65)	(−7.13)	(−7.59)
Lern	0.747 ***	0.966 ***	0.884 ***	0.765 ***	0.938 ***	0.943 ***	0.941 ***
	(52.21)	(32.41)	(31.04)	(12.10)	(32.47)	(32.60)	(32.59)
SA	0.239 ***	−0.206 ***	−0.443 ***	−0.412 ***	−0.237 ***	−0.263 ***	−0.264 ***
	(11.75)	(−4.49)	(−10.41)	(−4.45)	(−5.44)	(−6.08)	(−6.12)
Loan	0.142 ***	0.549 ***	0.548 ***	0.556 ***	0.545 ***	0.545 ***	0.543 ***
	(13.10)	(24.13)	(24.02)	(9.49)	(24.24)	(24.21)	(24.18)

续表

变量	被解释变量:*TFP*1						
	(1)	(2)	(3)	(4)	(5)	(6)	(7)
		*dut*1	*dut*2	*dut*3	*edu*1	*edu*2	*edu*3
*Region*1	0. 209 **	−0. 062	−0. 185	−0. 285	−0. 118	−0. 146	−0. 134
	(2. 51)	(−0. 51)	(−1. 61)	(−1. 05)	(−1. 00)	(−1. 24)	(−1. 13)
*Region*2	0. 005	0. 001	−0. 001	−0. 023	−0. 001	0. 001	0. 001
	(1. 61)	(0. 28)	(−0. 21)	(−1. 48)	(−0. 27)	(0. 01)	(0. 11)
*indu*1	−0. 039 ***	0. 220 ***	0. 158 ***	0. 001	0. 191 ***	0. 202 ***	0. 192 ***
	(−3. 67)	(4. 59)	(3. 30)	(0. 01)	(4. 03)	(4. 26)	(4. 07)
*indu*2	0. 079 ***	0. 315 ***	0. 393 ***	0. 410 ***	0. 367 ***	0. 370 ***	0. 369 ***
	(6. 38)	(13. 26)	(16. 61)	(7. 52)	(15. 90)	(16. 03)	(16. 03)
Cons	2. 509 ***	2. 481 ***	1. 743 ***	2. 738 ***	2. 197 ***	2. 344 ***	2. 322 ***
	(36. 86)	(13. 76)	(10. 30)	(7. 26)	(12. 71)	(13. 60)	(13. 51)
Obs	33016	20627	23325	5155	21846	21945	21945
调整后 R^2	0. 420	0. 749	0. 723	0. 670	0. 745	0. 745	0. 746

注:(1)括号内数值为 t 值;(2) ***、**、* 分别表示在1%、5%、10%水平下显著。
资料来源:国泰安数据库和 WIND 数据库。

　　本书将企业年报、政府采购文件和专利申请书中是否出现数字化转型关键词作为核心解释变量,采用 DID 模型分析实施数字化转型的试验组企业与未实施数字化转型的对照组企业全要素生产率是否存在显著差别。然而,不同企业数字化转型的强度有所差别,但这也是现有研究急需解决的问题,即无法有效衡量企业数字化转型的强度。因此,本书借鉴(武常岐等,2022)的方法,将企业年报、政府采购文件和专利申请书中出现的数字化转型关键词的频数进行加总,作为企业数字化转型强度的替代变量 *D*1,当作本书的核心解释变量,结果如表3-17所示。[①] 具体分析如下:第一,以职务结构为例。列(1)

---

　　① 　武常岐、张昆贤、周欣雨等:《数字化转型、竞争战略选择与企业高质量发展——基于机器学习与文本分析的证据》,《经济管理》2022 年第 4 期。

到列(7),除了列(6)数字化转型 D_{it} 的系数不显著外,其他均在1%的水平上显著。并且,只有生产性人员占比 dut1 和高技术人员占比 dut2 的中介效应显著为正,即0.0003和0.0004,虽然其他人员占比的中介效应为负,但不显著,因此,职务结构得到的结论与表3-7基本吻合。第二,以教育结构为例。列(1)到列(7)双重差分项 D_{it} 的系数全都在1%的水平上显著,且高等教育人员占比 edu1、中等教育人员占比 edu2 和低等教育人员占比 edu3 的中介效应全都为正,Sobel检验分别为7.19、5.48和6.43,均在1%的水平上显著。采用数字化转型强度 D1 后,职务结构和教育结构的正向中介效应依旧存在,这与前文结论相同,说明本书采用的核心解释变量是合理的、有效的。

表3-17　稳健性检验:改变核心解释变量

Panle A	职务结构						
	总效应	机制作用					
	(1)	(2)	(3)	(4)	(5)	(6)	(7)
	TFP	dut1	TFP	dut2	TFP	dut3	TFP
机制变量			−0.340***		0.406***		0.120
			(−13.10)		(12.72)		(1.28)
D1	0.002***	−0.001***	0.002***	0.001***	0.002***	−0.001	0.002***
	(17.92)	(−6.94)	(12.82)	(4.75)	(14.04)	(−0.20)	(7.80)
Cons	3.026***	0.453***	2.704***	0.106***	2.382***	0.143***	3.718***
	(37.55)	(11.89)	(17.74)	(3.86)	(16.68)	(2.94)	(12.01)
企业控制变量	是	是	是	是	是	是	是
地区控制变量	是	是	是	是	是	是	是
行业控制变量	是	是	是	是	是	是	是
中介效应		0.0003		0.0004		−0.0001	
Sobel 检验		6.13***		4.45***		−0.20	

续表

Panle B	教育结构						
	总效应	机制作用					
	（1）	（2）	（3）	（4）	（5）	（6）	（7）
	TFP	*edu*1	*TFP*	*edu*2	*TFP*	*edu*3	*TFP*
机制变量			0.137***		−0.320***		−0.275***
			(17.99)		(−14.78)		(−17.60)
D1	0.002***	0.001***	0.002***	−0.001***	0.002***	−0.001***	0.002***
	(17.92)	(7.84)	(12.25)	(−5.90)	(12.63)	(−6.91)	(12.44)
Cons	3.026***	1.011***	2.736***	0.397***	2.796***	0.313***	2.755***
	(37.55)	(8.41)	(18.88)	(9.37)	(19.22)	(5.36)	(18.99)
企业控制变量	是	是	是	是	是	是	是
地区控制变量	是	是	是	是	是	是	是
行业控制变量	是	是	是	是	是	是	是
中介效应		0.0001		0.0003		0.0003	
Sobel 检验		7.19***		5.48***		6.43***	

注：（1）括号内数值为 t 值；（2）***、**、* 分别表示在 1%、5%、10% 水平下显著；（3）中介效应通过逐步回归获得；（4）由于篇幅限制，这里不报告控制变量的回归结果；（5）本表控制了时间固定效应和个体固定效应。

资料来源：国泰安数据库和 WIND 数据库。

四、匹配方法的改变

前文的双重差分模型主要通过 1∶2 近邻倾向得分匹配获得对照组，使用 Logit 模型为每个数字化转型企业匹配两个最接近匹配变量的对照组为未实施数字化转型企业构造"反事实"特征。为了确保匹配方法的真实有效，本节采用 1∶1 近邻匹配，为数字化转型试验组企业寻找 1 个对照组企业，结果如表 3-18 所示。具体结果分析如下：第一，以职务结构为例。列（1）数字化转

型 D_{it} 的系数为 0.036,同样在 1% 的水平上显著,说明数字化转型提升全要素生产率,这与表 3-6 的结论相同,但系数和显著性水平均小于表 3-6,这可能是因为样本量有所减少。列(2)到列(7)双重差分项 D_{it} 的系数也均在 1% 的水平上显著,说明数字化转型对全要素生产率的直接效应显著存在,且均会对职务结构产生影响。列(3)和列(5)机制变量均显著,列(7)其他人员占比的系数不显著,但为负。生产性人员占比 $dut1$ 和高技术人员占比 $dut2$ 的中介效应分别为 0.006 和 0.003,Sobel 检验分别为 5.45 和 3.47,而其他人员占比的中介效应不显著,可能是样本量的减少导致系数显著性水平下降,正负号却没有受到影响。第二,以教育结构为例。列(2)到列(7)数字化转型的系数同样都在 1% 的水平上显著,而且,列(3)、列(5)和列(7)机制变量对全要素生产率的作用也较为显著。通过计算可知,高等教育人员占比 $edu1$、中等教育人员占比 $edu2$ 和低等教育人员占比 $edu3$ 的中介效应分别为 0.005、0.006 和 0.007,Sobel 检验均在 1% 的水平上显著,说明教育结构的中介效应是显著存在的。与表 3-7 和表 3-8 进行对比可知,采用 1∶1 近邻匹配后,中介效应和 Sobel 检验的显著性水平均有所下降,但仍保证绝大多数变量是显著的。因此,本书的匹配方法是稳健的。

表 3-18　稳健性检验:改变匹配方法

Panle A	总效应	职务结构					
		机制作用					
	（1）	（2）	（3）	（4）	（5）	（6）	（7）
	TFP	*dut*1	*TFP*	*dut*2	*TFP*	*dut*3	*TFP*
机制变量			−0.333 ***		0.360 ***		−0.063
			(−9.06)		(7.99)		(−0.48)
D_{it}	0.036 ***	−0.019 ***	0.103 ***	0.008 ***	0.106 ***	−0.009 **	0.136 ***
	(4.82)	(−6.83)	(9.50)	(3.85)	(9.96)	(−2.40)	(5.55)

续表

Panle A	职务结构						
	总效应	机制作用					
	（1）	（2）	（3）	（4）	（5）	（6）	（7）
	TFP	*dut*1	*TFP*	*dut*2	*TFP*	*dut*3	*TFP*
Cons	2.731***	0.595***	2.276***	0.087**	1.284***	0.060	2.119***
	（33.03）	（9.91）	（9.85）	（2.09）	（6.05）	（0.88）	（4.66）
企业控制变量	是	是	是	是	是	是	是
地区控制变量	是	是	是	是	是	是	是
行业控制变量	是	是	是	是	是	是	是
中介效应		0.006		0.003		0.001	
Sobel 检验		5.45***		3.47***		0.47	
Panle B	教育结构						
	总效应	机制作用					
	（1）	（2）	（3）	（4）	（5）	（6）	（7）
	TFP	*dut*1	*TFP*	*dut*2	*TFP*	*dut*3	*TFP*
机制变量			0.124***		−0.340***		−0.313***
			（12.85）		（−10.62）		（−13.38）
D_{ii}	0.036***	0.039***	0.105***	−0.017***	0.100***	−0.022***	0.099***
	（4.82）	（3.81）	（9.86）	（−5.48）	（9.49）	（−5.41）	（9.39）
Cons	2.731***	0.700***	1.859***	0.494***	1.999***	0.445***	1.970***
	（33.03）	（3.33）	（8.47）	（7.88）	（9.16）	（5.20）	（9.07）
企业控制变量	是	是	是	是	是	是	是
地区控制变量	是	是	是	是	是	是	是
行业控制变量	是	是	是	是	是	是	是
中介效应		0.005		0.006		0.007	
Sobel 检验		3.65***		4.87***		5.02***	

注：（1）括号内数值为 t 值；（2）***、**、*分别表示在1%、5%、10%水平下显著；（3）中介效应通过逐步回归获得；（4）由于篇幅限制，这里不报告控制变量的回归结果。

资料来源：国泰安数据库和 WIND 数据库。

五、合成 DID 的回归结果分析

本书参照阿尔汉格尔斯基等（Arkhangelsky 等,2021）、福克斯和斯韦林根（Fox 和 Swearingen,2021）等学者的研究,采用合成控制—双重差分模型（Synthetic Difference in Differences,SDID）验证企业数字化转型对全要素生产率、职务结构和教育结构的作用,具体如图 3-5、图 3-6 和图 3-7 所示。①② 由于职务结构和教育结构数据受限,2018 年后的数据过少,且本书职务结构和教育结构相关变量过多。因此,这里只报告全要素生产率 2007—2018 年、高技术人员占比和高等教育人员占比 2011—2018 年的合成控制 DID 结果分析。

首先,以全要素生产率（TFP）为例。图 3-5 中,子图（a）和子图（b）数字化转型前试验组企业与对照组企业全要素生产率的差距大于数字化转型后。2009 年、2010 年、2011 年、2014 年和 2015 年, 数字化转型前试验组与对照组

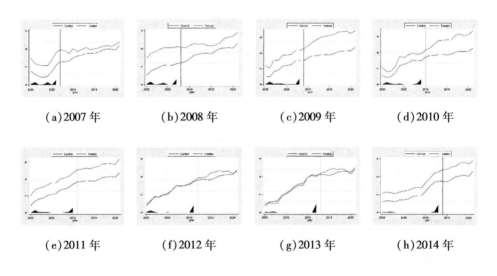

(a) 2007 年   (b) 2008 年   (c) 2009 年   (d) 2010 年

(e) 2011 年   (f) 2012 年   (g) 2013 年   (h) 2014 年

---

① Arkhangelsky D., Athey S., Hirshberg D. A., "Synthetic Difference-in-Differences", *American Economic Review*, Vol.111, No.12, 2021.

② Fox H. K., Swearingen T. C., "Using a Difference-in-differences and Synthetic Control Approach to Investigate the Socioeconomic Impacts of Oregon's Marine Reserves", *Ocean & Coastal Management*, Vol.215, 2021.

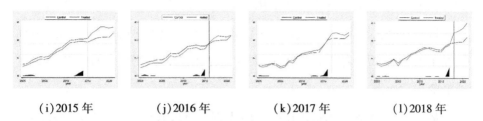

（i）2015 年　　　　（j）2016 年　　　　（k）2017 年　　　　（l）2018 年

图 3-5　合成控制 DID 结果分析：以全要素生产率为例

资料来源：国泰安数据库和 WIND 数据库。

企业全要素生产率差距为正，而数字化转型后这个差距显著扩大。2012 年、2013 年、2016 年、2017 年和 2018 年，数字化转型前试验组企业与对照组企业的全要素生产率差值为负，但数字化转型后，试验组与对照组全要素生产率差值变为正值，且不断扩大。以上结论均说明，数字化转型后试验组企业的全要素生产率的确显著高于对照组，即数字化转型促进全要素生产率的提升。

其次，以高技术人员占比（dut2）为例，如图 3-6 所示。2011—2018 年数字化转型前试验组高技术人员占比与对照组的差额明显小于数字化转型后，并且数字化转型后，试验组企业与对照组企业高技术人员占比的差值不断扩

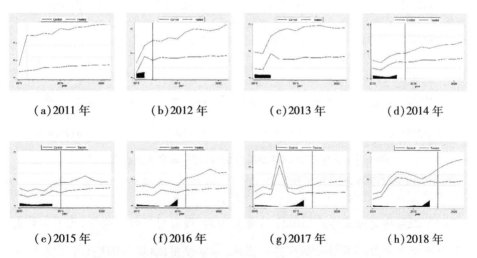

（a）2011 年　　　　（b）2012 年　　　　（c）2013 年　　　　（d）2014 年

（e）2015 年　　　　（f）2016 年　　　　（g）2017 年　　　　（h）2018 年

图 3-6　合成控制 DID 结果分析：以高技术人员占比为例

资料来源：国泰安数据库和 WIND 数据库。

大。以上结论说明,企业进行数字化转型后,对高技术人员的需求增加显著大于未进行数字化转型的企业,即数字化转型提升了企业对高技术人员的雇佣,高技术人员的增加,结合人工智能、大数据、区块链等数字技术的应用,实现了企业的高效生产。

最后,以高等教育人员占比(*edu*1)为例。可以看出,图3-7中,2011年、2013年和2014年数字化转型前试验组企业与对照组企业高等教育人员占比的差值和数字化转型后试验组企业与对照组企业的差值相差不大。但是,其他年份数字化转型后试验组企业与对照组企业高等教育人员占比的差值显著大于数字化转型前,并且,这种差距不断扩大。以上结论说明,企业数字化转型后,为了能适应新的技术,提升企业生产和管理,会增加对高等学历人群的需求。

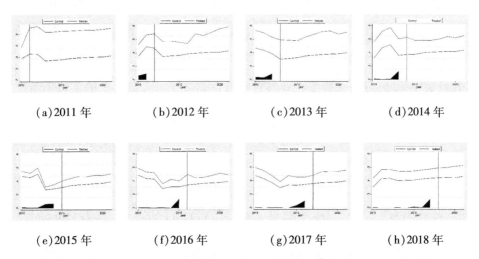

(a)2011年　　　　(b)2012年　　　　(c)2013年　　　　(d)2014年

(e)2015年　　　　(f)2016年　　　　(g)2017年　　　　(h)2018年

图3-7　合成控制DID结果分析:以高等教育人员占比为例

资料来源:国泰安数据库和WIND数据库。

员工结构是企业生产过程中的重要因素,而在经济学理论中,员工总数也是企业生产函数中最核心的变量。因此,本章使用2000—2021年中国A股非金融类上市企业数据,在企业年报、政府采购文件和专利申请书中,采用数据爬虫方法搜索数字化转型关键词,将数字化转型某一大类关键词出现的次数大于 5 次的企业作为试验组,依据倾向得分匹配方法为数字化转型企业寻找对照组,利用双重差分模型分析数字化转型对企业全要素生产率的影响,以及职务结构和教育结构等员工结构的机制作用。

　　研究结果表明:(1)数字化转型提升了我国上市企业全要素生产率,并能通过提升高技术人员占比和高等教育人员占比,降低生产性人员占比、其他人员占比、中等教育人员占比和低等教育人员占比,进而改善全要素生产率。数字化转型也对企业全要素生产率、职务结构和教育结构产生滞后性和动态性影响,滞后作用随时间推移不断减弱。(2)就不同地区企业而言,东部地区数字化转型对全要素生产率的总效应大于中西部地区,并且东部地区通过职务结构和教育结构促进全要素生产率的正向中介效用显著高于中西部地区。(3)就所有权结构而言,国有企业数字化转型对全要素生产率的正向作用小于非国有企业,国有企业数字化转型通过其他人员占比影响全要素生产率的作用不显著,且非国有企业通过职务结构和教育结构对全要素生产率的正向中介效应显著高于国有企业。(4)就不同要素密集度而言,数字化转型对劳动密集型企业全要素生产率的总效应高于资本密集型企业,但劳动密集型企业数字化转型通过高技术人员占比和教育结构对全要素生产率的中介效应不显著,而且资本密集型企业数字化转型通过职务结构和教育结构对全要素生产率的正向中介效应显著高于劳动密集型企业。

第四章　管理结构视角下数字化转型对企业全要素生产率的实证分析

第三章主要分析了企业数字化转型如何影响员工结构,进而作用于全要素生产率。而管理人员决定了企业生产、销售、采购等各环节的决策行为,并且企业是否进行数字化转型以及企业如何进行数字化转型都受到管理人员的影响。因此,本章将管理结构作为机制变量,以中国 A 股非金融类上市企业的面板数据为例,同样采用第三章的倾向得分匹配和双重差分模型,分析企业数字化转型如何通过管理结构影响全要素生产率。本章将管理结构分为管理人员结构、董监高薪酬和治理结构,其中,管理人员结构包括女性管理人员占比和管理人员平均年龄,董监高薪酬包括董事薪酬、监事层薪酬和高级管理人员薪酬,治理结构包括两权分离率和董事网络中心度,采用中介模型分析不同管理结构的机制作用,并检验地区异质性、所有权结构异质性和要素密集度异质性的差异化影响。

第一节　问题提出

一、管理人员结构视角下数字化转型与企业全要素生产率

首先,以数字化转型通过女性管理人员影响全要素生产率为例。部分学者发现,女性管理人员或员工在企业团队中正发挥着越来越重要的作用,主要

体现在思维模式和行动风格方面(张昆贤和陈晓蓉,2021):①(1)女性管理人员具有人文关怀意识。男性管理人员多以企业目标为方向,喜好与其他企业或企业内部的竞争;而女性管理人员更加注重合作和分享,通过培养企业内部网络人员间的网络关系,降低企业员工和管理人员之间的矛盾,提升企业全要素生产率。而数字技术为管理人员和员工提供多维的工具,女性管理人员使用数字化工具增加与其他管理人员和员工的沟通,降低企业交易成本(李银香等,2022);②(2)女性管理人员在性格、体力和工作投入等方面与男性管理人员有着显著区别。相比风险偏好更强、思维敏捷的男性管理人员,女性管理人员则更加偏重于保守的行为,属于风险规避型。并且,传统的女性在生活中还要平衡工作和家庭之间的矛盾,需要照顾子女、父母,扮演妻子的角色,这让传统女性管理人员的工作投入大打折扣,阻碍女性管理人员进行有效的决策行为。而且,企业管理人员要与其他企业、地方政府进行合作沟通,这需要管理人员经常去外地出差,女性身体、体力和多角色的特点限制她们的行为(陈等,2018;伦蕊和陈亚婷,2024)。③④ 但数字技术能够让女性管理人员通过线上交流降低生活和体力上的束缚,其善于沟通的能力更有利于与其他企业的交流。家庭的智能化设备、监控设备、智能手机等数字化设施也可以让女性管理人员远程关注和照顾家庭,促进全要素生产率的提升(曾萍和邬绮虹,2012;Dohse 等,2019)。⑤⑥ 张万里和宣旸(2020)也指出,企业内部女性员工

①　张昆贤、陈晓蓉:《谁在推动数字化?——一项基于高阶理论和烙印理论视角的经验研究》,《经济与管理研究》2021 年第 10 期。

②　李银香、沈康杰、朱哲:《高管特征与企业绩效:综述与展望》,《会计之友》2022 年第 7 期。

③　Chen J.,Leung W.S.,Evans K.P.,"Female Board Representation,Corporate Innovation and Firm Performance",*Journal of Empirical Finance*,Vol.48,2018.

④　伦蕊、陈亚婷:《数字经济背景下的就业性别平等——现状、挑战与应对策略》,《人口与经济》2024 年第 2 期。

⑤　曾萍、邬绮虹:《女性参与高管团队对企业绩效的影响:回顾与展望》,《经济管理》2012 年第 1 期。

⑥　Dohse D.,Goel R.K.,Nelson M.A.,"Female Owners Versus Female Managers:Who is Better at Introducing Innovations?",*The Journal of Technology Transfer*,Vol.44,No.2,2019.

和管理人员与男性合作会创造更高的生产效率,而且企业高管团队中拥有部分女性管理人员后,可以调整管理人员性别结构,形成良好的创新和生产行为,推动创新和全要素生产率提升(曾萍和邬绮虹,2012)。[1][2] 因此,企业数字化转型增加女性管理人员需求,而女性独特的思维能力和工作方式也将促进全要素生产率的提升。

其次,以数字化转型通过管理人员平均年龄影响全要素生产率为例。(1)数字化转型降低管理人员平均年龄。管理人员年龄越高,具备的各类经验就越丰富。杨林等(2020)指出,管理人员的职能经验、共享管理经验和行业经验越丰富,越愿意进行战略调整,适应社会发展,进行数字化转型。[3] 然而,数字技术也会造成数字鸿沟现象。陈彦斌等(2019)指出,数字技术降低生产过程中对劳动力的依赖,60岁及以上人群对新技术的适应能力差,这部分员工和管理人员将面临失业风险。[4] (2)企业管理人员平均年龄越低,越有利于全要素生产率的提升。企业管理人员结构均衡,则更能适应数字化时代潮流,搭乘科技和金融服务的快车,提升全要素生产率(李秀萍等,2022)。[5] 依据信息—决策理论,企业拥有不同年龄段的管理人员,更容易形成广泛的视角和技能,结合数字技术,使用新思路解决和处理问题,有助于提升创新水平和全要素生产率(王治和谭欢,2023)。[6] 因此,我国企业数字化转型通过降低管理人员平均年龄,实现不同年龄段管理人员的交流,有助于解决企业问题,

---

① 张万里、宣旸:《产业智能化对产业结构升级的空间溢出效应——劳动力结构和收入分配不平等的调节作用》,《经济管理》2020年第10期。

② 曾萍、邬绮虹:《女性高管参与对企业技术创新的影响——基于创业板企业的实证研究》,《科学学研究》2012年第5期。

③ 杨林、和欣、顾红芳:《高管团队经验、动态能力与企业战略突变:管理自主权的调节效应》,《管理世界》2020年第6期。

④ 陈彦斌、林晨、陈小亮:《人工智能、老龄化与经济增长》,《经济研究》2019年第7期。

⑤ 李秀萍、付兵涛、郭进:《数字金融、高管团队异质性与企业创新》,《统计与决策》2022年第7期。

⑥ 王治、谭欢:《董事会断裂带对企业高质量发展的影响研究》,《中国软科学》2023年第5期。

进而促进全要素生产率的提升。

最后,不同地区和不同要素密集型企业劳动力结构、资本结构存在显著差异,对数字技术的适应能力也不同。(1)以不同地区为例。我国东部地区拥有先进的技术、高技能人才、外商直接投资等先天优势,而中西部地区年轻的高技术人才更愿意转移到东部地区,导致我国东部地区和中西部地区面临的外部环境表现出显著的差异。并且,随着国家倡导教育平等,家庭对子女教育的理念正发生改变,女性的学历和技能水平不断提升(方颖等,2021)。[①] 我国东部地区基础设施发展优于中西部地区,中西部地区管理人员跨地区交流与合作面临的流动成本高于东部地区,导致东部地区对包括女性管理人员在内的管理人员需求更高。并且,东部地区年轻的高技能劳动力更为丰富,技能水平显著高于中西部地区,导致东部地区企业雇佣更多年轻的高学历管理人员,进而提升全要素生产率。(2)以不同要素密集度为例。资本密集型企业技术水平、资金充裕度和员工技能均高于劳动密集型企业,导致资本密集型企业数字化转型遇到的瓶颈小于劳动密集型企业。资本密集型企业则更愿意雇佣女性管理人员和年轻的管理人员来适应数字技术,进行数字化转型相关决策的制定,其高技能人才和充裕的资金能够为女性管理人员和年轻管理人员提供便利,更有利于女性管理人员和年轻管理人员发挥优势,进行创造性思维工作,解决企业问题,通过数字技术与其他管理人员和员工及时有效沟通,共同促进全要素生产率的提升。

基于以上分析,本书提出假设 7 和假设 8:

假设 7:数字化转型通过提升女性管理人员占比和降低管理人员平均年龄,促进企业全要素生产率的提升,即提升女性管理人员占比和降低管理人员平均年龄具有正向中介效应。

假设 8:相对于中西部地区和劳动密集型企业,东部地区和资本密集型企业

　　[①]　方颖、蓝嘉俊、杨阳:《性别身份认同对女性劳动力供给和家庭收入结构的影响——教育与城乡差异的视角》,《经济学(季刊)》2021 年第 5 期。

数字化转型通过管理人员结构促进全要素生产率的正向中介效应更为显著。

二、董监高薪酬视角下数字化转型与企业全要素生产率

委托—代理理论指出,委托人和代理人追求的目标存在差异,委托人是企业剩余价值的拥有者,以实现企业价值最大化为目标,而代理人是企业的管理者,以薪酬、福利等作为自身目标(魏益华和周雯,2023)。[①] 当企业面临新技术等方面的不确定行为时,过高的风险影响管理人员的职业生涯和薪酬,需要委托人提高代理人薪酬,激励代理人进行有益于企业长期发展的战略(Gray和 Cannella,1997)。[②] 董监高薪酬影响数字化转型与全要素生产率之间的中介效应主要从以下几点分析:(1)企业数字化转型后需要董监高进行数字化相关的决策行为。数字化转型是将人工智能、大数据、云计算、区块链、深度学习等数字技术运用到企业原材料购买、生产、销售、管理、研发和售后等各流程,实现企业的数字化、智能化、信息化和自动化(Brynjolfsson 和 Collis,2019)[③]。在数字化转型前,企业已构建完善的管理体系,如若进行数字化转型,企业的管理体系势必要发生改变,此时如果管理人员的薪酬没有发生变化,则管理人员就没有动力进行数字化相关决策。数字化设备的应用需要高技能人才、维护型员工等,并且数字化设备购买的数量和企业内员工学习数字技术都需要管理人员来安排和调整(刘淑春等,2021)。[④] 因此,企业在进行数字化转型后,需要提高董监高等管理人员的薪酬,激励他们进行数字化相关的变革,让数字技术和设备高效融入企业各个流程中,实现全要素生产率的提

---

① 魏益华、周雯:《委托代理框架下国有资本经营管理增效研究》,《吉林大学社会科学学报》2023 年第 6 期。

② Gray S.R.,Cannella A.A.,"The Role of Risk in Executive Compensation", *Journal of Management*,Vol.23,No.4,1997.

③ Brynjolfsson E.,Collis A.,"How Should We Measure the Digital Economy?",*Harvard Business Review*,Vol.97,No.6,2019.

④ 刘淑春、闫津臣、张思雪等:《企业管理数字化变革能提升投入产出效率吗》,《管理世界》2021 年第 5 期。

升。(2)数字化转型让企业有能力改善信息不对称,提高企业治理能力。祁怀锦等(2020)指出,数字技术拓宽企业搜集信息的深度和广度,企业通过大数据和人工智能算法从搜索网站或 APP 中获得消费者消费偏好、消费记录和评论数据,进行用户画像分析,准确获得不同地区、不同群体对企业产品的消费差异。① 企业还能通过物联网设备获得生产要素和资料的空间位置、成本和流动信息,实现物品的识别、定位和追踪,降低物品的流动成本。数字技术让企业和管理人员的数据分析从简单抽样变成总体分析、从因果关系变为相关分析、从报表分析变为数据挖掘和智能处理,从而为管理人员提供更有效的信息(Manso,2017;齐艳平,2023)。②③ 而区块链技术让企业业务流程中员工和管理人员日趋公开透明。企业进行数字化转型后,企业拥有者能更加迅速掌握管理人员的日常决策行为,降低代理人和委托人之间由于目标不一致导致的信息不对称,有利于股东将资金用于提高董监高等管理人员的薪酬,激励他们进行数字化相关的决策制定和实施,进而提升全要素生产率。

然而,我国国有企业用工制度和薪酬制度较为特殊,相比非国有企业,面临的竞争压力较小。并且,东部地区的工资水平显著高于中西部地区,这也是中西部高技能人才、管理人员转移到东部的原因。因此,不同所有权结构和不同地区企业数字化转型通过董监高薪酬对全要素生产率的影响存在差异性。(1)以所有权结构为例。郭雪萌等(2019)指出,相比国有企业,非国有企业拥有更高的薪酬自主制定权,只要企业确定了管理人员的业绩目标,配合高薪酬就能激励管理人员为企业价值最大化而进行相关决策制定和实施。④ 非国有

---

① 祁怀锦、曹修琴、刘艳霞:《数字经济对企业治理的影响——基于信息不对称和管理者非理性行为视角》,《改革》2020 年第 4 期。

② Manso G., "Creating Incentives for Innovation", *California Management Review*, Vol.60, No.1, 2017.

③ 齐艳平:《推进我国国有企业数字化转型的新型数字基础设施一体化平台架构设计》,《科技管理研究》2023 年第 16 期。

④ 郭雪萌、梁彭、解子睿:《高管薪酬激励、资本结构动态调整与企业绩效》,《山西财经大学学报》2019 年第 4 期。

企业管理人员的职务由创办者和家庭成员担任,管理人员和企业所有人目标一致,薪酬机制更符合市场化,需承担投资失误的后果,对于数字化转型更加谨慎,更有利于提升全要素生产率(王海等,2023)。[①] (2)以不同地区为例。众所周知,东部地区企业生产率较高,获利空间大,因此,员工和管理人员的平均薪酬高于中西部地区(Xin等,2019)。[②] 并且,东部地区数字基础设施发展优于中西部地区,与数字化配套的设施、人才、资金和政府政策等更加完善,这使得东部地区企业更偏向于进行数字化转型,学习先进的理念和技术,建立比较优势,更好地与国内外企业进行竞争(Li等,2021)。[③] 而东部地区企业生产率高、利润多等特点,使其在进行数字化转型后,能够为数字化相关的高技能人才、管理人员提供更多的薪酬和支持,加速企业数字化转型,实现企业的数字化、智能化、信息化和自动化生产、配送、销售等,缩短员工生产时间,减少行政与管理成本和时间,提高企业整体的全要素生产率。

基于以上分析,本书提出假设9和假设10:

假设9:数字化转型通过提高董事薪酬、监事层薪酬和高级管理人员薪酬,进而促进全要素生产率的提升。

假设10:相对于中西部地区和国有企业,东部地区和非国有企业数字化转型更能通过提高董监高薪酬,进而提升全要素生产率。

三、治理结构视角下数字化转型与企业全要素生产率

首先,以两权分离率为例。刘汉民和韩彬(2022)指出,早期的企业股东所有权与控制权发生偏离,中小投资者失去企业决策的话语权,企业成为经营

---

① 王海、郭冠宇、尹俊雅:《数字化转型如何赋能企业绿色创新发展》,《经济学动态》2023年第12期。

② Xin Q.Q., Bao A.Z., Hu F., "West Meets East: Understanding Managerial Incentives in Chinese SOEs", *China Journal of Accounting Research*, Vol.12, No.2, 2019.

③ Li Y., Yang X.D., Ran Q.Y., "Energy Structure, Digital Economy, and Carbon Emissions: Evidence from China", *Environmental Science and Pollution Research*, Vol.28, No.45, 2021.

者的私人物品。[①] 王晓燕等（2024）也指出，当所有权和控制权分离，实际控制人对企业进行转移资产等行为所获得的私人收益会超过通过现金流所得到的共享收益，不利于企业长期发展。[②] 因此，当控制权和所有权之间的分离程度较大时，控制人会通过信息不对称等对企业资产和收益造成损害，不利于提升企业全要素生产率（Li 等，2020）。[③] 苏坤和孟源（2021）指出，两权分离让企业控制人以较小的收益权实现对企业的最终控制，产生危害企业发展的机会主义，为了防止行为被其他投资者和公众发现，隐藏企业不利消息，造成信息的不对称，不利于企业全要素生产率的提升。[④] 大数据、区块链等数字技术让信息更加实时有效、公开透明、无法篡改，企业控股股东在进行有损于企业发展的自利行为时，会被中小投资者和社会公众实时感知，采取相应的措施，实现企业生产要素的合理配置，促进企业发展（Calo 和 Rosenblat，2017）。[⑤] 因此，企业数字化转型能够通过降低两权分离率，进而提升全要素生产率。

其次，以董事网络中心度为例。赵岩等（2020）认为，当董事处在网络中心位置时，能够获得更有效的异质性信息、新思想和资源，还拥有更多的潜在工作机会，使其在社会中更加独立和有风格，在企业管理中发挥重要的积极作用，受到其他管理人员的干扰较少。[⑥] 因此，当企业董事网络中心度较高时，企业获得资源和其他要素的途径更广泛，从而降低交易成本和物流成本。处

① 刘汉民、韩彬：《两权分离与企业治理的演进——英美经验与我国实践》，《商业经济与管理》2022 年第 4 期。

② 王晓燕、杨胜刚、张科坤：《终极所有权结构与企业委托贷款行为》，《中国管理科学》2024 年第 4 期。

③ Li S.Y., Fu H., Wen J., "Separation of Ownership and Control for Chinese Listed Firms: Effect on the Cost of Debt and the Moderating Role of Bank Competition", *Journal of Asian Economics*, Vol.67, 2020.

④ 苏坤、孟源：《企业治理、金融市场化与股价崩盘风险研究》，《金融监管研究》2021 年第 8 期。

⑤ Calo R., Rosenblat A., "The Taking Economy: Uber, Information, and Power", *Social Science Electronic Publishing*, Vol.117, No.6, 2017.

⑥ 赵岩、侯锐、陈翼：《会计稳健性能够传染吗？——网络中心度的视角》，《外国经济与管理》2020 年第 8 期。

在网络中心的董事与更多的董事有来往,更有利于企业接受新思想、新技术等,提升全要素生产率。而数字经济的发展为企业带来机遇,正在不断消除企业边界,企业和社会的信息资源流动更加自由。大数据、云计算等数字技术降低企业的信息搜寻成本,企业通过先进技术能够对所需信息进行锁定、筛选、处理等。对于企业管理人员,尤其是在新冠疫情的背景下,线上会议等应运而生,管理人员通过数字技术与其他地区企业管理人员进行交流和合作。以往管理人员社会网络几乎仅限于本地,但数字技术几乎将国内外同领域,甚至不同领域企业管理人员放到一个网络中,信息的传递更加有效和迅速(宋晶和陈劲,2022)。① 因此,企业数字化转型提升董事网络中心度,而网络中心度有利于企业获得相关的资源、生产要素、新思想和技术,最终促进全要素生产率。

本书继续分析不同类型企业数字化转型对全要素生产率的差异化机制作用。提出假设 11 和假设 12:

假设 11:数字化转型降低两权分离率和提高董事网络中心度,最终促进企业全要素生产率,即两权分离率和董事网络中心度具有正向中介效应。

假设 12:相比国有企业,非国有企业数字化转型通过两权分离率提升全要素生产率的中介效应更显著。相比中西部地区和劳动密集型企业,东部地区和资本密集型企业网络中心度的正向中介效应更显著。

第二节　现状分析

一、描述性统计分析

表 3-1 报告了本章机制变量的描述性统计分析,可以看出,除了董监高薪酬外,其余机制变量的标准差均小于 0.1,数据较为集中。对于管理人员结

---

① 宋晶、陈劲:《企业家社会网络对企业数字化建设的影响研究——战略柔性的调节作用》,《科学学研究》2022 年第 1 期。

构而言,女性管理人员占比 $fman$ 和高管平均年龄 $mage$ 最小值分别为 0.013 和 3.568,最大值分别为 0.714 和 4.157,最大值和最小值分别相差 0.701 和 0.589,远大于标准差,数据波动幅度小。以董监高薪酬为例,管理人员前三薪酬 $mwage1$、监事层前三薪酬 $mwage2$ 和高级管理人员前三薪酬 $mwage3$ 的最小值分别为 5.059、4.771 和 3.980,最大值分别为 18.292、17.408 和 18.197,最大值和最小值相差分别为 13.233、12.637 和 14.217,均显著大于标准差,因此,董监高薪酬的数据较为集中。以治理结构为例,两权分离率和网络中心度的最大值和最小值相差 2.121 和 0.038,标准差为 0.086 和 0.003,因此,治理结构的数据波动性不大。

表 4-1 描述性统计分析

变量	样本量	均值	标准差	最小值	最大值
$fman$	42107	0.147	0.089	0.013	0.714
$mage$	45156	3.898	0.070	3.568	4.157
$mwage1$	40783	14.318	0.882	5.059	18.292
$mwage2$	40098	13.034	0.944	4.771	17.408
$mwage3$	40734	14.228	0.892	3.980	18.197
$devia$	18059	0.094	0.086	−1.649	0.472
$netma$	27886	0.006	0.003	0.001	0.039

注:(1)第三章已经介绍绝大部分核心变量,本章只介绍管理结构相关变量的描述性统计分析。
资料来源:国泰安数据库和 WIND 数据库。

二、相关变量的特征事实分析

(一)时间趋势分析

1. 女性管理人员占比

本书计算了全国所有 A 股非金融类上市企业女性管理人员数量与管理人员总数的比值,其中,不同地区和不同行业均对样本进行调整,结果见图 4-1。第一,以全国为例,2000 年女性管理人员占比为 10.3%,2021 年增长为 26.9%,

增长幅度超过 161%,说明我国上市企业女性管理人员占比不断上升。第二,以不同地区为例,东部地区女性管理人员占比最高,显著高于中部和西部地区,说明东部地区企业对女性管理人员的需求远超中西部地区。第三,以不同行业为例,服务业上市企业女性管理人员占比从 2000 年的 12.5% 上升至 2021 年的 28.7%,增长幅度近 130%,并且,服务业上市企业女性管理人员占比高于农业和工业。2000—2008 年,农业部门上市企业女性管理人员占比小于工业,但 2008 年后超过工业。服务业上市企业女性占比高的原因可能是服务业更多是创造性思维工作、科研工作和服务型工作,对女性管理人员需求更高,不同于男性逻辑性较强的思维和体力优势,女性的开放性思维更具优势。

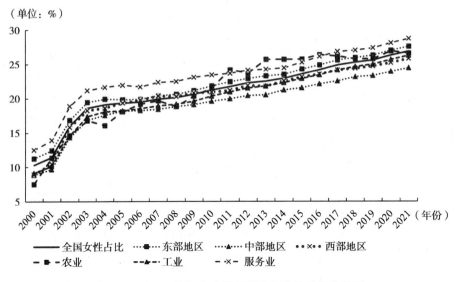

图 4-1　2000—2021 年女性管理人员占比发展趋势图

资料来源:国泰安数据库和 WIND 数据库。

2. 高管平均年龄

图 4-2 通过计算全国、不同地区和不同行业管理人员年龄的总和,并除以管理人员总数计算不同样本的高管平均年龄。可以看出,无论是全国层面、地区层面还是行业层面,上市企业高管平均年龄均呈现上升趋势。首先,以全国为例,2000 年的高管平均年龄是 46.07,2021 年为 50.24,增长幅度为 9%。

其次,以不同地区为例,中部地区高管平均年龄最大,其次是西部地区,最小的是东部地区,增长率分别为 12%、8% 和 9%。最后,以不同行业为例,2008 年以后高管平均年龄最高的部门是农业,其次是工业,最后是服务业,而 2008 年以前,高管平均年龄最高的部门是工业,其次是服务业,最低的是农业。可能的原因是服务业部门包含普通服务业、生产性服务业等,随着服务业产值占比的不断提升,这些行业对新兴的技术、理念需求较高,符合当下人们的需求,因此,年龄较小的群体,更能适应和寻找商机。以上结论可知,不同地区、不同行业上市企业高管平均年龄之间存在显著差异。

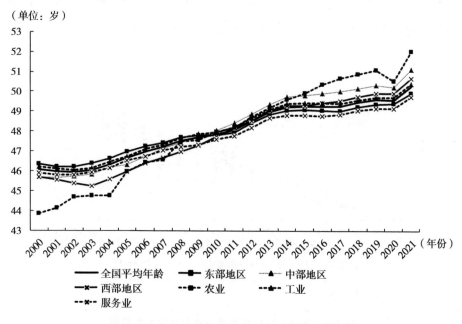

图 4-2　2000—2021 年高管平均年龄发展趋势图

资料来源:国泰安数据库和 WIND 数据库。

3. 高管平均薪酬

图 4-3 反映了高管平均薪酬的发展趋势,以全国为例,使用全国上市企业所有高管的总薪酬除以高管总人数,得到高管平均薪酬。可以看出,全国层面、地区层面和行业层面的董监高薪酬呈现稳步上升的趋势。具体分析如下:

第一,以全国为例。高管平均薪酬从 2000 年的 9.5 万元上升至 2021 年的 57 万元,增长了 5 倍,我国上市企业高管待遇的增长速度较快。第二,以不同地区为例。东部地区董监高薪酬显著高于中部地区,中部地区又高于西部地区,说明我国上市企业董监高薪酬受到地域的影响较大。西部地区相对偏远,企业缺乏市场、高管人才、政府支持、外商直接投资和技术等,导致上市企业的收益低,董监高薪酬低于中部和东部地区。第三,以不同行业为例。可以看出,服务业上市企业董监高薪酬显著高于工业,最低的是农业,虽然农业部门在 2019—2020 年董监高薪酬有较大幅度的上升,甚至超过工业和服务业,但随后又大幅度下降,可能受人工智能等先进技术的影响。以上分析可知,越发达的地区和越先进、技术水平越高的行业,高管平均薪酬越高。

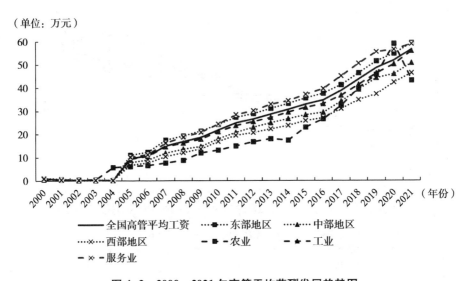

图 4-3　2000—2021 年高管平均薪酬发展趋势图

资料来源:国泰安数据库和 WIND 数据库。

(二)地区分布情况

1. 管理人员结构的地区分布

第一,以女性管理人员占比为例。东部地区、中部地区以及四川、云南等 18 个省份,数字化转型企业中女性管理人员超过平均值的企业占比超过未进行数字化转型的企业,省份占比超过56%,即对于绝大多数省份,企业进行数字化转型提升了对女性管理人员的需求。第二,以高管平均年龄为例。除了吉林、北京、上海、广东、福建、广西和湖南等省份外,其他地区数字化转型企业中高管平均年龄超过平均值的企业占比小于未进行数字化转型的企业,省份占比超过72%,说明我国绝大部分省份,企业数字化转型后高管平均年龄显著下降,即数字化转型对60岁及以上人群造成冲击。

2. 董监高薪酬的地区分布

第一,以董事前三薪酬为例。东部地区和绝大部分中部地区数字化转型企业中董事前三薪酬超过均值的企业占比超过未进行数字化转型的企业,这部分省份一共为21个,占比超过65%。对于绝大部分省份,企业进行数字化转型提升了董事前三薪酬,而西部地区数字化转型董事前三薪酬没发生太大变化,甚至下降。第二,以监事层前三薪酬为例。除了黑龙江、江西、新疆、西藏、云南、贵州、甘肃、青海和宁夏等省份外,其他地区数字化转型企业中监事层前三薪酬超过均值的企业占比均超过未进行数字化转型的企业,说明我国东部和中部地区企业进行数字化转型提升了监事层前三薪酬。第三,以高级管理人员前三薪酬为例。高级管理人员前三薪酬的结论与董事前三薪酬的结论基本相同,即东部地区和中部绝大部分省份数字化转型企业超过均值的企业占比大于未进行数字化转型的企业占比,这部分省份占比超过60%,说明绝大部分省份企业进行数字化转型显著提升了高级管理人员前三薪酬。

3. 治理结构的地区分布

首先,以两权分离率为例。我国所有省份数字化转型企业中两权分离率超过均值的企业占比均小于未进行数字化转型的企业,说明我国企业进行数字化转型后,降低了控制权与所有权的差值,企业拥有者更能通过数字技术管理和监督企业的发展。其次,以独立董事网络中心度为例。我国东部地区、中部地区绝大部分省份和西部地区部分省份数字化转型企业网络中心度超过均值的企业占比大于未进行数字化转型的企业,需要指出的是,部分省份上市企业的网络中心度数据缺失,但可以得出,绝大多数省份企业进行数字化转型提升了独立董事的网络中心度。

第三节　作用机理检验

第三章检验了数字化转型对企业全要素生产率的总效应。首先,本章不再分析数字化转型与企业全要素生产率的关系,而主要探讨数字化转型如何通过管理结构,即管理人员结构、董监高薪酬和治理结构等机制变量,进而影响全要素生产率。其次,本章还分析了数字化转型对机制变量的动态作用,探究随着时间变化,数字化转型如何影响管理结构。

一、管理人员结构的机制检验

表4-2报告了数字化转型如何通过管理人员结构影响企业全要素生产率。列(1)和列(3)为式(4-13)的回归结果分析,列(2)和列(4)为式(4-14)的回归结果分析,所有模型均采用了双向固定效应模型。

第一,以女性管理人员占比为例。列(1)数字化转型 D_{it} 对女性管理人员占比 $fman$ 的作用为0.024,在1%的水平上显著,说明数字化转型提高了企业对女性管理人员的需求。列(2)数字化转型 D_{it} 和机制变量 $fman$ 的系数分别为0.176和0.209,均在1%的水平上显著,说明数字化转型对全要素生产率产生正向的直接效应,且女性管理人员占比有利于提升全要素生产率。中介效应为0.005,Sobel 检验为4.16,在1%的水平上显著,说明数字化转型通过提升女性管理人员人数占比,进而促进全要素生产率的提升,与假设7结论相同。数字化转型犹如一把双刃剑,对低技能劳动力的替代和高技能劳动力的互补影响着员工结构和管理人员结构。

第二,以管理人员平均年龄为例。列(3)数字化转型 D_{it} 的系数 -0.011,

说明数字化转型降低了 60 岁及以上管理人员的需求,由于人工智能、大数据、云计算、物联网等数字技术迎合国家发展,是技术创新的前沿领域,需要年轻的管理人员来适应新的环境变化。列(4)数字化转型 D_{it} 和机制变量 $mage$ 的系数分别为 0.174 和 0.040,数字化转型对全要素生产率的正向直接效应在 1% 的水平上显著,机制变量 $mage$ 不显著,但却为正。以上结论与假设 7 相同。现阶段我国数字化转型还处在发展阶段,各项技术设备还不完善,而年轻的管理人员虽然拥有先进想法,但经验和人脉不足,所以高管年龄越小,对全要素生产率的提升作用越不显著。而 60 岁及以上管理人员在适应数字技术过程中也出现瓶颈,如若不能适应数字技术,就会缺乏竞争力,导致使用大量资本和人员应用数字技术,却不能有效发挥数字技术,因此,高管年龄对全要素生产率的作用不显著。进一步分析可知,中介效应为 −0.001,Sobel 检验为 −0.60,虽然为负,但不显著。

表 4-2　管理人员结构的机制检验

变量	女性管理人员占比		管理人员平均年龄	
	（1）	（2）	（3）	（4）
	fman	*TFP*	*mage*	*TFP*
机制变量		0.209 ***		0.040
		(4.28)		(0.60)
D_{it}	0.024 ***	0.176 ***	−0.011 ***	0.174 ***
	(17.98)	(17.14)	(−11.37)	(17.35)
Age	−0.003	−0.005	0.017 ***	0.003
	(−1.35)	(−0.24)	(9.97)	(0.19)
Capd	0.002 ***	−0.132 ***	−0.001 ***	−0.132 ***
	(7.56)	(−70.93)	(−3.68)	(−73.79)
Rese	−0.001 ***	−0.012 ***	−0.000	−0.012 ***
	(−3.46)	(−10.77)	(−0.90)	(−11.23)

续表

变量	女性管理人员占比		管理人员平均年龄	
	（1）	（2）	（3）	（4）
	fman	TFP	*mage*	TFP
Lern	0.007 **	0.727 ***	−0.002	0.718 ***
	(2.42)	(31.93)	(−0.98)	(32.77)
SA	−0.005	−0.796 ***	−0.017 ***	−0.778 ***
	(−1.20)	(−24.42)	(−5.69)	(−24.71)
Loan	−0.002	0.251 ***	−0.001	0.258 ***
	(−0.69)	(14.60)	(−0.91)	(15.46)
*Region*1	−0.044 **	−0.023	−0.032 ***	−0.004
	(−2.52)	(−0.18)	(−2.68)	(−0.03)
*Region*2	0.000	0.001	0.002 ***	−0.000
	(0.27)	(0.26)	(3.49)	(−0.03)
*indu*1	−0.006 **	0.059 ***	0.000	0.067 ***
	(−2.29)	(3.04)	(0.03)	(3.74)
*indu*2	−0.004	0.289 ***	−0.003	0.275 ***
	(−1.43)	(14.65)	(−1.62)	(14.32)
Cons	0.118 ***	2.630 ***	3.746 ***	2.501 ***
	(8.21)	(24.02)	(381.52)	(9.20)
中介效应 1	0.005		−0.001	
Sobel 检验	4.16 ***		−0.60	
中介效应 2	0.006		0.001	
置信区间	[0.0026, 0.0177]		[−0.0042, 0.0079]	
Obs	27980	27979	29673	29672
调整后 R^2	0.307	0.776	0.389	0.780

注:(1)括号内数值为 t 值;(2) *** 、** 、* 分别表示在 1%、5%、10%水平下显著。
资料来源:国泰安数据库和 WIND 数据库。

二、董监高薪酬的机制检验

表4-3为董监高薪酬的机制检验,董监高薪酬选取的是企业不同管理人员前三薪酬。列(1)、列(3)和列(5)为式(4-13)的回归结果分析,列(2)、列(4)和列(6)为式(4-14)的回归结果分析,所有模型均采用了双向固定效应模型。

第一,以董事前三薪酬为例。列(1)数字化转型 D_{it} 对董事前三薪酬的作用在1%的水平上显著(0.059),列(2)数字化转型 D_{it} 和董事前三薪酬 $mwage1$ 的系数分别为0.146和0.258,均在1%的水平上显著,中介效应为0.015,Sobel检验为5.88,同样在1%的水平上显著,而Bootstrap方法得到的置信区间不包含0,说明数字化转型通过提高董事前三薪酬,最终促进全要素生产率的提升。区块链、大数据等技术让信息更加公开透明,促使董事与股东目标一致,以企业绩效和生产率提升为主,即企业数字化转型通过提高董事薪酬,激励董事改善企业管理模式,进而提升全要素生产率。

第二,以监事层前三薪酬为例。列(3)和列(4)数字化转型的系数分别为0.101和0.148,均在1%的水平上显著,说明数字化转型不仅提升了全要素生产率,还增加了监事层前三薪酬,即数字化转型提升企业对监事层的薪酬激励。列(4)机制变量的系数也在1%的水平上促进了全要素生产率的提升,为0.101。中介效应为0.010,Sobel检验为6.93,在1%的水平上显著,说明数字化转型通过增加对监事层的薪酬激励,促进企业全要素生产率的提升。数字化转型后,企业的生产模式发生变化,高技能人才和人工智能等数字技术的结合可以创造更高的生产效率,企业的周转率得到大幅提升,而大数据、人工智能等技术也逐渐改变了传统的人工财务核算,这就需要对企业财务、董事和高级管理人员的行为进行纠正和治理。企业所有者可以通过增加监事层薪酬,进而让企业管理者能够更好地以企业发展为目标,提升全要素生产率

（Mengistae 和 Xu，2004；熊巍等，2022）。[①][②]

第三，以高级管理人员前三薪酬为例。列（5）数字化转型 D_{it} 的系数为 0.058，在 1% 的水平上显著，数字化转型提升高级管理人员薪酬。列（6）数字化转型 D_{it} 和高级管理人员前三薪酬 $mwage3$ 的系数分别为 0.144 和 0.243，均在 1% 的水平上显著，说明数字化转型对企业全要素生产率产生正向的直接效应，且提升高级管理人员前三薪酬也会改善全要素生产率。中介效应为 0.014，Sobel 检验为 5.56，说明数字化转型显著地通过提升高级管理人员薪酬激励，最终改善企业全要素生产率。企业数字化转型对人工智能、大数据等数字技术要求更高，企业所有者倡导员工和管理人员积极应用数字技术，这就要求高级管理人员对生产员工、财务员工、科研员工等传递数字化信息，通过薪酬激励使其更愿意将数字技术、企业业绩和股东目标相结合，进而提升全要素生产率（莫冬燕等，2024）。[③] 以上结论均与假设 9 相同。

表 4-3 董监高薪酬的机制检验

变量	董事前三薪酬		监事层前三薪酬		高级管理人员前三薪酬	
	（1）	（2）	（3）	（4）	（5）	（6）
	$mwage1$	TFP	$mwage2$	TFP	$mwage2$	TFP
机制变量		0.258 ***		0.101 ***		0.243 ***
		(41.54)		(21.93)		(40.70)
D_{it}	0.059 ***	0.146 ***	0.101 ***	0.148 ***	0.058 ***	0.144 ***
	(5.94)	(15.34)	(7.30)	(15.31)	(5.61)	(15.30)

① Mengistae T., Xu L., "Agency Theory and Executive Compensation: The Case of Chinese State-owned Enterprises", *Journal of Labor Economics*, Vol.22, No.3, 2004.

② 熊巍、潘晗、李林巍等：《监事会特征的优化能否稳健提升企业经营效率？——来自沪深两市上市企业的证据》，《调研世界》2022 年第 3 期。

③ 莫冬燕、方芳、王洋：《数字化转型对企业双重代理成本的影响研究》，《北京师范大学学报（社会科学版）》2024 年第 2 期。

续表

变量	董事前三薪酬		监事层前三薪酬		高级管理人员前三薪酬	
	（1）	（2）	（3）	（4）	（5）	（6）
	mwage1	TFP	mwage2	TFP	mwage2	TFP
Age	−0.038*	−0.059***	0.012	−0.067***	−0.045*	−0.047**
	（−1.68）	（−2.70）	（0.36）	（−2.98）	（−1.91）	（−2.16）
Capd	−0.007***	−0.135***	−0.017***	−0.139***	−0.006***	−0.137***
	（−3.24）	（−70.89）	（−6.00）	（−70.35）	（−2.64）	（−72.11）
Rese	0.004***	−0.012***	0.001	−0.010***	0.004***	−0.012***
	（3.88）	（−11.62）	（0.90）	（−10.05）	（3.94）	（−11.44）
Lern	0.562***	0.655***	0.324***	0.801***	0.604***	0.651***
	（22.46）	（27.29）	（9.20）	（32.60）	（23.22）	（27.19）
SA	−0.477***	−0.696***	−0.346***	−0.712***	−0.416***	−0.688***
	（−14.19）	（−21.74）	（−7.34）	（−21.64）	（−11.79）	（−21.40）
Loan	0.061***	0.220***	0.059**	0.239***	0.035*	0.212***
	（3.51）	（13.45）	（2.47）	（14.25）	（1.95）	（13.03）
Region1	0.655***	−0.262**	0.907***	−0.193	0.750***	−0.290**
	（5.01）	（−2.11）	（5.01）	（−1.53）	（5.53）	（−2.35）
Region2	−0.006	−0.004	0.003	−0.004	−0.004	−0.003
	（−1.11）	（−0.76）	（0.38）	（−0.74）	（−0.81）	（−0.61）
indu1	0.038**	0.038**	0.030	0.044***	0.049***	0.034**
	（2.19）	（2.29）	（1.24）	（2.62）	（2.68）	（2.06）
indu2	0.106***	0.291***	0.069**	0.312***	0.114***	0.291***
	（5.19）	（15.02）	（2.44）	（15.83）	（5.37）	（15.12）
Cons	10.330***	−0.043	9.838***	1.854***	10.364***	0.190
	（89.90）	（−0.34）	（61.15）	（15.34）	（86.06）	（1.51）
中介效应1	0.015		0.010		0.014	
Sobel 检验	5.88***		6.93***		5.56***	
中介效应2	0.012		0.011		0.014	

变量	董事前三薪酬		监事层前三薪酬		高级管理人员前三薪酬	
	（1）	（2）	（3）	（4）	（5）	（6）
	*mwage*1	*TFP*	*mwage*2	*TFP*	*mwage*2	*TFP*
置信区间	[0.0090,0.0204]		[0.0056,0.0179]		[0.0102,0.0211]	
Obs	27057	27056	26694	26693	26958	26957
调整后 R^2	0.624	0.770	0.382	0.763	0.612	0.773

注:(1)括号内数值为 t 值;(2) ***、**、* 分别表示在 1%、5%、10%水平下显著。
资料来源:国泰安数据库和 WIND 数据库。

三、治理结构的机制检验

表 4-4 为治理结构的机制检验结果。其中,列(1)和列(3)为式(4-13)的回归结果分析,列(2)和列(4)为式(4-14)的回归结果分析,所有模型均采用了双向固定效应模型。

第一,以两权分离率为例。列(1)数字化转型 D_{it} 对两权分离率 *devia* 的作用为-0.096,在 1%的水平上显著,即企业进行数字化转型有利于降低控制权和所有权的偏离程度。列(2)数字化转型 D_{it} 和两权分离率 *devia* 的系数分别为 0.156 和-0.013,虽然数字化转型对全要素生产率的直接效应显著为正,但两权分离率对企业全要素生产率的作用不显著。数字化转型通过大数据、人工智能等技术提高信息的公开透明度,使得其他企业所有权拥有者能实时动态监控控股股东行为,一经发现损害企业和中小投资者利益的行为,就会及时进行纠正,降低企业控股股东的控制权。而中介效应为 0.001,Sobel 检验为1.52,虽然不显著,但仍为正。

第二,以网络中心度为例。列(3)和列(4)数字化转型 D_{it} 的系数分别为0.048 和 0.097,均在 1%的水平上显著,说明数字化转型不仅提高了全要素生产率,还增加了独立董事的网络中心度。列(4)机制变量对全要素生产率的影响也在 1%的水平上显著为正,即 0.057,即网络中心度越高,企业的全要素生产率就越高。中介效应为 0.003，Sobel 检验在 1% 的水平上显著为正，即 2.94。全要素生产率不仅是技术创新的提升，也包含要素的合理配置等。资源依赖理论指出，各种生产要素和资源的数量和成本是决定企业发展和生存的主要因素，而企业对这部分生产资源的获取能力取决于董事在网络中心的位置。当企业的董事处在网络中心的位置，则获取资源、生产要素和信息的能力就更强。并且，数字化转型促使企业管理人员借助先进的技术与其他企业的董事、管理人员进行线上和线下交流，以往必须通过出差才能进行交流的活动，如今通过智能化软件就可以实现，提升了董事在网络中心的位置，从而增加企业间的技术交流、资源获取和管理经验交流，有利于企业全要素生产率的改善。以上结论与假设 11 相同。

表 4-4　治理结构的机制检验

变量	两权分离率		网络中心度	
	（1）	（2）	（3）	（4）
	devia	*TFP*	*netm*	*TFP*
机制变量		−0.013		0.057 ***
		（−1.59）		（3.07）
D_u	−0.096 ***	0.156 ***	0.048 ***	0.097 ***
	（−5.04）	（10.32）	（10.25）	（8.89）
Age	−0.189 ***	−0.118 ***	0.005	−0.037
	（−3.93）	（−3.09）	（0.40）	（−1.34）
Capd	−0.002	−0.155 ***	0.000	−0.156 ***
	（−0.41）	（−52.01）	（0.13）	（−62.31）
Rese	0.002	−0.016 ***	−0.000	−0.007 ***
	（1.08）	（−9.18）	（−0.36）	（−6.83）
Lern	0.056	0.658 ***	−0.029 **	0.931 ***
	（1.22）	（18.13）	（−2.18）	（29.93）

变量	两权分离率		网络中心度	
	（1）	（2）	（3）	（4）
	devia	*TFP*	*netm*	*TFP*
SA	0.050	−0.844***	0.005	−0.612***
	(0.75)	(−16.10)	(0.28)	(−14.77)
Loan	−0.010	0.198***	0.003	0.443***
	(−0.33)	(8.15)	(0.32)	(18.30)
*Region*1	0.296	−0.129	0.028	−0.312**
	(1.01)	(−0.56)	(0.48)	(−2.28)
*Region*2	0.007	−0.004	0.001	0.002
	(0.76)	(−0.57)	(0.39)	(0.27)
*indu*1	0.057*	0.027	−0.032	0.312***
	(1.68)	(1.01)	(−1.55)	(6.49)
*indu*2	−0.010	0.250***	−0.008	0.307***
	(−0.26)	(7.94)	(−0.76)	(12.55)
Cons	2.646***	2.138***	0.386***	2.234***
	(10.95)	(11.12)	(5.81)	(14.42)
中介效应1	0.001		0.003	
Sobel 检验	1.52		2.94***	
中介效应2	0.010		0.003	
置信区间	[−0.0055,0.0212]		[0.0017,0.0059]	
Obs	12308	12308	19399	19399
调整后 R^2	0.353	0.745	0.356	0.745

注:(1)括号内数值为 t 值;(2) ***、**、* 分别表示在 1%、5%、10%水平下显著。
资料来源:国泰安数据库和 WIND 数据库。

四、滞后效应分析

与第三章相同,本节通过引入数字化转型滞后 5 期的变量,分析数字化转型对管理结构的动态作用,结果见表4-5。第一,以管理人员结构为例。数字化转型 D_{it} 滞后4期对女性管理人员占比的正向作用均在5%的水平上显著,分别为0.016、0.010、0.006和0.004,可以看出,随着时间推移,数字化转型对女性管理人员占比的正向作用逐渐降低。数字化转型对管理人员平均年龄的滞后作用则只有2期,分别为-0.007和-0.004,虽然滞后3—5期的系数变为正,但不显著,说明数字化转型 D_{it} 对未来企业管理人员平均年龄有负向作用。第二,以董监高薪酬为例。数字化转型对董事工资、监事层工资和高级管理人员薪酬的滞后作用只能延续2—3期,即随着时间推移,企业数字化转型对董监高薪酬的提升作用是下降的。第三,以治理结构为例。数字化转型滞后1—3期对两权分离率的作用分别为-0.102、-0.089和-0.069,在1%的水平上显著,其他滞后期的作用不显著,甚至变为正,说明随着时间推移,数字化转型降低了企业的控制权,但这种负向作用强度不断下降。数字化转型对网络中心度的滞后作用同样只有3期,而且,随着时间推移,数字化转型对网络中心度的正向作用不断下降。因此,企业若要提高全要素生产率和市场竞争力,就必须尽早发挥数字化转型的作用,在未来通过改善管理结构,提升全要素生产率。

表4-5　滞后效应分析

Panel A	被解释变量:女性管理人员占比				
	滞后1期	滞后2期	滞后3期	滞后4期	滞后5期
D_{it}	0.016***	0.010***	0.006***	0.004**	0.003
	(10.44)	(6.37)	(3.55)	(2.04)	(1.32)
Panel B	被解释变量:管理人员平均年龄				
	滞后1期	滞后2期	滞后3期	滞后4期	滞后5期
D_{it}	-0.007***	-0.004***	0.001	0.003	0.005
	(-6.82)	(-3.30)	(0.46)	(1.06)	(1.33)

续表

Panel C	被解释变量:董事工资				
	滞后 1 期	滞后 2 期	滞后 3 期	滞后 4 期	滞后 5 期
D_{it}	0.051 ***	0.029 **	0.007	−0.023	−0.021
	(4.56)	(2.47)	(0.57)	(−1.63)	(−1.32)
Panel D	被解释变量:监事层工资				
	滞后 1 期	滞后 2 期	滞后 3 期	滞后 4 期	滞后 5 期
D_{it}	0.082 ***	0.053 ***	0.043 **	0.026	0.009
	(5.31)	(3.22)	(2.41)	(1.34)	(0.42)
Panel E	被解释变量:高级管理人员工资				
	滞后 1 期	滞后 2 期	滞后 3 期	滞后 4 期	滞后 5 期
D_{it}	0.050 ***	0.025 **	0.003	−0.028	−0.021
	(4.41)	(2.05)	(0.22)	(−0.89)	(−1.30)
Panel F	被解释变量:两权分离率				
	滞后 1 期	滞后 2 期	滞后 3 期	滞后 4 期	滞后 5 期
D_{it}	−0.102 ***	−0.089 ***	−0.069 ***	−0.045	0.002
	(−4.65)	(−3.71)	(−2.59)	(−1.53)	(0.07)
Panel G	被解释变量:网络中心度				
	滞后 1 期	滞后 2 期	滞后 3 期	滞后 4 期	滞后 5 期
D_{it}	0.026 ***	0.020 ***	0.018 ***	0.009	0.007
	(5.21)	(3.99)	(3.32)	(1.56)	(1.08)

注:括号内数值为 t 值;*** 、** 、* 分别表示在 1%、5%、10%水平下显著。由于篇幅限制,这里只报告核心解释变量 D_{it} 滞后 5 期的回归结果。

资料来源:国泰安数据库和 WIND 数据库。

第四节　不同样本下的实证分析

本节按照第三章的分类方法,分析地区异质性、所有权结构和要素密集度下企业数字化转型通过管理结构影响全要素生产率的差异化分析,所有模型均采用双向固定效应模型进行估计。需要指出的是,由于匹配变量没有发生变化,所以不同分类样本下,数字化转型对全要素生产率的总效应没有发生变化,与前文相同,这里不再对总效应进行分析。

一、地区异质性

(一)管理人员结构的异质性分析(见表4-6)

女性管理人员占比。第一,以东部地区为例。列(1)数字化转型 D_{it} 的系数在1%的水平上显著为正,为0.023,说明进行数字化转型的企业女性管理人员占比要比未进行数字化转型的企业高0.023个单位,企业数字化转型提升了全要素生产率。列(2)数字化转型 D_{it} 和女性管理人员占比 $fman$ 的系数分别为0.179和0.123,均显著,说明东部地区女性管理人员占比的增加有助于发挥女性创造性思维工作能力,通过与男性管理人员和数字技术的合作,创造更高的生产效率。中介效应为0.003,Sobel检验为2.20,在5%的水平上显著,Bootstrap方法得到置信区间不包含0,因此,中介效应是显著的。第二,以中西部地区为例。列(5)和列(6)数字化转型 D_{it} 的系数分别为0.028和0.185,即企业进行数字化转型增加了中西部女性管理人员的需求,并对全要素生产率产生正向的直接效应。而列(6)中西部地区女性管理人员占比对全要素生产率的作用为0.378。中介效应为0.011,Sobel检验为3.64,说明中西部地区企业数字化转型也能通过提升女性管理人员占比,进而改善全要素生产率,并且中介效应大于东部地区。我国近年来加大了对女性教育、职业技能培训等方面的力度,而东部地区高校众多,外商直接投资、基础设施、技术创新等均优于中西部地区,并且中西部地区高学历女性管理人员也更愿意转移到更发达的东部地区,导致我国东部地区女性管理人员较多(Li等,2022)。[①] 但女性管理人员的增加将会激发数字技术和男性管理人员的优势,共同提升全要素生产率。而中西部地区早期高学历女性优秀人才较少,但随着近年来越

---

① Li J. L., Chen L. T., Chen Y., "Digital Economy, Technological Innovation, and Green Economic Efficiency-Empirical Evidence from 277 Cities in China", *Managerial and Decision Economics*, Vol.43, No.3, 2022.

来越多的女性获得高学历和技能培训,加上中西部地区的引进人才政策,导致中西部地区企业对女性管理人员的需求稳步提升,给企业治理转型带来生机(刘婷和杨琦芳,2019)。① 因此,对比东部地区,数字化转型更能促进中西部地区企业对女性管理人员的需求,进而促进全要素生产率的提升。

管理人员平均年龄。列(3)和列(7)数字化转型 D_{it} 对管理人员平均年龄的作用均为负,即-0.011 和-0.008,在 1% 的水平上显著,但东部地区企业数字化转型更能降低管理人员平均年龄,说明东部地区数字化转型对 60 岁及以上管理人员的不利影响更加显著。列(4)和列(8)数字化转型对全要素生产率均产生显著的正向直接效应,即促进全要素生产率的提升。列(4)机制变量的系数为-0.089,说明东部地区管理人员年龄越高越不利于提升全要素生产率,虽然拥有丰富的经验,但数字化转型对技术和新理念的要求更高,因此,对年轻的管理人员需求更高。而列(8)机制变量的系数在 1% 的水平上显著为正,即中西部地区管理层平均年龄越高,越有利于促进全要素生产率的提升。东部地区和中西部地区中介效应分别为 0.001 和-0.005,虽然东部地区 Sobel 检验不显著,但仍为正,与假设 8 结论相同。东部地区基础设施、数字化建设等相比中西部地区更为完善,且由于技术水平、劳动力结构优于中西部地区,导致中西部地区企业竞争优势不如东部地区企业,因此,东部地区更有利于通过数字化转型改善管理人员结构,雇佣更多的年轻管理人员,进而改善全要素生产率。中西部地区企业优势不足,多以规模经济、劳动密集型为主,为了能够继续保持市场份额,对具有风险和劣势的数字技术持保守态度,更愿意雇佣经验丰富的 60 岁及以上管理人员来改善企业。因此,中西部地区数字化转型对 60 岁及以上管理人员产生负向影响,最终降低企业全要素生产率,但东部地区数字化转型却能通过雇佣更多的年轻人员,适应和使用数字技术,提升全要素生产率。

---

① 刘婷、杨琦芳:《"她力量"崛起:女性高管参与对企业创新战略的影响》,《经济理论与经济管理》2019 年第 8 期。

表4-6　地区异质性下管理人员结构的机制效应分析

变量	东部地区				中西部地区			
	机制:fman		机制:mage		机制:fman		机制:mage	
	(1)	(2)	(3)	(4)	(5)	(6)	(7)	(8)
	fman	TFP	mage	TFP	fman	TFP	mage	TFP
机制变量		0.123**		−0.089		0.378***		0.580***
		(2.22)		(−1.15)		(3.87)		(4.52)
D_{it}	0.023***	0.179***	−0.011***	0.179***	0.028***	0.185***	−0.008***	0.182***
	(14.49)	(15.32)	(−10.39)	(15.66)	(10.63)	(9.07)	(−4.41)	(9.14)
Age	−0.006*	−0.072***	0.020***	−0.045**	−0.003	0.031	−0.002	0.010
	(−1.87)	(−3.28)	(10.02)	(−2.15)	(−0.67)	(0.86)	(−0.69)	(0.29)
Capd	0.002***	−0.128***	−0.001***	−0.130***	0.001**	−0.139***	0.000	−0.142***
	(5.11)	(−56.97)	(−3.83)	(−60.42)	(2.22)	(−44.57)	(0.36)	(−45.89)
Rese	−0.000***	−0.011***	0.000	−0.011***	−0.001	−0.009***	−0.000	−0.009***
	(−2.82)	(−8.74)	(1.05)	(−9.03)	(−1.53)	(−3.65)	(−1.16)	(−3.75)
Lern	0.012***	0.892***	−0.007**	0.888***	−0.006	0.420***	−0.002	0.435***
	(3.01)	(31.20)	(−2.55)	(31.93)	(−1.18)	(10.40)	(−0.48)	(11.23)
SA	0.002	−0.689***	−0.016***	−0.646***	−0.010	−0.898***	−0.031***	−0.848***
	(0.30)	(−18.05)	(−4.72)	(−17.59)	(−1.17)	(−13.99)	(−5.32)	(−13.78)

续表

变量	东部地区 机制:fman		东部地区 机制:mage		中西部地区 机制:fman		中西部地区 机制:mage	
	(1) fman	(2) TFP	(3) mage	(4) TFP	(5) fman	(6) TFP	(7) mage	(8) TFP
Loan	-0.003	0.466***	0.002	0.448***	-0.005	0.089***	-0.002	0.130***
	(-0.94)	(19.74)	(1.09)	(19.68)	(-1.34)	(2.91)	(-0.88)	(4.37)
Region1	-0.027	-0.024	-0.062***	-0.043	-0.040	0.857	-0.169**	0.722
	(-1.39)	(-0.16)	(-4.66)	(-0.30)	(-0.38)	(1.06)	(-2.24)	(0.91)
Region2	0.000	0.020***	0.003***	0.018**	-0.000	-0.007	0.000	-0.006
	(0.23)	(2.75)	(4.66)	(2.54)	(-0.04)	(-1.03)	(0.74)	(-0.92)
indu1	-0.001	0.029	0.001	0.036**	-0.027***	0.103	0.011*	0.184***
	(-0.46)	(1.45)	(0.33)	(1.97)	(-2.97)	(1.45)	(1.65)	(2.69)
indu2	-0.004	0.267***	0.002	0.262***	0.000	0.237***	-0.012***	0.226***
	(-1.41)	(11.78)	(0.77)	(11.83)	(0.10)	(6.36)	(-3.59)	(6.29)
Cons	0.149***	2.925***	3.735***	3.374***	0.092***	2.189***	3.740***	0.062
	(8.45)	(22.29)	(314.95)	(10.73)	(3.34)	(10.36)	(194.89)	(0.12)
中介效应1	0.003		0.001		0.011		-0.005	
Sobel 检验	2.20**		1.14		3.64***		-3.16***	

续表

变量	东部地区				中西部地区			
	机制:fman		机制:mage		机制:fman		机制:mage	
	(1) fman	(2) TFP	(3) mage	(4) TFP	(5) fman	(6) TFP	(7) mage	(8) TFP
中介效应2	0.004		0.001		0.015		−0.002	
置信区间	[0.0016,0.0125]		[−0.0009,0.0037]		[0.0090,0.0218]		[−0.0057,0.0013]	
Obs	20660	20659	21690	21689	7189	7189	7806	7806
调整后 R^2	0.302	0.770	0.360	0.776	0.230	0.815	0.456	0.814

注:(1)括号内数值为 t 值;(2)***、**、* 分别表示在 1%、5%、10% 水平下显著;(3)中介效应 1 为逐步回归法求出的中介效应,中介效应 2 为 Bootstrap 方法求出的中介效应,置信区间是 1000 次迭代求出的中介效应的置信区间。

资料来源:国泰安数据库和 WIND 数据库。

（二）董监高薪酬的异质性分析（见表4-7）

董事前三薪酬。第一，以东部地区为例。列（1）和列（2）数字化转型的系数分别为0.085和0.151，在1%的水平上显著，数字化转型对全要素生产率产生显著的正向促进作用并提升董事薪酬。列（2）机制变量的系数也在1%的水平上显著（0.253），中介效应为0.022，Sobel检验显著（7.51），东部地区企业数字化转型通过董事薪酬改善全要素生产率的正向中介效应显著存在。第二，以中西部地区为例。列（7）数字化转型 D_{it} 的系数不显著，甚至为负，而列（8）数字化转型和机制变量的系数均在1%的水平上显著为正，中介效应为-0.001，Sobel检验不显著。中西部地区数字化基础设施、技术创新水平较低，导致企业不愿意花费太多成本雇佣数字化相关的董事，更愿意通过提高企业规模和管理效率，来获取市场利润。因此，中西部地区董事薪酬的中介效应不显著。

监事层前三薪酬。第一，以东部地区为例。列（3）数字化转型对监事层薪酬的作用显著为正，即0.123。列（4）数字化转型 D_{it} 和机制变量的系数也均在1%的水平上分别显著，为0.091和0.159，中介效应为0.011，Sobel检验为7.14，说明东部地区企业数字化转型通过提升监事层薪酬激励，改善全要素生产率。第二，以中西部地区为例，列（9）数字化转型的系数虽然为正，但不显著，列（10）相关核心解释变量和机制变量的系数均在1%的水平上显著，中介效应虽然为正，但Sobel检验为1.45，不显著，中西部地区企业数字化转型不能通过监事层薪酬激励，提高全要素生产率，与假设10的结论相同。东部地区拥有先进的技术、高技能人才和数字化基础设施等，更愿意通过数字化转型建立比较优势（Buck等，2008）。[1] 因此，东部地区更有意愿通过提高监事层薪酬激励董监高行为，让他们以企业绩效为目标，结合数字技术，提升全要素生产率。而中西部地区更愿意通过提高规模经济和产量建立比较优势，

---

[1] Buck T., Liu X., Skovoroda R., "Top Executive Pay and Firm Performance in China", *Journal of International Business Studies*, Vol.39, No.5, 2008.

表4-7　地区异质性下董监高薪酬的机制效应分析

变量	东部地区						中西部地区					
	机制:mwage1		机制:mwage2		机制:mwage3		机制:mwage1		机制:mwage2		机制:mwage3	
	(1)	(2)	(3)	(4)	(5)	(6)	(7)	(8)	(9)	(10)	(11)	(12)
	mwage1	TFP	mwage2	TFP	mwage3	TFP	mwage1	TFP	mwage2	TFP	mwage3	TFP
机制变量		0.253***		0.091***		0.240***		0.236***		0.117***		0.232***
		(33.65)		(16.81)		(32.59)		(20.86)		(13.78)		(20.70)
D_{it}	0.085***	0.151***	0.123***	0.159***	0.078***	0.152***	-0.004	0.160***	0.043	0.150***	0.002	0.158***
	(7.70)	(13.94)	(7.89)	(14.42)	(6.91)	(14.08)	(-0.17)	(8.44)	(1.46)	(7.85)	(0.11)	(8.33)
Age	-0.052**	-0.079***	0.034	-0.095***	-0.073***	-0.072***	-0.023	-0.005	-0.040	-0.016	-0.028	-0.000
	(-2.15)	(-3.29)	(0.97)	(-3.87)	(-2.91)	(-3.01)	(-0.46)	(-0.12)	(-0.58)	(-0.36)	(-0.55)	(-0.01)
Capd	-0.003	-0.135***	-0.015***	-0.135***	-0.003	-0.135***	-0.016***	-0.135***	-0.022***	-0.140***	-0.015***	-0.135***
	(-1.41)	(-58.17)	(-4.59)	(-56.57)	(-1.34)	(-58.22)	(-4.41)	(-42.58)	(-4.41)	(-42.79)	(-3.99)	(-42.38)
Rese	0.004***	-0.011***	0.003*	-0.010***	0.004***	-0.011***	0.006**	-0.010***	-0.006	-0.007***	0.006**	-0.010***
	(3.10)	(-9.49)	(1.87)	(-8.54)	(3.46)	(-9.50)	(2.32)	(-4.09)	(-1.52)	(-2.84)	(2.34)	(-4.13)
Lern	0.593***	0.806***	0.338***	0.955***	0.587***	0.808***	0.513***	0.373***	0.353***	0.474***	0.528***	0.376***
	(19.24)	(26.25)	(7.70)	(30.64)	(18.57)	(26.29)	(10.94)	(9.09)	(5.43)	(11.34)	(11.08)	(9.13)
SA	-0.366***	-0.621***	-0.103*	-0.642***	-0.395***	-0.643***	-0.775***	-0.662***	-0.747***	-0.754***	-0.775***	-0.666***
	(-9.60)	(-16.53)	(-1.87)	(-16.42)	(-10.05)	(-16.94)	(-10.88)	(-10.61)	(-7.59)	(-11.88)	(-10.73)	(-10.67)

213

续表

变量	东部地区						中西部地区					
	机制:mwage1		机制:mwage2		机制:mwage3		机制:mwage1		机制:mwage2		机制:mwage3	
	(1)	(2)	(3)	(4)	(5)	(6)	(7)	(8)	(9)	(10)	(11)	(12)
	mwage1	TFP	mwage2	TFP	mwage3	TFP	mwage1	TFP	mwage2	TFP	mwage3	TFP
Loan	0.139***	0.369***	0.047	0.396***	0.116***	0.374***	0.005	0.085***	0.057	0.104***	-0.031	0.093***
	(6.08)	(16.44)	(1.44)	(17.29)	(4.97)	(16.63)	(0.15)	(2.92)	(1.25)	(3.53)	(-0.92)	(3.21)
Region1	0.552***	-0.063	0.592***	-0.005	0.638***	-0.061	-0.167	-0.016	-2.708**	0.237	-0.617	0.097
	(3.93)	(-0.46)	(2.98)	(-0.03)	(4.44)	(-0.44)	(-0.19)	(-0.02)	(-2.26)	(0.31)	(-0.69)	(0.13)
Region2	-0.017**	0.017**	0.000	0.017**	-0.011	0.016**	0.019**	-0.016**	0.011	-0.013**	0.023***	-0.017***
	(-2.40)	(2.50)	(0.02)	(2.41)	(-1.51)	(2.29)	(2.53)	(-2.42)	(1.14)	(-2.07)	(3.08)	(-2.62)
indu1	0.051***	0.009	0.081***	0.015	0.049***	0.010	0.171**	0.201***	0.022	0.248***	0.205**	0.201***
	(2.96)	(0.55)	(3.33)	(0.85)	(2.76)	(0.61)	(2.07)	(2.81)	(0.20)	(3.43)	(2.44)	(2.80)
indu2	0.046**	0.278***	0.038	0.287***	0.067***	0.274***	0.260***	0.183***	0.207***	0.207***	0.254***	0.187***
	(2.06)	(12.57)	(1.19)	(12.69)	(2.93)	(12.37)	(6.13)	(4.95)	(3.58)	(5.57)	(5.90)	(5.06)
Cons	10.792***	0.151	10.606***	2.110***	10.493***	0.286*	8.874***	0.188	8.354***	1.344***	8.749***	0.256
	(80.06)	(0.97)	(54.53)	(14.14)	(75.47)	(1.85)	(37.36)	(0.82)	(25.48)	(6.06)	(36.28)	(1.12)
中介效应1	0.022		0.011		0.019		-0.001		0.005		0.001	
Sobel 检验	7.51***		7.14***		6.76***		-0.17		1.45		0.11	

续表

变量	东部地区						中西部地区					
	机制:mwage1		机制:mwage2		机制:mwage3		机制:mwage1		机制:mwage2		机制:mwage3	
	(1)	(2)	(3)	(4)	(5)	(6)	(7)	(8)	(9)	(10)	(11)	(12)
	mwage1	TFP	mwage2	TFP	mwage3	TFP	mwage1	TFP	mwage2	TFP	mwage3	TFP
中介效应 2	0.019		0.012		0.020		0.001		0.005		0.001	
置信区间	[0.0097, 0.0468]		[0.0052, 0.0212]		[0.0104, 0.0444]		[−0.0029, 0.0056]		[−0.0078, 0.0077]		[−0.0009, 0.0102]	
Obs	19964	19963	19766	19765	19956	19955	6900	6900	6752	6752	6892	6892
调整后 R^2	0.619	0.765	0.357	0.756	0.613	0.764	0.676	0.808	0.467	0.806	0.676	0.807

注：(1)括号内数值为 t 值；(2)***、**、* 分别表示在 1%、5%、10% 水平下显著；(3)中介效应 1 为逐步回归法求出的中介效应，中介效应 2 为 Bootstrap 方法求出的中介效应，置信区间是 1000 次迭代求出的中介效应的置信区间。

资料来源：国泰安数据库和 WIND 数据库。

215

进而获取利润。

高级管理人员前三薪酬。可以看出,列(5)东部地区数字化转型对高管薪酬的作用显著为正,列(11)中西部地区的作用不显著,但仍为正。列(6)和列(12)核心解释变量和机制变量的系数均在1%的水平上显著为正。通过计算可得,东部和中西部地区中介效应分别为0.019和0.001,Sobel检验分别为6.76和0.11,东部地区的正向中介效应显著,但中西部地区不显著。高级管理人员的行为与企业拥有者的决策息息相关,东部地区先天优势和后天吸引的技术、人才、外商直接投资等,促使东部地区企业更愿意进行数字化转型,建立比较优势,企业拥有者更愿意制定数字化转型的决策,让高级管理人员执行。并且,数字技术能够更好地监督高管行为,企业更愿意提高高管薪酬,改善企业管理、生产、研发等流程,提升全要素生产率。中西部地区发展落后,技术和资本方面的优势不足,企业拥有者不愿意冒风险进行相关的数字化转型,因此,中西部地区高管薪酬的中介效应不显著。

(三)治理结构的异质性分析(见表4-8)

两权分离率。第一,以东部地区为例。列(1)东部地区企业数字化转型 D_{it} 对两权分离率的作用在5%的水平上显著为负,为-0.032,即数字化转型企业的两权分离率比未进行数字化转型企业低0.032个单位。列(2)核心解释变量和机制变量的系数分别为0.061和-0.018,均显著。中介效应为0.001,Sobel检验在10%的水平上显著(1.80),Bootstrap方法得到的置信区间不包含0,说明东部地区企业数字化转型通过两权分离率对全要素生产率的正向中介效应是显著的。第二,以中西部地区为例。列(5)和列(6)数字化转型 D_{it} 的系数分别为-0.048和0.182,而列(6)机制变量对全要素生产率的作用在5%的水平上显著为正,即0.029。中介效应为-0.001,Sobel检验不显著,说明中西部地区企业数字化转型不能通过两权分离率改善全要素生产率。同样由于地区差异,东部地区数字化基础设施发展迅速,中小投资者能够使用人工智能、区块链等技术获得更加公开透明的企业信息,包含企业控股股东的决策行为。如若出现以个人利益为主的行为,则很快就会通过线上形式被中小投资者所熟知,从而降低企业控制权和所有权的偏离度。而企业控制权下降和与数字技术的结合,能够让中小投资者、董监高、员工等监督、管理和反馈企业控制人的不法行为,纠正他们的行为,以企业发展为目标,最终改善企业全要素生产率。而中西部地区投资者、管理人员对数字技术的应用不如东部地区,不能有效获知控股股东的行为(贾凡胜等,2023)。[①] 因此,东部地区企业两权分离率的中介效应更显著。

独立董事网络中心度。列(3)和列(7)数字化转型 D_{it} 对网络中心度的作用分别为 0.037 和 0.047,均在 1% 的水平上显著,即无论是东部地区还是中西部地区,都能通过人工智能等线上工具降低董事之间的交流成本,提高网络中心度。列(4)东部地区核心解释变量和机制变量均在 1% 的水平上显著,分别为 0.059 和 0.105,中介效应为 0.004,Sobel 检验为 3.13,显著性水平较高。列(8)中西部地区数字化转型 D_{it} 对全要素生产率产生了显著的正向直接效应,机制变量 netm 对全要素生产率的作用不显著,但仍为正,中介效应为 0.003,Sobel 检验为 1.40,与假设 12 结论相同。东部地区拥有的资源更加齐全和先进,包括高技能人才、政府优惠政策等,数字化基础设施比中西部地区更加完善,企业更愿意进行数字化转型。通过线上交流等方式,可以加强董事间的交流,提高不同企业间董事的网络密度。董事网络中心度越强,企业获得生产要素、资源和消息就越及时有效,降低了企业的交易成本,进而促进企业全要素生产率提升(王新光和盛宇华,2024)。[②] 而中西部地区一方面数字化发展缓慢,另一方面缺乏丰富有效的资源和信息,导致中西部董事网络中心度不能发挥其优势作用。因此,中西部地区数字化转型对网络中心度的促进作用不如东部地区,而网络中心度对全要素生产率的促进作用也不如东部地区。

---

① 贾凡胜、王晗笛、夏常源:《大股东"掏空"动机与企业"存贷双高"之谜》,《浙江工商大学学报》2023 年第 6 期。

② 王新光、盛宇华:《共同机构投资者与管理者短视》,《软科学》2024 年第 1 期。

表 4-8 地区异质性下治理结构的机制效应分析

变量	东部地区				中西部地区			
	机制:$devia$		机制:$netm$		机制:$devia$		机制:$netm$	
	(1)	(2)	(3)	(4)	(5)	(6)	(7)	(8)
	$devia$	TFP	$netm$	TFP	$devia$	TFP	$netm$	TFP
机制变量		-0.018***		0.105***		0.029**		0.058
		(-3.23)		(3.78)		(2.11)		(1.47)
D_{it}	-0.032**	0.061**	0.037***	0.059***	-0.048	0.182***	0.047***	0.087***
	(-2.16)	(2.55)	(5.61)	(3.85)	(-1.06)	(5.90)	(4.70)	(3.76)
Age	-0.226***	-0.050	-0.031*	-0.036	-0.171	-0.013	0.032	0.048
	(-3.13)	(-0.79)	(-1.68)	(-0.86)	(-1.37)	(-0.15)	(1.12)	(0.73)
$Capd$	0.007	-0.143***	0.003**	-0.145***	0.002	-0.147***	-0.003	-0.144***
	(1.16)	(-26.72)	(2.01)	(-36.51)	(0.30)	(-30.24)	(-1.51)	(-32.31)
$Rese$	-0.001	-0.013***	-0.001	-0.007***	0.001	-0.022***	0.003**	-0.009***
	(-0.24)	(-5.26)	(-0.87)	(-4.75)	(0.15)	(-5.24)	(2.25)	(-3.46)
$Lern$	0.165**	0.772***	0.006	1.088***	0.149	0.301***	-0.020	0.596***
	(2.13)	(11.25)	(0.30)	(21.80)	(1.60)	(4.72)	(-0.80)	(10.06)
SA	0.086	-0.723***	0.084***	-0.628***	-0.412***	-0.677***	-0.088**	-0.761***
	(0.85)	(-8.07)	(2.99)	(-9.63)	(-2.77)	(-6.60)	(-2.36)	(-8.80)

续表

变量	东部地区				中西部地区			
	机制:devia		机制:netm		机制:devia		机制:netm	
	(1) devia	(2) TFP	(3) netm	(4) TFP	(5) devia	(6) TFP	(7) netm	(8) TFP
Loan	-0.038	0.398***	0.004	0.540***	0.089	-0.155***	0.054***	0.267***
	(-0.68)	(8.12)	(0.23)	(13.24)	(1.40)	(-3.54)	(2.64)	(5.64)
Region1	0.238	0.449	-0.044	-0.146	-4.593**	-1.483	0.331	-1.441
	(0.52)	(1.11)	(-0.51)	(-0.72)	(-2.16)	(-1.01)	(0.85)	(-1.59)
Region2	0.024	0.029	-0.007	0.017	-0.006	-0.024	0.001	-0.013*
	(1.15)	(1.57)	(-1.35)	(1.42)	(-0.29)	(-1.57)	(0.21)	(-1.84)
indu1	0.102**	-0.027	-0.047	0.236***	0.113	0.201	-0.042	0.350***
	(2.19)	(-0.66)	(-1.51)	(3.29)	(0.60)	(1.57)	(-0.85)	(3.02)
indu2	-0.129**	0.312***	0.013	0.424***	-0.069	0.196***	-0.041*	0.223***
	(-2.14)	(5.87)	(0.84)	(11.48)	(-0.77)	(3.17)	(-1.95)	(4.55)
Cons	2.769***	2.262***	0.750***	2.204***	1.403**	2.261***	0.082	1.528***
	(7.18)	(6.60)	(6.89)	(8.67)	(2.49)	(5.82)	(0.60)	(4.85)
中介效应1	0.001		0.004		-0.001		0.003	
Sobel 检验	1.80*		3.13***		-0.95		1.40	

219

续表

变量	东部地区				中西部地区			
	机制:devia		机制:netm		机制:devia		机制:netm	
	(1) devia	(2) TFP	(3) netm	(4) TFP	(5) devia	(6) TFP	(7) netm	(8) TFP
中介效应2	0.001		0.005		-0.002		0.005	
置信区间	[0.0005, 0.0035]		[0.0020, 0.0137]		[-0.0049, 0.0056]		[-0.0026, 0.0077]	
Obs	4413	4413	7995	7995	3137	3137	4377	4377
调整后 R²	0.298	0.677	0.270	0.704	0.353	0.779	0.377	0.778

注:(1)括号内数值为 t 值;(2)***、**、* 分别表示在 1%、5%、10% 水平下显著;(3)中介效应 1 为逐步回归法求出的中介效应,中介效应 2 为 Bootstrap 方法求出的中介效应,置信区间是 1000 次迭代求出的中介效应的置信区间。

资料来源:国泰安数据库和 WIND 数据库。

二、所有权结构异质性

国有企业和非国有企业管理结构存在显著差异,国有企业的管理层更多以地区和国家发展为目标,解决地方就业问题,人员调动幅度小,工资薪酬也受到国家和地方政府政策的影响,变化幅度通常不大。而非国有企业受到的约束小,但面临的市场竞争压力大,需要以企业发展和竞争力为目标,管理人员的行为要以企业利润和生产效率为主,变化幅度比国有企业人。

(一)管理人员结构的异质性分析(见表4-9)

女性管理人员占比。第一,以东部地区为例。列(1)国有企业数字化转型对女性管理人员的作用为0.019,在1%的水平上显著,即数字化转型企业的女性管理人员占比比未进行数字化转型企业高0.019个单位。列(2)数字化转型与女性管理人员占比的系数分别为0.057和-0.029,女性管理人员占比的系数不显著。中介效应为-0.001,Sobel检验为-0.22,Bootstrap方法求出的置信区间包含0,国有企业数字化转型通过女性管理人员影响全要素生产率的中介效应不显著。第二,以中西部地区为例。列(5)和列(6)非国有企业数字化转型D_{it}的系数分别为0.028和0.157,非国有企业数字化转型不仅提高女性管理人员占比,也对全要素生产率产生正向的直接效应。列(6)机制变量对全要素生产率的作用在1%的水平上显著(0.164),中介效应为0.005,Sobel检验为2.88,非国有企业数字化转型通过提高女性管理人员占比,提升全要素生产率的中介效应显著存在。非国有企业以企业利润和竞争力为主要目标,更愿意使用先进的数字技术占领市场,使用具有创造性思维能力的女性管理人员,并与男性管理人员和数字技术分工协作,创造更高的全要素生产率(Masoud和Vij,2021)。[1]

管理人员平均年龄。列(3)和列(7)表明,国有企业和非国有企业数字化

---

[1]　Masoud N., Vij A., "Factors Influencing Corporate Social Responsibility Disclosure(CSRD)by Libyan State-owned Enterprises(SOEs)", *Cogent Business & Management*, Vol.8, No.1, 2021.

表4-9 所有权结构下管理人员结构的机制效应分析

变量	国有企业				非国有企业			
	机制:fman		机制:mage		机制:fman		机制:mage	
	(1) fman	(2) TFP	(3) mage	(4) TFP	(5) fman	(6) TFP	(7) mage	(8) TFP
机制变量		-0.029		0.650***		0.164***		-0.211**
		(-0.22)		(3.37)		(2.93)		(-2.55)
D_{it}	0.019***	0.057**	-0.014***	0.067***	0.028***	0.157***	-0.013***	0.154***
	(6.01)	(2.30)	(-6.62)	(2.69)	(16.18)	(13.14)	(-11.28)	(13.29)
Age	0.003	0.165**	0.010*	0.191***	-0.002	-0.108***	0.029***	-0.110***
	(0.32)	(2.48)	(1.81)	(2.95)	(-0.55)	(-3.98)	(11.38)	(-4.17)
Capd	0.001**	-0.146***	-0.001**	-0.148***	0.002***	-0.129***	-0.001***	-0.130***
	(2.31)	(-29.52)	(-2.43)	(-29.89)	(4.76)	(-56.44)	(-3.30)	(-59.10)
Rese	-0.000	-0.015***	-0.000	-0.015***	-0.001***	-0.010***	0.000	-0.010***
	(-0.64)	(-4.96)	(-1.64)	(-4.84)	(-4.00)	(-8.62)	(0.23)	(-8.74)
Lern	0.020**	0.594***	-0.012**	0.589***	0.006	0.654***	-0.004*	0.654***
	(2.27)	(8.68)	(-2.03)	(8.58)	(1.38)	(23.57)	(-1.69)	(24.34)
SA	0.022**	-0.564***	-0.021***	-0.556***	-0.013**	-1.000***	-0.009**	-0.978***
	(2.14)	(-7.12)	(-3.02)	(-7.05)	(-1.99)	(-23.10)	(-2.25)	(-23.37)

续表

变量	国有企业				非国有企业			
	机制:fman		机制:mage		机制:fman		机制:mage	
	(1)	(2)	(3)	(4)	(5)	(6)	(7)	(8)
	fman	TFP	mage	TFP	fman	TFP	mage	TFP
Loan	-0.007	0.330***	-0.013***	0.375***	0.000	0.228***	0.003*	0.230***
	(-1.05)	(6.22)	(-2.72)	(7.09)	(0.09)	(11.49)	(1.66)	(11.90)
Region1	0.061	0.279	0.044	0.292	0.004	0.210	-0.093***	0.179
	(1.40)	(0.84)	(1.50)	(0.88)	(0.18)	(1.30)	(-6.13)	(1.13)
Region2	0.000	-0.020	0.004***	-0.014	0.001	0.001	0.002***	0.001
	(0.00)	(-1.28)	(2.69)	(-0.91)	(0.76)	(0.25)	(3.61)	(0.10)
indu1	-0.002	0.066	-0.010*	0.102	-0.006*	0.022	0.003	0.025
	(-0.23)	(0.98)	(-1.66)	(1.54)	(-1.83)	(1.03)	(1.29)	(1.16)
indu2	-0.004	0.143***	-0.004	0.169***	-0.002	0.382***	0.000	0.365***
	(-0.78)	(3.34)	(-1.06)	(3.96)	(-0.40)	(14.71)	(0.11)	(14.39)
Cons	0.185***	2.333***	3.748***	-0.291	0.079***	1.497***	3.702***	2.377***
	(4.43)	(7.25)	(134.50)	(-0.37)	(3.55)	(9.84)	(262.45)	(6.99)
中介效应1	-0.001		-0.009		0.005		0.003	
Sobel 检验	-0.22		-3.00***		2.88***		2.49**	

223

续表

变量	国有企业				非国有企业			
	机制:*fman*		机制:*mage*		机制:*fman*		机制:*mage*	
	(1) *fman*	(2) *TFP*	(3) *mage*	(4) *TFP*	(5) *fman*	(6) *TFP*	(7) *mage*	(8) *TFP*
中介效应2		0.001		-0.004		0.005		0.002
置信区间	[-0.0076, 0.0083]		[-0.0198, -0.0020]		[0.0037, 0.0085]		[0.0006, 0.0055]	
Obs	3686	3685	3823	3822	18023	18023	18780	18780
调整后 R^2	0.327	0.794	0.384	0.791	0.413	0.723	0.358	0.730

注:(1)括号内数值为 t 值;(2) ***、**、* 分别表示在 1%、5%、10%水平下显著;(3)中介效应 1 为逐步回归法求出的中介效应,中介效应 2 为 Bootstrap 方法求出的中介效应,置信区间是 1000 次迭代求出的中介效应的置信区间。

资料来源:国泰安数数据库和 WIND 数据库。

转型均会降低管理人员平均年龄,在 1% 的水平上显著,且非国有企业的显著性水平更高。由列(4)和列(8)可以看出,数字化转型均对全要素生产率产生正向的直接效应,但国有企业管理人员平均年龄与全要素生产率的关系显著为正,即 0.650,而非国有企业管理人员平均年龄越低,越能促进企业全要素生产率的提升。国有企业和非国有企业管理人员平均年龄的中介效应分别为 -0.009 和 0.003,Sobel 检验分别为 -3.00 和 2.49,均显著。相比国有企业,非国有企业的用工制度更为灵活、解除劳动力的成本较低,更愿意使用年轻的管理人员来适应数字技术,进而促进全要素生产率。

(二)董监高薪酬的异质性分析(见表4-10)

董事前三薪酬。第一,以国有企业为例。列(1)数字化转型 D_{it} 对董事薪酬的作用不显著,但仍为正,即 0.023。列(2)核心解释变量 D_{it} 和机制变量的系数分别为 0.043 和 0.262,均显著,但中介效应为 0.006,Sobel 检验为 0.90,不显著,即国有企业数字化转型不能通过提升董事薪酬,提升全要素生产率。第二,以非国有企业为例。列(7)和列(8)数字化转型 D_{it} 的系数分别为 0.032 和 0.148,列(8)机制变量的系数为 0.256,所有变量均在 1% 的水平上显著,中介效应为 0.008,Sobel 检验在 1% 的水平上显著(2.76),说明非国有企业董事薪酬的正向中介效应显著存在,与假设 10 的结论相同。相比国有企业,非国有企业更愿意使用高薪酬激励董事进行数字化转型,促进全要素生产率的提升。

监事层前三薪酬。列(3)和列(9)数字化转型 D_{it} 的系数分别为 -0.007 和 0.088,国有企业数字化转型对监事层薪酬的作用为负,且不显著。列(4)和列(10)数字化转型 D_{it} 均对全要素生产率产生显著的正向作用,分别为 0.047 和 0.149,机制变量的系数也均在 1% 的水平上显著,分别为 0.125 和 0.100。但国有企业中介效应为 -0.001,Sobel 检验不显著,非国有企业中介效应为 0.009,Sobel 检验在 1% 的水平上显著(5.35)。非国有企业更愿意使用数字技术改善企业生产、采购、研发等各流程,改进财务系统,原先采用人

表 4-10　所有权结构下董监高薪酬的机制效应分析

变量	国有企业						非国有企业					
	机制:mwage1		机制:mwage2		机制:mwage3		机制:mwage1		机制:mwage2		机制:mwage3	
	(1)	(2)	(3)	(4)	(5)	(6)	(7)	(8)	(9)	(10)	(11)	(12)
	mwage1	TFP	mwage2	TFP	mwage3	TFP	mwage1	TFP	mwage2	TFP	mwage3	TFP
机制变量		0.262***		0.125***		0.247***		0.256***		0.100***		0.243***
		(15.44)		(10.16)		(14.66)		(33.12)		(17.15)		(32.21)
D_{it}	0.023	0.043*	-0.007	0.047*	0.008	0.046*	0.032***	0.148***	0.088***	0.149***	0.034***	0.147***
	(0.90)	(1.83)	(-0.19)	(1.95)	(0.31)	(1.94)	(2.77)	(13.43)	(5.63)	(13.33)	(2.91)	(13.39)
Age	-0.169**	0.122	-0.313***	0.145*	-0.171**	0.134*	-0.108***	-0.100***	-0.013	-0.122***	-0.136***	-0.094***
	(-2.09)	(1.60)	(-2.72)	(1.85)	(-2.09)	(1.74)	(-3.97)	(-3.84)	(-0.37)	(-4.62)	(-4.89)	(-3.62)
$Capd$	-0.004	-0.144***	-0.015*	-0.151***	-0.007	-0.144***	-0.011***	-0.130***	-0.021***	-0.134***	-0.010***	-0.131***
	(-0.81)	(-28.62)	(-1.94)	(-29.09)	(-1.36)	(-28.54)	(-4.86)	(-58.24)	(-6.47)	(-58.10)	(-4.09)	(-58.39)
$Rese$	0.003	-0.014***	-0.005	-0.012***	0.003	-0.014***	0.003***	-0.010***	0.004**	-0.009***	0.004***	-0.010***
	(0.83)	(-4.80)	(-1.17)	(-4.17)	(0.91)	(-4.80)	(2.91)	(-9.38)	(2.40)	(-8.38)	(3.18)	(-9.41)
$Lern$	0.467***	0.516***	0.138	0.722***	0.407***	0.526***	0.400***	0.591***	0.273***	0.699***	0.427***	0.590***
	(6.31)	(7.27)	(1.31)	(10.01)	(5.44)	(7.39)	(14.09)	(21.64)	(7.05)	(25.06)	(14.66)	(21.54)
SA	-0.095	-0.468***	-0.157	-0.377***	-0.279***	-0.479***	-0.447***	-0.877***	-0.357***	-0.858***	-0.376***	-0.899***
	(-1.09)	(-5.67)	(-1.25)	(-4.42)	(-3.12)	(-5.67)	(-10.41)	(-21.29)	(-6.02)	(-20.14)	(-8.55)	(-21.83)

续表

变量	国有企业						非国有企业					
	机制:mwage1		机制:mwage2		机制:mwage3		机制:mwage1		机制:mwage2		机制:mwage3	
	(1)	(2)	(3)	(4)	(5)	(6)	(7)	(8)	(9)	(10)	(11)	(12)
	mwage1	TFP	mwage2	TFP	mwage3	TFP	mwage1	TFP	mwage2	TFP	mwage3	TFP
Loan	0.004	0.341***	0.095	0.272***	-0.026	0.344***	0.120***	0.190***	0.057**	0.228***	0.105***	0.195***
	(0.07)	(6.34)	(1.18)	(4.96)	(-0.46)	(6.38)	(6.14)	(10.16)	(2.12)	(11.89)	(5.23)	(10.43)
Region1	0.154	0.314	1.179**	0.395	0.338	0.296	1.085***	-0.180	1.367***	-0.072	1.122***	-0.177
	(0.46)	(0.98)	(2.46)	(1.21)	(0.99)	(0.92)	(6.89)	(-1.19)	(6.41)	(-0.47)	(6.95)	(-1.17)
Region2	-0.004	-0.018	0.008	-0.021	-0.001	-0.017	0.017***	-0.004	-0.001	0.001	0.019***	-0.005
	(-0.26)	(-1.20)	(0.34)	(-1.33)	(-0.08)	(-1.12)	(3.49)	(-0.93)	(-0.11)	(0.24)	(3.70)	(-0.96)
indu1	-0.081	0.075	0.086	0.001	-0.069	0.070	0.100***	-0.004	0.106***	0.016	0.098***	-0.002
	(-1.18)	(1.15)	(0.87)	(0.01)	(-0.99)	(1.07)	(4.65)	(-0.20)	(3.64)	(0.78)	(4.44)	(-0.11)
indu2	0.024	0.161***	-0.072	0.208***	0.052	0.158***	0.144***	0.352***	0.169***	0.372***	0.170***	0.348***
	(0.54)	(3.77)	(-1.12)	(4.81)	(1.14)	(3.69)	(5.56)	(14.24)	(4.80)	(14.73)	(6.43)	(14.02)
Cons	12.374***	-0.678	10.756***	1.551***	12.257***	-0.506	10.874***	-1.344***	10.350***	0.742***	10.818***	-1.225***
	(31.10)	(-1.57)	(18.95)	(3.81)	(30.38)	(-1.17)	(54.04)	(-6.40)	(33.05)	(3.19)	(50.71)	(-5.68)
中介效应1	0.006		-0.001		0.002		0.008		0.009		0.008	
Sobel 检验	0.90		-0.19		0.31		2.76***		5.35***		2.90***	

227

续表

变量	国有企业						非国有企业					
	机制:mwage1		机制:mwage2		机制:mwage3		机制:mwage1		机制:mwage2		机制:mwage3	
	(1)	(2)	(3)	(4)	(5)	(6)	(7)	(8)	(9)	(10)	(11)	(12)
	mwage1	TFP	mwage2	TFP	mwage3	TFP	mwage1	TFP	mwage2	TFP	mwage3	TFP
中介效应2	0.067		−0.002		0.003		0.007		0.011		0.007	
置信区间	[−0.0233, 0.1671]		[−0.0045, 0.0053]		[−0.0009, 0.0099]		[0.0040, 0.0115]		[0.0023, 0.231]		[0.0033, 0.0123]	
Obs	3456	3455	3388	3387	3454	3453	18378	18378	18262	18262	18377	18377
调整后 R^2	0.589	0.793	0.409	0.791	0.583	0.792	0.576	0.741	0.343	0.732	0.571	0.740

注:(1)括号内数值为 t 值;(2)***、**、* 分别表示在 1%、5%、10%水平下显著;(3)中介效应 1 为逐步回归法求出的中介效应,中介效应 2 为 Bootstrap 方法求出的中介效应,置信区间是 1000 次迭代求出的中介效应的置信区间。

资料来源:国泰安数据库和 WIND 数据库。

力的工作则更多地使用数字技术替代,财务测算方式也得到改变,而董事和高级管理人员也要满足企业股东的要求,进行数字化转型的相关决策,对监事层的要求更高。因此,非国有企业更愿意提高监事层薪酬,激励监事层更好地监督董事和高级管理人员的行为,促进企业全流程数字化发展,提升全要素生产率(Mehran,1995)。①

高级管理人员前三薪酬。第一,以国有企业为例。列(5)数字化转型 D_{it} 对高级管理人员薪酬的作用为 0.008,但不显著。列(6)数字化转型 D_{it} 和机制变量的系数分别为 0.046 和 0.247,均显著。中介效应为 0.002,但 Sobel 检验为 0.31,不显著,说明国有企业数字化转型不能通过提升高级管理人员薪酬,促进全要素生产率的提升。第二,以非国有企业为例。列(11)和列(12)核心解释变量 D_{it} 的系数均在 1% 的水平上显著为正,为 0.034 和 0.147,说明数字化转型企业高管人员前三薪酬和全要素生产率比未进行数字化转型企业高 0.034 和 0.147。列(12)非国有企业高管薪酬对全要素生产率的作用为 0.243,显著性水平比国有企业高,中介效应为 0.008,Sobel 检验为 2.90,Bootstrap 方法求出的置信区间不包含 0,因此,非国有企业数字化转型通过提高高级管理人员薪酬,进而促进企业全要素生产率提升。非国有企业数字化转型的动机强于国有企业,股东更愿意为企业高管、销售、研发人员等制定与数字化转型相关的经营目标,有助于提升工作效率。

(三)治理结构的异质性分析(见表 4-11)

两权分离率。第一,以国有企业为例。列(1)数字化转型 D_{it} 对两权分离率的作用不显著,且为负,因为国有企业是地方政府和中央政府控股企业,控股股东的变化小。列(2)数字化转型 D_{it} 与两权分离率 devia 的系数分别为 0.097 和 -0.046,均在 10% 的水平上显著。中介效应为 0.004,Sobel 检验为

① Mehran H. , "Executive Compensation Structure, Ownership, and Firm Performance", *Journal of Financial Economics*, Vol.38, No.2, 1995.

1.13,虽然为正,但不显著。第二,以非国有企业为例。列(5)核心解释变量的系数为-0.073,在1%的水平上显著,说明非国有企业通过数字化转型,采用人工智能、大数据等数字技术可以提高信息的公开透明度,加强中小投资者对控股股东决策行为的监督。列(6)数字化转型D_{it}和机制变量的系数分别为0.142和-0.005,均显著,非国有企业机制变量的显著性水平明显高于国有企业,说明两权分离率越低,越能促进非国有企业全要素生产率的提升。中介效应为0.001,Sobel检验为2.05,在5%的水平上显著,与假设12结论相同。非国有企业由于面对较严格的融资约束,会加强实际控制人对企业生产率的提升作用,而数字技术也会提高中小股东对控制人的监控。因此,相比国有企业,非国有企业数字化转型更愿意通过降低两权分离率,进而改善全要素生产率(王艳等,2023)。[①]

网络中心度。列(3)国有企业数字化转型D_{it}的系数为-0.004,但不显著,而列(7)非国有企业数字化转型D_{it}对网络中心度的作用在1%的水平上显著为正,即0.059。列(4)国有企业数字化转型和机制变量的系数分别为0.051和0.099,均在10%的水平上显著,而列(8)非国有企业数字化转型和机制变量的系数分别为0.103和0.049,在5%的水平上显著,可以看出,非国有企业的显著性水平高于国有企业。国有企业和非国有企业的中介效应分别为-0.001和0.003,Sobel检验为-0.29和2.23,只有非国有企业数字化转型通过网络中心度提升全要素生产率的中介效应显著存在。通过上文分析可知,非国有企业进行数字化转型的意愿更大,人工智能、大数据等技术通过线上形式为企业董事之间的交流带来了便利。网络中心度越高,董事获取生产要素和资源的途径越广泛,成本也就越低,这无疑会带动企业全要素生产率的提升。

---

① 王艳、年洁、杨明晖:《"非国有派"董事与国有企业混合所有制并购绩效》,《经济管理》2023年第3期。

表 4-11 所有权结构下治理结构的机制效应分析

变量	国有企业				非国有企业			
	机制:devia		机制:netm		机制:devia		机制:netm	
	(1)	(2)	(3)	(4)	(5)	(6)	(7)	(8)
	devia	TFP	netm	TFP	devia	TFP	netm	TFP
机制变量		-0.046*		0.099**		-0.005**		0.049**
		(-1.80)		(2.14)		(-2.52)		(2.28)
D_{it}	-0.090	0.097*	-0.004	0.051*	-0.073***	0.142***	0.059***	0.103***
	(-1.46)	(1.96)	(-0.29)	(1.90)	(-3.52)	(8.65)	(10.95)	(8.27)
Age	-0.163	0.128	-0.139***	0.151*	-0.186***	-0.088**	0.000	-0.086***
	(-0.70)	(0.69)	(-3.55)	(1.76)	(-3.83)	(-2.29)	(0.03)	(-2.71)
Capd	0.001	-0.209***	-0.004	-0.141***	0.007	-0.134***	0.003***	-0.150***
	(0.04)	(-18.36)	(-1.26)	(-21.58)	(1.84)	(-45.39)	(2.13)	(-52.62)
Rese	-0.002	0.000	-0.001	-0.014***	0.001	-0.018***	-0.000	-0.007***
	(-0.31)	(0.08)	(-0.55)	(-4.42)	(0.23)	(-10.06)	(-0.45)	(-5.88)
Lern	0.184	0.221*	-0.014	0.971***	0.200***	0.574***	-0.022	0.842***
	(1.12)	(1.68)	(-0.35)	(11.36)	(4.19)	(15.15)	(-1.45)	(23.99)
SA	-0.965***	-0.261	0.011	-0.328***	0.129*	-0.791***	0.053**	-0.866***
	(-4.27)	(-1.43)	(0.25)	(-3.28)	(1.75)	(-13.56)	(2.20)	(-15.80)

231

续表

变量	国有企业				非国有企业			
	机制:devia		机制:netm		机制:devia		机制:netm	
	(1)	(2)	(3)	(4)	(5)	(6)	(7)	(8)
	devia	TFP	netm	TFP	devia	TFP	netm	TFP
Loan	-0.192	0.474***	0.030	0.579***	-0.012	0.161***	-0.005	0.414***
	(-1.63)	(5.03)	(0.92)	(8.20)	(-0.37)	(6.22)	(-0.42)	(14.36)
Region1	4.144***	-1.021	0.192	-0.011	-0.934***	0.623**	-0.033	-0.302*
	(4.85)	(-1.47)	(1.20)	(-0.03)	(-2.82)	(2.37)	(-0.46)	(-1.85)
Region2	-0.056	-0.046	0.000	-0.012	-0.001	0.004	0.000	0.001
	(-1.22)	(-1.25)	(0.06)	(-0.68)	(-0.06)	(0.48)	(0.02)	(0.14)
indu1	0.006	0.311**	-0.094**	0.373***	0.064*	-0.009	-0.064**	0.131**
	(0.04)	(2.30)	(-2.09)	(3.77)	(1.92)	(-0.35)	(-2.41)	(2.17)
indu2	0.036	0.142	0.053**	0.264***	-0.115***	0.268***	-0.016	0.342***
	(0.31)	(1.49)	(2.07)	(4.69)	(-2.62)	(7.70)	(-1.25)	(11.55)
Cons	-0.374	3.651***	0.652***	2.646***	3.032***	2.189***	0.566***	1.744***
	(-0.39)	(4.74)	(3.43)	(6.35)	(11.49)	(10.38)	(6.48)	(8.75)
中介效应1	0.004		-0.001		0.001		0.003	
Sobel 检验	1.13		-0.29		2.05**		2.23**	

续表

变量	国有企业				非国有企业			
	机制:devia		机制:netm		机制:devia		机制:netm	
	(1)	(2)	(3)	(4)	(5)	(6)	(7)	(8)
	devia	TFP	netm	TFP	devia	TFP	netm	TFP
中介效应2		-0.001		0.001		0.001		0.004
置信区间	[-0.0022, 0.0049]		[-0.0035, 0.0072]		[0.0003, 0.0041]		[0.0015, 0.090]	
Obs	1188	1188	2555	2555	9348	9348	14040	14040
调整后 R^2	0.329	0.777	0.473	0.789	0.363	0.736	0.366	0.725

注:(1)括号内数值为 t 值;(2)***、**、* 分别表示在 1%、5%、10%水平下显著;(3)中介效应 1 为逐步回归法求出的中介效应,中介效应 2 为 Bootstrap 方法求出的中介效应,置信区间是 1000 次迭代求出的中介效应的置信区间。

资料来源:国泰安数据库和 WIND 数据库。

三、要素密集度异质性

劳动密集型企业对中低技能劳动力的需求更高,企业生产技术不如资本和技术密集型企业。并且,劳动密集型企业收益低,管理人员的薪酬也不如资本和技术密集型企业,对企业管理效率的提升作用有限。

（一）管理人员结构的异质性分析（见表 4-12）

女性管理人员占比。第一,以劳动密集型企业为例。列（1）和列（2）数字化转型的系数分别为 0.023 和 0.156,在 1% 的水平上显著,说明劳动密集型企业数字化转型提高女性管理人员占比,对全要素生产率产生正向的直接效应。列（2）机制变量对全要素生产率的影响为负,但不显著。中介效应为 -0.001,Sobel 检验为 -0.12,劳动密集型企业数字化转型不能通过提高女性管理人员占比提升全要素生产率。第二,以资本密集型企业为例。列（5）和列（6）所有核心解释变量和机制变量的系数均在 1% 的水平上显著为正,说明资本密集型企业数字化转型不仅提升全要素生产率,还增加女性管理人员占比,而女性管理人员占比增加还能提升企业全要素生产率。与资本密集型企业相比,劳动密集型企业不具有技术和资本优势,导致其进行数字化转型的动力不足,我们同时发现列（5）数字化转型的系数显著性水平高于列（1）,与假设 8 结论相同。劳动密集型企业的特点促使其多以体力劳动为主,需要男性管理人员更多。而资本密集型企业拥有大量资金进行数字化转型,可以雇佣更多具有创造性思维能力的女性管理人员,通过男女合作和数字技术,创造更高水平的全要素生产率。

管理人员平均年龄。列（3）和列（7）数字化转型对管理人员平均年龄产生显著的负向影响,对年轻的管理人员需求较高,且资本密集型企业的显著性水平高于劳动密集型企业。列（4）和列（8）数字化转型 D_{it} 对全要素生产率产生正向的直接效应,但劳动密集型企业机制变量的系数显著为负,资本密集型企业机制变量的系数显著为正,中介效应分别为 0.009 和 -0.003,Sobel 检验分别为 2.91 和 -4.00,均在 1% 的水平上显著。学历越高的管理人员更能适应数字技

表4-12　要素密集度下管理人员结构的机制效应分析

变量	劳动密集型				资本密集型			
	机制:fman		机制:mage		机制:fman		机制:mage	
	(1)	(2)	(3)	(4)	(5)	(6)	(7)	(8)
	fman	TFP	mage	TFP	fman	TFP	mage	TFP
机制变量		-0.016		-0.976***		0.261***		0.304***
		(-0.12)		(-5.02)		(5.18)		(4.38)
D_{it}	0.023***	0.156***	-0.009***	0.154***	0.024***	0.143***	-0.011***	0.148***
	(6.35)	(5.11)	(-3.57)	(5.10)	(15.15)	(13.72)	(-9.85)	(14.52)
Age	0.008	0.155***	0.022***	0.174***	-0.001	-0.010	0.013***	-0.013
	(1.17)	(2.59)	(4.48)	(2.97)	(-0.51)	(-0.49)	(7.07)	(-0.70)
Capd	0.001	-0.126***	-0.001***	-0.126***	0.002***	-0.157***	-0.001***	-0.159***
	(1.03)	(-23.86)	(-2.63)	(-24.01)	(6.57)	(-70.89)	(-3.10)	(-74.13)
Rese	-0.001	-0.044***	0.002**	-0.045***	-0.000**	-0.004***	0.000	-0.005***
	(-1.15)	(-5.81)	(2.44)	(-6.04)	(-2.53)	(-4.33)	(0.04)	(-4.73)
Lern	0.015*	1.196***	-0.023***	1.120***	0.006	0.572***	-0.006**	0.558***
	(1.88)	(17.50)	(-3.99)	(16.62)	(1.59)	(21.19)	(-2.07)	(21.51)
SA	-0.007	-0.314***	-0.015*	-0.281***	-0.001	-1.078***	-0.037***	-0.991***
	(-0.62)	(-3.29)	(-1.95)	(-3.00)	(-0.16)	(-28.82)	(-9.99)	(-27.71)

235

续表

| 变量 | 劳动密集型 | | | | 资本密集型 | | | |
| | 机制:fman | | 机制:mage | | 机制:fman | | 机制:mage | |
	(1) fman	(2) TFP	(3) mage	(4) TFP	(5) fman	(6) TFP	(7) mage	(8) TFP
Loan	-0.000 (-0.03)	0.508*** (9.06)	0.009* (1.93)	0.500*** (9.02)	-0.000 (-0.07)	0.209*** (10.64)	-0.001 (-0.27)	0.209*** (11.01)
Region1	-0.071 (-1.40)	-0.592 (-1.39)	-0.001 (-0.04)	-0.538 (-1.27)	-0.030 (-1.49)	0.114 (0.85)	-0.062*** (-4.52)	0.129 (0.98)
Region2	0.000 (0.10)	0.014 (0.73)	0.004** (2.58)	0.016 (0.86)	0.002** (2.41)	-0.005 (-0.95)	0.001*** (2.84)	-0.006 (-1.32)
indu1	-0.039** (-2.54)	0.419*** (3.31)	-0.018* (-1.71)	0.453*** (3.68)	-0.003 (-1.34)	-0.011 (-0.66)	0.000 (0.24)	-0.006 (-0.34)
indu2	0.004 (0.76)	0.364*** (8.81)	0.001 (0.25)	0.376*** (9.19)	-0.009** (-2.09)	0.424*** (14.60)	-0.011*** (-3.87)	0.394*** (14.12)
Cons	0.142*** (3.52)	3.295*** (9.76)	3.721*** (133.89)	7.060*** (8.87)	0.121*** (6.62)	1.943*** (15.92)	3.702*** (303.32)	1.022*** (3.62)
中介效应1	-0.001		0.009		0.006		-0.003	
Sobel 检验	-0.12		2.91***		4.90***		-4.00***	

续表

变量	劳动密集型				资本密集型			
	机制:*fman*		机制:*mage*		机制:*fman*		机制:*mage*	
	(1)	(2)	(3)	(4)	(5)	(6)	(7)	(8)
	fman	*TFP*	*mage*	*TFP*	*fman*	*TFP*	*mage*	*TFP*
中介效应2	−0.002		0.010		0.007		0.002	
置信区间	[−0.0043, 0.0055]		[0.0050, 0.0217]		[0.0015, 0.0198]		[0.0003, 0.0102]	
Obs	3974	3974	4063	4063	20432	20431	21710	21709
调整后 R^2	0.140	0.702	0.364	0.701	0.299	0.825	0.376	0.828

注:(1) 括号内数值为 t 值;(2) ***、**、* 分别表示在 1%、5%、10%水平下显著;(3) 中介效应 1 为逐步回归法求出的中介效应,中介效应 2 为 Bootstrap 方法求出的中介效应,置信区间是 1000 次迭代求出的中介效应的置信区间。

资料来源:国泰安数数据库和 WIND 数据库。

术,对于资本密集型企业而言,当企业进行数字化转型后,高学历和高技能的管理人员并不会完全被数字技术替代,反而能依靠其丰富的经验,更好地发挥数字化的优势,促进全要素生产率的提升。

(二)董监高薪酬的异质性分析(见表4-13)

董事薪酬。第一,以劳动密集型企业为例。列(1)数字化转型 D_{it} 对董事薪酬的作用在5%的水平上显著(0.057),即劳动密集型企业数字化转型提高董事的薪酬。列(2)核心解释变量和机制变量的系数分别为0.099和0.342,均在1%的水平上显著,中介效应为0.019,Sobel检验为2.11,在5%的水平上显著,说明劳动密集型企业愿意通过数字化转型提升董事薪酬,进而提升全要素生产率。第二,以资本密集型企业为例。列(7)和列(8)数字化转型的系数分别为0.070和0.117,均在1%的水平上显著,且系数的绝对值和显著性水平均高于劳动密集型企业。列(8)机制变量对全要素生产率的作用也在1%的水平上显著(0.218),中介效应为0.015,Sobel检验为6.16。可以看出,无论是劳动密集型企业还是资本密集型企业,均希望通过提高董事薪酬,促使其作出数字化转型相关的决策,进而提升全要素生产率。但资本密集型企业管理人员和员工的学历高于劳动密集型企业,有利于董事执行股东的决策。因此,资本密集型企业数字化转型通过提高董事薪酬提升全要素生产率的中介效应大于劳动密集型企业。

监事层薪酬。列(3)、列(4)、列(9)和列(10)数字化转型 D_{it} 的系数分别为0.158、0.083、0.075和0.124,均在1%的水平上显著,即劳动密集型企业和资本密集型企业数字化转型均能提升监事层薪酬,并对全要素生产率产生正向的直接效应。虽然劳动密集型企业机制变量的系数为0.168,高于资本密集型企业机制变量的系数(0.080),但显著性水平却低于资本密集型企业。通过计算得出,劳动密集型企业和资本密集型企业监事层薪酬的中介效应分别为0.027和0.006,Sobel检验在10%的水平上显著,分别为4.20和4.64,可以看出,虽然劳动密集型企业的中介效应大于资本密集型企业,但资本密集型企业

表4-13　要素密集度下董监高薪酬的机制效应分析

变量	劳动密集型						资本密集型					
	机制:mwage1		机制:mwage2		机制:mwage3		机制:mwage1		机制:mwage2		机制:mwage3	
	(1)	(2)	(3)	(4)	(5)	(6)	(7)	(8)	(9)	(10)	(11)	(12)
	mwage1	TFP	mwage2	TFP	mwage3	TFP	mwage1	TFP	mwage2	TFP	mwage3	TFP
机制变量		0.342***		0.168***		0.319***		0.218***		0.080***		0.206***
		(18.38)		(11.45)		(17.68)		(32.19)		(16.16)		(31.26)
D_{it}	0.057**	0.099***	0.158***	0.083***	0.051*	0.102***	0.070***	0.117***	0.075***	0.124***	0.061***	0.119***
	(2.12)	(3.48)	(4.51)	(2.88)	(1.83)	(3.58)	(6.28)	(11.89)	(4.84)	(12.38)	(5.35)	(12.14)
Age	-0.051	-0.034	-0.106	-0.017	-0.078	-0.014	0.025	-0.018	0.086**	-0.041*	0.007	-0.013
	(-0.75)	(-0.47)	(-1.18)	(-0.23)	(-1.10)	(-0.20)	(1.03)	(-0.83)	(2.47)	(-1.81)	(0.28)	(-0.61)
Capd	-0.001	-0.123***	-0.010	-0.125***	-0.000	-0.123***	-0.013***	-0.160***	-0.026***	-0.165***	-0.011***	-0.160***
	(-0.27)	(-22.82)	(-1.49)	(-22.81)	(-0.07)	(-22.84)	(-4.94)	(-69.89)	(-6.96)	(-69.20)	(-4.24)	(-69.93)
Rese	-0.010	-0.043***	-0.012	-0.042***	-0.011	-0.043***	0.008***	-0.006***	0.004***	-0.004***	0.009***	-0.006***
	(-1.49)	(-6.20)	(-1.41)	(-6.06)	(-1.59)	(-6.17)	(7.52)	(-6.24)	(2.72)	(-3.97)	(7.69)	(-6.22)
Lern	0.703***	1.008***	0.371***	1.258***	0.744***	1.002***	0.564***	0.550***	0.263***	0.673***	0.554***	0.560***
	(9.78)	(13.08)	(3.95)	(16.21)	(10.01)	(12.93)	(17.44)	(19.08)	(5.75)	(22.86)	(16.65)	(19.40)
SA	-0.171*	-0.274***	0.118	-0.262***	-0.349***	-0.275***	-0.677***	-0.910***	-0.543***	-1.021***	-0.687***	-0.916***
	(-1.83)	(-2.77)	(0.95)	(-2.57)	(-3.54)	(-2.71)	(-16.20)	(-24.47)	(-9.14)	(-26.71)	(-15.98)	(-24.61)

续表

变量	劳动密集型						资本密集型					
	机制:mwage1		机制:mwage2		机制:mwage3		机制:mwage1		机制:mwage2		机制:mwage3	
	(1)	(2)	(3)	(4)	(5)	(6)	(7)	(8)	(9)	(10)	(11)	(12)
	mwage1	TFP	mwage2	TFP	mwage3	TFP	mwage1	TFP	mwage2	TFP	mwage3	TFP
Loan	0.231***	0.300***	0.158**	0.305***	0.242***	0.299***	0.024	0.203***	0.024	0.252***	-0.002	0.209***
	(4.47)	(5.47)	(2.33)	(5.46)	(4.52)	(5.43)	(1.11)	(10.76)	(0.80)	(12.94)	(-0.07)	(11.04)
Region1	0.399	-1.000**	0.842*	-1.152***	0.357	-0.929**	0.708***	-0.013	0.844***	0.087	0.786***	-0.019
	(1.01)	(-2.40)	(1.65)	(-2.73)	(0.88)	(-2.22)	(4.89)	(-0.10)	(4.17)	(0.67)	(5.28)	(-0.15)
Region2	0.021	0.002	0.022	0.013	0.031*	0.001	-0.004	-0.007	0.005	-0.008*	-0.004	-0.007
	(1.18)	(0.11)	(0.96)	(0.70)	(1.66)	(0.07)	(-0.69)	(-1.43)	(0.67)	(-1.71)	(-0.70)	(-1.46)
indu1	0.465***	0.253**	0.115	0.353***	0.534***	0.227*	0.036**	-0.019	0.006	-0.012	0.037**	-0.018
	(3.82)	(1.97)	(0.73)	(2.71)	(4.25)	(1.75)	(2.09)	(-1.24)	(0.25)	(-0.74)	(2.07)	(-1.20)
indu2	-0.020	0.439***	0.080	0.414***	0.006	0.433***	0.274***	0.355***	0.238***	0.390***	0.283***	0.357***
	(-0.51)	(10.60)	(1.58)	(9.90)	(0.15)	(10.41)	(8.72)	(12.81)	(5.41)	(13.80)	(8.78)	(12.85)
Cons	11.255***	-0.147	11.214***	2.138***	10.554***	0.132	9.545***	-0.095	9.072***	1.270***	9.419***	0.046
	(33.47)	(-0.36)	(25.48)	(5.36)	(29.66)	(0.32)	(69.01)	(-0.69)	(46.21)	(9.49)	(66.09)	(0.34)
中介效应1	0.019		0.027		0.016		0.015		0.006		0.013	
Sobel 检验	2.11**		4.20***		1.82*		6.16***		4.64***		5.27***	

续表

变量	劳动密集型						资本密集型					
	机制:mwage1		机制:mwage2		机制:mwage3		机制:mwage1		机制:mwage2		机制:mwage3	
	(1)	(2)	(3)	(4)	(5)	(6)	(7)	(8)	(9)	(10)	(11)	(12)
	mwage1	TFP	mwage2	TFP	mwage3	TFP	mwage1	TFP	mwage2	TFP	mwage3	TFP
中介效应2	0.015		0.035		0.015		0.015		0.007		0.003	
置信区间	[0.0092, 0.0258]		[0.0187, 0.0677]		[0.0123, 0.0234]		[0.0002, 0.0315]		[0.0023, 0.0170]		[0.0011, 0.0692]	
Obs	4063	3559	3559	3507	3507	3556	20007	20006	19717	19716	20000	19999
调整后 R^2	0.699	0.624	0.693	0.446	0.687	0.614	0.632	0.814	0.372	0.809	0.624	0.813

注:(1)括号内数值为 t 值;(2)***、**、* 分别表示在 1%、5%、10% 水平下显著;(3)中介效应 1 为逐步回归法求出的中介效应,中介效应 2 为 Bootstrap 方法求出的中介效应,置信区间是 1000 次迭代求出的中介效应的置信区间。

资料来源:国泰安数据库和 WIND 数据库。

中介效应的显著性水平高于劳动密集型企业。因为资本密集型企业董事和高级管理人员的技能水平优于劳动密集型企业,且资本密集型企业的财务体系相比劳动密集型企业更为完善,在进行数字化转型后,资本密集型企业拥有充裕的资本进行调整,监事层监督董事和高级管理人员的效率更高,更能促进全要素生产率的提升。

高级管理人员薪酬。第一,以劳动密集型企业为例。列(5)和列(6)数字化转型 D_{it} 对高级管理人员薪酬和全要素生产率的作用分别为 0.051 和 0.102,均显著,并且机制变量对全要素生产率的作用为 0.319,在 1% 的水平上显著,中介效应为 0.016,Sobel 检验在 10% 的水平上显著(1.82)。第二,以资本密集型企业为例。列(11)和列(12)核心解释变量和机制变量的系数均在 1% 的水平上显著,中介效应为 0.013,Sobel 检验为 5.27,显著高于劳动密集型企业。因为资本密集型企业生产的产品技术水平比劳动密集型企业高,其员工学历和素质均高于劳动密集型企业。企业数字化转型后,高级管理人员能更有效地管理员工,将股东决策应用到生产过程中,提升全要素生产率。

(三)治理结构的异质性分析(见表 4-14)

两权分离率。第一,以劳动密集型企业为例。列(1)核心解释变量 D_{it} 的系数为 0.021,但不显著。列(2)数字化转型和机制变量的系数分别为 0.150 和 -0.040,机制变量对全要素生产率的负向作用不显著。中介效应为 -0.001,Sobel 检验为 -0.44,Bootstrap 方法求出的置信区间同样包含 0,说明劳动密集型企业数字化转型不能通过改变两权分离率,进而提升全要素生产率。第二,以资本密集型企业为例。列(5)数字化转型对两权分离率的作用为负,即 -0.061,且在 1% 的水平上显著。列(6)数字化转型和机制变量的系数分别为 0.128 和 -0.013,均显著,中介效应为 0.001,Sobel 检验为 1.85,在 10% 的水平上显著。可以看出,资本密集型企业数字化转型后更愿意改变两权分离率,降低实际控制人的控制权。资本密集型企业拥有大量资金、高技能人才和技术,能更快更有效地适应数字化转型,而通过数字技术能够让中小投资者实时知悉控股股东的行为,一旦发现有不符合企业发展目标,甚至是以个人利益为主的行为,中小投资者、企业内部员工和管理人员就会对其进行纠正和改善。而控制权的下降有利于为企业生产提供资金保障,进而提升企业全要素生产率。劳动密集型企业技术水平和高技能人才不足,不愿意使用数字技术监督和管理实际控制人。因此,资本密集型企业数字化转型通过提高两权分离率提升全要素生产率的中介效应更显著。

网络中心度。列(3)和列(7)数字化转型 D_{it} 的系数分别为 0.023 和 0.038,劳动密集型企业数字化转型对网络中心度的作用和显著性水平均小于资本密集型企业。列(4)和列(8)所有核心解释变量和机制变量均在 1% 的水平上显著为正,说明数字化转型和提高网络中心度都可以提升劳动密集型企业和资本密集型企业的全要素生产率。劳动密集型企业和资本密集型企业网络中心度的中介效应分别为 0.003 和 0.002,但劳动密集型企业 Sobel 检验为 1.59,不显著,只有资本密集型企业 Sobel 检验在 1% 的水平上显著,说明资本密集型企业通过提高网络中心度,最终促进全要素生产率,与假设 12 结论相同。劳动密集型和资本密集型企业网络中心度对全要素生产率的正向作用的显著性水平无太大差别,且劳动密集型企业机制变量的系数大于资本密集型企业,说明劳动密集型企业董事网络中心度越大,越能获得企业生产相关的原料、生产要素甚至是技术。资本密集型企业本身技术水平就很高,且董事网络中心度比劳动密集型企业高,因此,对全要素生产率的促进作用要小于劳动密集型企业(吴伊菡和董斌,2020)。[①] 但劳动密集型企业技术水平低,高技能人才缺乏,导致其适应数字技术的能力较弱,相比资本密集型企业,其通过数字技术与其他企业董事技术和经验交流相对薄弱,对网络中心度的促进作用小,最终导致劳动密集型企业数字化转型不能通过提高网络中心度,促进全要素生产率的提升。

[①]　吴伊菡、董斌:《独立董事网络位置与企业技术创新行为》,《现代经济探讨》2020 年第 9 期。

表4-14 要素密集度下治理结构的机制效应分析

变量	劳动密集型				资本密集型			
	机制:devia		机制:netm		机制:devia		机制:netm	
	(1)	(2)	(3)	(4)	(5)	(6)	(7)	(8)
	devia	TFP	netm	TFP	devia	TFP	netm	TFP
机制变量		-0.040		0.139***		-0.013**		0.054***
		(-1.62)		(2.59)		(-2.55)		(2.85)
D_{it}	0.021	0.150***	0.023**	0.079***	-0.061***	0.128***	0.038***	0.085***
	(0.46)	(3.48)	(2.02)	(2.62)	(-2.69)	(8.01)	(6.82)	(7.47)
Age	-0.231**	-0.133	0.098***	0.011	-0.203***	-0.084**	-0.017	-0.038
	(-2.02)	(-1.23)	(2.85)	(0.12)	(-3.83)	(-2.23)	(-1.22)	(-1.33)
Capd	0.016*	-0.147***	0.004	-0.136***	0.004	-0.185***	-0.001	-0.178***
	(1.77)	(-16.73)	(1.48)	(-21.59)	(0.68)	(-46.17)	(-0.42)	(-58.06)
Rese	0.010	-0.058***	-0.004	-0.048***	-0.002	-0.008***	-0.000	-0.003**
	(0.79)	(-4.90)	(-1.56)	(-7.15)	(-0.92)	(-4.98)	(-0.47)	(-2.49)
Lern	0.170	1.115***	-0.012	1.453***	0.109*	0.634***	-0.018	0.775***
	(1.46)	(10.11)	(-0.35)	(16.33)	(1.65)	(13.59)	(-1.04)	(21.94)
SA	0.582***	0.222	0.144***	-0.167	0.031	-1.070***	-0.010	-0.910***
	(3.46)	(1.38)	(3.35)	(-1.47)	(0.37)	(-17.71)	(-0.44)	(-18.66)

续表

| 变量 | 劳动密集型 | | | | | 资本密集型 | | | | |
| | 机制:devia | | 机制:netm | | | 机制:devia | | 机制:netm | | |
	(1) devia	(2) TFP	(3) netm	(4) TFP		(5) devia	(6) TFP	(7) netm	(8) TFP	
Loan	0.236*** (2.89)	0.439*** (5.65)	0.032 (1.27)	0.376*** (5.61)		-0.022 (-0.52)	0.209*** (6.96)	0.004 (0.29)	0.450*** (17.06)	
Region1	-2.076*** (-2.66)	-0.025 (-0.03)	0.011 (0.06)	-1.075** (-2.53)		0.131 (0.37)	0.081 (0.33)	-0.008 (-0.12)	-0.113 (-0.80)	
Region2	0.054 (1.64)	0.009 (0.30)	0.000 (0.04)	0.020 (0.93)		-0.006 (-0.48)	-0.009 (-0.99)	-0.001 (-0.36)	0.000 (0.00)	
indu1	0.086 (0.43)	0.532*** (2.83)	-0.082 (-1.42)	0.406*** (2.68)		0.032 (1.08)	-0.023 (-1.11)	0.003 (0.24)	0.045 (1.52)	
indu2	-0.160** (-2.24)	0.275*** (4.06)	0.046** (2.56)	0.454*** (9.53)		-0.003 (-0.04)	0.276*** (6.09)	-0.020 (-1.20)	0.397*** (11.42)	
Cons	4.589*** (7.24)	5.190*** (8.48)	0.580*** (3.38)	3.358*** (7.43)		2.786*** (9.20)	1.513*** (7.04)	0.391*** (4.72)	1.519*** (8.87)	
中介效应1	-0.001		0.003			0.001		0.002		
Sobel 检验	-0.44		1.59			1.85*		2.63***		

续表

变量	劳动密集型				资本密集型			
	机制:devia		机制:netm		机制:devia		机制:netm	
	(1)	(2)	(3)	(4)	(5)	(6)	(7)	(8)
	devia	TFP	netm	TFP	devia	TFP	netm	TFP
中介效应 2	−0.003			0.002	0.002			0.004
置信区间	[−0.0133, −0.0012]		[−0.0002, 0.0034]		[0.0007, 0.0055]		[0.0015, 0.0079]	
Obs	1707	1707	2714	2714	8968	8968	14558	14558
调整后 R²	0.336	0.655	0.286	0.704	0.452	0.789	0.457	0.786

注:(1)括号内数值为 t 值;(2)***、**、* 分别表示在 1%、5%、10%水平下显著;(3)中介效应 1 为逐步回归法求出的中介效应,中介效应 2 为 Bootstrap 方法求出的中介效应,置信区间是 1000 次送代求出的中介效应的置信区间。

资料来源:国泰安数据库和 WIND 数据库。

第五节 敏感性分析

由于平行趋势检验和安慰剂检验主要是针对数字化转型对全要素生产率的作用是否受到时间和选择性偏误的影响,第三章已经进行检验。因此,本节将不再对平行趋势和安慰剂进行检验,只进行核心变量改变、匹配方法改变和合成控制 DID 的稳健性检验。

一、核心变量的改变

本节使用 LP 法重新衡量企业全要素生产率 $TFP1$,结果见表 4-15,由于匹配方法未改变,双重差分项 D_{it} 对管理人员结构、董监高薪酬和治理结构的直接影响没有变化。首先,列(1)到列(7)双重差分项 D_{it} 的系数均在 1% 的水平上显著为正,说明企业数字化转型对全要素生产率产生直接效应,这与第三章的结论相同。其次,以机制变量为例。第一,列(1)和列(2)为管理人员结构的机制分析,由表可知,女性管理人员占比的系数虽然不显著,但仍为正,即0.019,而管理人员平均年龄对全要素生产率的作用在 5% 的水平上显著为正,即 0.089,这与表 4-2 的结论几乎相同。第二,列(3)到列(5)董监高前三薪酬对全要素生产率的作用均为正,分别为 0.059、0.019 和 0.055,均在 1%的水平上显著,说明董监高薪酬激励提升企业全要素生产率,与表 4-3 结论相同。第三,列(6)和列(7)两权分离率和网络中心度对全要素生产率的作用分别为 0.004 和 0.011,两权分离率的系数虽然为正,但不显著,与表 4-4 结论相似。

表 4-15　稳健性检验:改变被解释变量

变量	被解释变量:*TFP*1						
	（1）	（2）	（3）	（4）	（5）	（6）	（7）
	fman	*mage*	*mwage*1	*mwage*2	*mwage*3	*devia*	*netm*
机制变量	0.019	0.089 **	0.059 ***	0.019 ***	0.055 ***	0.004	0.011 **
	(0.62)	(2.06)	(14.52)	(6.62)	(13.91)	(0.73)	(2.12)
D_{it}	0.035 ***	0.039 ***	0.042 ***	0.042 ***	0.042 ***	0.032 ***	0.029 ***
	(5.18)	(5.89)	(6.61)	(6.74)	(6.59)	(3.20)	(5.12)
Age	0.072 ***	0.075 ***	0.099 ***	0.097 ***	0.097 ***	0.099 ***	0.086 ***
	(5.80)	(6.43)	(7.04)	(7.01)	(6.91)	(4.03)	(6.03)
Capd	0.005 ***	0.006 ***	−0.002	−0.001	−0.002	−0.006 ***	−0.019 ***
	(3.99)	(4.97)	(−1.42)	(−0.63)	(−1.38)	(−2.90)	(−14.72)
Rese	−0.007 ***	−0.007 ***	−0.007 ***	−0.007 ***	−0.007 ***	−0.010 ***	−0.005 ***
	(−10.28)	(−10.47)	(−10.48)	(−10.44)	(−10.53)	(−8.86)	(−9.61)
Lern	0.739 ***	0.747 ***	0.679 ***	0.727 ***	0.682 ***	0.707 ***	0.821 ***
	(49.73)	(52.22)	(43.41)	(47.19)	(43.55)	(30.10)	(51.54)
SA	0.253 ***	0.241 ***	0.351 ***	0.317 ***	0.338 ***	0.278 ***	0.182 ***
	(12.01)	(11.82)	(16.82)	(15.35)	(16.06)	(8.21)	(8.51)
Loan	0.158 ***	0.142 ***	0.154 ***	0.153 ***	0.158 ***	0.150 ***	0.086 ***
	(14.15)	(13.11)	(14.43)	(14.58)	(14.80)	(9.52)	(6.87)
*Region*1	0.231 ***	0.212 **	0.245 ***	0.290 ***	0.241 ***	0.220	0.189 ***
	(2.72)	(2.54)	(3.02)	(3.67)	(2.98)	(1.47)	(2.68)
*Region*2	0.006 *	0.005	0.006 *	0.004	0.006 *	0.012 **	0.003
	(1.74)	(1.57)	(1.88)	(1.45)	(1.89)	(2.37)	(0.96)
*indu*1	−0.047 ***	−0.039 ***	−0.040 ***	−0.038 ***	−0.040 ***	−0.012	−0.066 ***
	(−4.22)	(−3.68)	(−4.04)	(−3.90)	(−4.03)	(−0.75)	(−2.69)
*indu*2	0.084 ***	0.080 ***	0.058 ***	0.070 ***	0.057 ***	0.088 ***	0.093 ***
	(6.54)	(6.40)	(4.56)	(5.67)	(4.51)	(4.34)	(7.40)

续表

变量	被解释变量:*TFP*1						
	(1)	(2)	(3)	(4)	(5)	(6)	(7)
	fman	*mage*	*mwage*1	*mwage*2	*mwage*3	*devia*	*netm*
Cons	2.552***	2.177***	2.011***	2.387***	2.019***	2.451***	2.282***
	(36.15)	(12.45)	(24.51)	(31.59)	(24.62)	(19.72)	(28.78)
Obs	31072	33016	30142	29745	30120	13744	21397
调整后 R²	0.318	0.320	0.327	0.427	0.427	0.424	0.293

注:(1)括号内数值为 t 值;(2)***、**、* 分别表示在 1%、5%、10%水平下显著。

资料来源:国泰安数据库和 WIND 数据库。

本节将企业年报、政府采购文件和专利申请书中出现的数字化转型关键词的频数进行加总,作为企业数字化转型强度的替代变量 $D1$,结果见表 4-16。首先,以管理人员为例。列(1)到列(4)数字化转型 D_{it} 的系数分别为 0.001、0.002、-0.001 和 0.002,均显著,其中,女性管理人员占比的中介效应为 0.0002,Sobel 检验为 3.55,在 1%的水平上显著;管理人员平均年龄的 Sobel 检验虽然为 1.59,但中介效应为 0.0001,依然为正值。其次,以高管薪酬为例。列(5)到列(10)中,除了列(7)外,其他回归结果中董监高前三薪酬的系数均在 1%的水平上显著为正,而董事薪酬、监事层薪酬和高级管理人员薪酬的系数分别为 0.237、0.109 和 0.226,均在 1%的水平上显著,这与表 4-3 的结论相同。中介效应分别为 0.0002、0.0001 和 0.0002,除了监事层薪酬的中介效应不显著外,其他均在 1%的水平上显著。最后,以治理结构为例。列(11)到列(14)核心解释变量和机制变量的系数均显著,且正负号与表 4-4 相同,中介效应分别为 0.0001 和 0.0001,Sobel 检验为 1.68 和 2.00,均显著,说明企业数字化转型通过治理结构影响全要素生产率。

表4-16 稳健性检验:改变核心解释变量

变量	Panle A:管理人员结构 机制作用				Panle B:董监高薪酬 机制作用						Panle C:治理结构 机制作用			
	(1)	(2)	(3)	(4)	(5)	(6)	(7)	(8)	(9)	(10)	(11)	(12)	(13)	(14)
	fman	TFP	mage	TFP	mwage1	TFP	mwage2	TFP	mwage3	TFP	devia	TFP	netm	TFP
机制变量		0.185*** (4.68)		-0.139*** (-2.62)		0.237*** (48.61)		0.109*** (29.44)		0.226*** (47.41)		-0.011* (-1.75)		0.050*** (3.31)
D1	0.001*** (5.44)	0.002*** (17.73)	-0.001** (-2.01)	0.002*** (17.95)	0.001*** (3.59)	0.002*** (17.55)	0.001 (1.31)	0.002*** (18.00)	0.001*** (3.38)	0.002*** (17.57)	-0.002*** (-5.93)	0.004*** (15.59)	0.001** (2.51)	0.002*** (12.20)
Cons	0.099*** (9.01)	2.903*** (34.29)	3.760*** (501.52)	2.504*** (11.61)	9.937*** (110.58)	0.668*** (6.91)	9.517*** (77.13)	2.053*** (22.07)	9.717*** (105.33)	0.789*** (8.21)	2.703*** (13.91)	2.229*** (14.78)	0.287*** (5.63)	2.796*** (23.32)
企业控制变量	是	是	是	是	是	是	是	是	是	是	是	是	是	是
地区控制变量	是	是	是	是	是	是	是	是	是	是	是	是	是	是
行业控制变量	是	是	是	是	是	是	是	是	是	是	是	是	是	是
中介效应	0.0002		0.0001		0.0002		0.0001		0.0002		0.0001		0.0001	
Sobel检验	3.55***		1.59		3.58***		1.31		3.37***		1.68*		2.00**	

注:(1)括号内数值为 t 值;(2)***、**、* 分别表示在1%、5%、10%水平下显著;(3)中介效应通过逐步回归法获得;(4)由于篇幅限制,这里不报告控制变量的回归结果;(5)本表控制了时间固定效应和个体固定效应。

资料来源:国泰安数据库和 WIND 数据库。

二、匹配方法的改变

本书采用 1∶1 近邻匹配原则,重新为试验组匹配对照组,分析管理人员结构、董监高薪酬和治理结构的机制作用,结果见表 4-17。首先,以管理人员结构为例。列(1)和列(2)核心解释变量和机制变量的系数均在 1% 的水平上显著为正,中介效应为 0.004,Sobel 检验在 1% 的水平上显著为正,说明企业数字化转型通过提高女性管理人员占比,进而提升全要素生产率。列(3)数字化转型 D_{it} 与列(4)机制变量的系数均为负,说明数字化转型不仅降低管理人员平均年龄,且管理人员越年轻,越能适应数字技术,进而改善全要素生产率,以上结论与表 4-2 相同。其次,以董监高薪酬为例。列(5)到列(10)核心解释变量和机制变量的系数均在 1% 的水平上显著为正,中介效应分别为0.014、0.010 和 0.012,Sobel 检验分别为 4.78、6.11 和 4.50,均在 1% 的水平上显著,说明企业数字化转型通过董监高薪酬激励改善全要素生产率的中介效应显著存在。最后,以治理结构为例。除了列(12)的机制变量不显著且为正外,其他核心解释变量和机制变量的系数均显著,这与表 4-4 的结论几乎相同。

三、合成 DID 的回归结果分析

本书同样用合成控制—双重差分模型验证企业数字化转型对管理人员结构、董监高薪酬和治理结构的作用,具体如图 4-4、图 4-5 和图 4-6 所示。由于数据限制,且 2018 年以后数据较少,本书只报告女性管理人员结构、董事前三薪酬和网络中心度的结果。

首先,以女性管理人员结构为例(见图 4-4)。可以看出,2011 年、2012 年和 2018 年,数字化转型前试验组与对照组女性管理人员占比的差距比数字化转型后大。其他年份,数字化转型后试验组与对照组女性管理人员占比的差距比数字化转型前大,2008 年数字化转型前试验组与对照组的差值甚至为负,

表 4-17 稳健性检验:改变匹配方法

变量	Panle A:管理人员结构 机制作用				Panle B:董监高薪酬 机制作用						Panle C:治理结构 机制作用			
	(1)	(2)	(3)	(4)	(5)	(6)	(7)	(8)	(9)	(10)	(11)	(12)	(13)	(14)
	$fman$	TFP	$mage$	TFP	$mwage1$	TFP	$mwage2$	TFP	$mwage3$	TFP	$devia$	TFP	$netm$	TFP
机制变量		0.181***		−0.067		0.269***		0.103***		0.255***		0.001		0.077***
		(3.23)		(−0.86)		(36.80)		(19.33)		(35.50)		(0.02)		(3.71)
D_{it}	0.024***	0.163***	−0.011***	0.158***	0.051***	0.132***	0.096***	0.135***	0.049***	0.132***	−0.101***	0.139***	0.045***	0.090***
	(16.24)	(14.52)	(−11.20)	(14.45)	(4.82)	(12.84)	(6.44)	(12.87)	(4.54)	(12.85)	(−4.97)	(8.43)	(8.94)	(7.76)
$Cons$	0.122***	2.659***	3.734***	2.881***	10.502***	−0.268*	10.372***	1.748***	10.339***	−0.093	2.814***	1.958***	0.491***	1.963***
	(7.40)	(21.02)	(330.95)	(9.18)	(80.58)	(−1.81)	(56.24)	(12.36)	(77.09)	(−0.63)	(10.38)	(8.87)	(6.45)	(11.18)
企业控制变量	是	是	是	是	是	是	是	是	是	是	是	是	是	是
地区控制变量	是	是	是	是	是	是	是	是	是	是	是	是	是	是
行业控制变量	是	是	是	是	是	是	是	是	是	是	是	是	是	是
中介效应		0.004		0.001		0.014		0.010		0.012		−0.001		0.003
Sobel 检验	3.17***		0.86		4.78***		6.11***		4.50***		−0.02		3.43***	

注:(1)括号内数值为 t 值;(2)***、**、*分别表示在 1%、5%、10% 水平下显著;(3)中介效应通过逐步回归法求得;(4)由于篇幅限制,这里不报告控制变量的回归结果;(5)本表控制了时间固定效应和个体固定效应。

资料来源:国泰安数据库和 WIND 数据库。

但数字化转型后试验组与对照组的差值为正,且不断扩大。以上结论说明,数字化转型后试验组企业女性管理人员占比显著大于对照组,即数字化转型确实提高了企业女性管理人员占比。

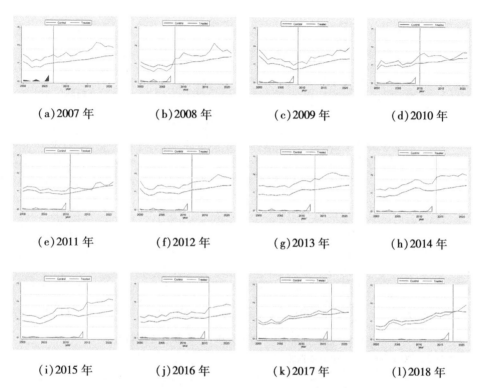

(a)2007 年　　　　　(b)2008 年　　　　　(c)2009 年　　　　　(d)2010 年

(e)2011 年　　　　　(f)2012 年　　　　　(g)2013 年　　　　　(h)2014 年

(i)2015 年　　　　　(j)2016 年　　　　　(k)2017 年　　　　　(l)2018 年

图 4-4　合成控制 DID 结果分析:以女性管理人员占比为例
资料来源:国泰安数据库和 WIND 数据库。

其次,以董事前三薪酬为例(见图 4-5)。可以看出,2009 年、2010 年、2011 年、2012 年和 2017 年,数字化转型前试验组与对照组董事前三薪酬的差距较数字化转型后没有变化,甚至更大。但其他绝大多数年份,数字化转型后试验组与对照组董事前三薪酬的差距要明显大于数字化转型前,且差距不断扩大。部分数字化转型前的年份试验组与对照组的差值甚至为负,但数字化转型后变为正,说明数字化转型提高了董事前三薪酬,而监事层前三薪酬和高级管理人员前三薪酬可以得到同样的结论,由于篇幅限制,这里不做详细介绍。

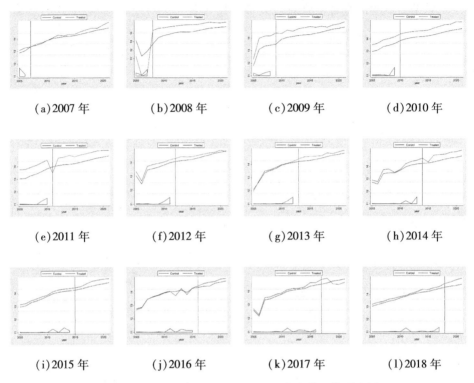

(a)2007 年　　　　(b)2008 年　　　　(c)2009 年　　　　(d)2010 年

(e)2011 年　　　　(f)2012 年　　　　(g)2013 年　　　　(h)2014 年

(i)2015 年　　　　(j)2016 年　　　　(k)2017 年　　　　(l)2018 年

图 4-5　合成控制 DID 结果分析：以董事前三薪酬为例
资料来源：国泰安数据库和 WIND 数据库。

　　最后，以网络中心度为例（见图 4-6）。2013 年和 2018 年，数字化转型后试验组与对照组网络中心度的差距没有继续扩大，反而有所缩小。但其他年份数字化转型后试验组与对照组网络中心度的差距不断扩大，且扩大的幅度显著高于数字化转型前，说明企业进行数字化转型能够通过人工智能、大数据、线上交流等方式加强与其他企业董事之间的连接，提升其自身的网络中心度，进而获取生产资源、技术等，提升全要素生产率。

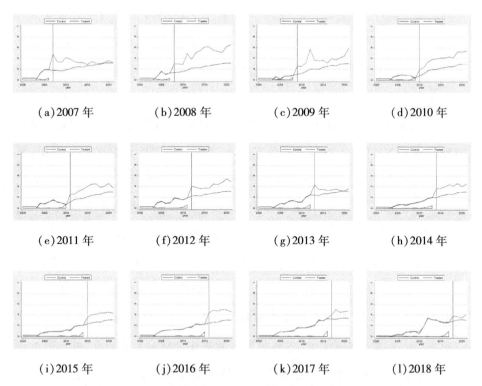

(a) 2007 年	(b) 2008 年	(c) 2009 年	(d) 2010 年
(e) 2011 年	(f) 2012 年	(g) 2013 年	(h) 2014 年
(i) 2015 年	(j) 2016 年	(k) 2017 年	(l) 2018 年

图 4-6 合成控制 DID 结果分析：以网络中心度为例

资料来源：国泰安数据库和 WIND 数据库。

在企业中,绝大部分员工从事着生产环节,即将有限的生产资源和要素配置成中间产品或最终产品,将产品销售给需要的企业和消费者。但员工生产什么产品、雇佣什么员工、产品销售到哪些地方等问题却由管理人员决定,企业是否进行数字化转型也受到股东决策的影响,而这些决策行为影响管理人员和员工之间的关系。本章同样使用 2000—2021 年中国 A 股非金融类上市企业数据,寻找实施数字化转型的试验组企业,利用倾向得分匹配方法分析数字化转型企业如何影响管理人员结构、董监高薪酬和治理结构,最终作用于全要素生产率,并探究地区异质性、所有权结构异质性和要素密集度异质性下的差异性关系。

研究结果发现:(1)企业数字化转型通过提升女性管理人员占比和降低

管理人员平均年龄,改善全要素生产率。并且,数字化转型也可以增加董事薪酬、监事层薪酬和高级管理人员薪酬,激励董监高改善全要素生产率,即董监高薪酬具有正向中介效应。而数字化转型也能减少两权分离率和增加董事网络中心度,进而提升企业全要素生产率。可以看出,以总样本为例,管理人员结构、董监高薪酬和两权分离率均起到了企业数字化转型与全要素生产率之间的正向中介效应。(2)以不同地区企业为例。东部地区管理人员结构、董监高薪酬和两权分离率的正向中介效应显著高于中西部地区。中西部地区部分中介变量不显著,且中西部地区管理人员平均年龄的中介效应为负。(3)以所有权结构为例。非国有企业管理人员结构、董监高薪酬和治理结构的中介效应为正,且显著高于国有企业。国有企业绝大多数机制变量不显著,甚至为负,其中,国有企业数字化转型通过降低管理人员平均年龄,显著降低了全要素生产率。(4)以不同要素密集度为例。资本密集型企业管理人员平均年龄的中介效应显著为负,其他机制变量的中介效应显著为正,并且高于劳动密集型企业。劳动密集型企业数字化转型通过降低 60 岁及以上管理人员的需求,显著提升了全要素生产率。

第五章　运营能力视角下数字化转型对企业全要素生产率的实证分析

第三章和第四章主要分析了企业数字化转型如何通过员工结构和管理结构影响全要素生产率,探讨了员工结构和管理结构的中介效应。然而,数字技术不仅会替代低技能劳动力,提高高端人才需求,改变企业管理结构;还能通过人工智能、大数据等数字化硬件和软件改变企业生产模式、研发模式、销售模式等,实现企业数字化、智能化、自动化和信息化转型,促进生产要素和原材料的合理配置,带动周转率的提升,降低企业内部交易成本和管理成本。因此,本章将运营能力作为机制变量,同样采用 A 股非金融类上市企业的时间面板数据,通过倾向得分匹配和双重差分模型分析数字化转型企业和未进行数字化转型企业能否通过改善周转率和运营成本提升全要素生产率。本章将运营能力分为周转率和运营成本两部分,其中,周转率包括存货周转率、总资产周转率和现金周转率,运营成本包含管理费用占比、财务费用占比和销售费用占比。通过中介效应来验证周转率和运营成本的机制作用,并分析地区异质性、所有权结构异质性和要素密集度异质性。

第一节　假设的论证

一、周转率视角下数字化转型与企业全要素生产率

蔡春花(2022)指出,大数据和互联网的融合降低了物理时空约束,使企

业对经济时空和物理时间的契合度要求不断减少,原材料、劳动力要素和产品的交易场所、交易时间、交易流程和交易速度都在发生变化。① 企业应用数字技术搜集海量的大数据,有助于其实时处理数据,通过人工智能技术更加科学地制定决策,提高企业内部运营效率。通过数据分析和数据挖掘技术,能够将产品生命周期和价值链有效融合,提供新的价值或创造新市场(Gaur 等,2005)。② 本书认为企业数字化转型主要通过要素的合理配置来影响周转率,进而提升全要素生产率:第一,以存货周转率为例。赵爽等(2022)指出,企业产品对应的客户波动性导致客户关系中不稳定因素的骤增,不利于存货周转率和销售计划的完成,在此期间,需要寻找新客户,把握市场接纳度、销售周期等市场反应。③ 而区块链等数字技术提高了供应链信息透明度,使链条上各主体能够准确了解相关事项,确保企业及时发现和解决问题,提高产品的销售效率(张任之,2022)。④ 而且,以物联网技术为代表的智慧物流实现了仓储优化和运输便利,利用云计算、大数据等技术实现仓储和配送网络的融合,通过对用户画像的精准刻画,实现高效配送存货,提高存货周转率。区块链的不可篡改和追踪等特性,使得交易者行为被记录为数据,有助于企业合理安排生产计划,减少过多的存货(李向阳,2021)。⑤ 第二,以总资产周转率为例。首先,数字化相关设备也属于企业总资产,其自动化、数字化、智能化和信息化等特征可以提高企业生产效率,员工和数字化设施的协同合作有利于创造更高的产量,获取利润,提高总资产周转率。并且,互联网、大数据等技术将企业内和

---

① 蔡春花:《商业模式数字化与企业绩效——基于"互联网+"板块 259 家上市企业的实证研究》,《商业研究》2022 年第 2 期。

② Gaur V., Fisher M. L., Raman A., "An Econometric Analysis of Inventory Turnover Performance in Retail Services", *Management Science*, Vol.51, No.2, 2005.

③ 赵爽、王生年、王家彬:《客户关系对企业技术创新的影响》,《管理学报》2022 年第 2 期。

④ 张任之:《数字技术与供应链效率:理论机制与经验证据》,《经济与管理研究》2022 年第 5 期。

⑤ 李向阳:《大数据技术应用对上市企业绩效影响的实证分析》,《东岳论丛》2021 年第 1 期。

企业间个体网络化，为资产设备匹配相应的部门和员工，发挥资产设备作用最大化（潘等，2020）。① 线上交流也为员工使用资产设备提供了便利，如若遇到使用问题，可以实时向技术人员、管理人员反馈，提高资产使用效率。因此，企业数字化转型提高总资产周转率。第三，以现金周转率为例。金融科技、普惠金融的发展为消费者、企业提供了便利，原本需要纸币消费的产品和服务，如今通过微信、支付宝等软件就可以实现，降低了企业和消费者持有现金的成本，提高产品的流通。企业获得现金的途径更加广泛，原来需要去线下才能提取现金，现在通过线上平台就可以完成，而且业务流程更加方便，提取现金产生的中间费用和成本减少，这无疑提高了现金周转率（袁磊等，2023）。② 企业可以通过互联网、大数据等发现更多的理财和投资产品，并通过区块链技术保证获取信息的真实性，为企业获得投资性收入提供便利。因此，企业使用数字技术，能够提高存货周转率、总资产周转率和现金周转率。而周转率的提升，提高了企业生产资料和要素的利用效率，从而获得更高的收益，用于企业技术研发、管理流程改善等方面的投资，进而改善全要素生产率，即企业数字化转型通过提高周转率，促进全要素生产率的提升。

而我国不同地区基础设施建设存在显著差异，与第三章和第四章分析类似，我国东部地区数字基础设施发展比中西部地区快，而高端人才为了追求高收入和机遇，大多会选择转移到东部地区，导致我国东部地区企业进行数字化转型的优势高于中西部地区。东部地区企业管理人员、员工素质和技能都高于中西部地区，更有能力适应数字技术。并且，东部地区企业种类和数量多，竞争压力大，需要企业不断进行变革，通过技术创新、管理模式创新、商业模式创新等方式获得竞争优势。因此，东部地区政府和企业都在力

---

① Pan X.F.，Pan X.Y.，Song M.L.，"Blockchain Technology and Enterprise Operational Capabilities：An Empirical Test"，*International Journal of Information Management*，Vol.52，2020.

② 袁磊、郭亚雯、吕长江等：《智慧司库管理会计体系研究——来自于宝武管理会计实践的证据》，《会计研究》2023 年第 4 期。

推数字化转型,而东部地区拥有的先天优势也促使其数字化转型进程快于中西部地区。

东部地区企业种类繁多,生产的最终产品呈现出多样化,且处在价值链中上游,更能满足本地和国内外市场消费者的需求,而中西部地区由于以低技术和劳动密集型产业为主,生产的产品也多为初级产品,加上中西部地区基础设施、交通等发展落后,不利于产品的运输,导致中西部地区企业生产的产品多以本地消费者为主(Crane 等,2018)。[①] 东部地区产品市场更加广泛,加上拥有先进的数字基础设施、高技能人才和外商直接投资等,使其更愿意使用互联网、大数据、云计算等数字技术寻找匹配的消费者,通过用户画像和互联网技术将存货以更低的成本运送到有效的市场,提高存货周转率(Akbar 等,2021)。[②] 并且,东部地区高技能人才充足,企业生产技术高于中西部地区,这也让东部地区对资产的使用效率高于中西部地区,通过人工智能等数字化软件和硬件实现资产的自动化、智能化、数字化和信息化。中西部地区多以劳动密集型和低技术行业为主,缺乏高技能人才,导致其不能有效利用数字化设施,资产利用率低于东部地区。东部地区金融科技发展迅速,绝大多数银行总部、金融机构总部都集中在东部地区,催生了部分数字化支付技术。金融科技的快速发展促使东部地区企业能够使用数字化支付平台获得现金,通过线上平台办理相关的金融业务(李运达等,2024)。[③] 而且,金融科技加速理财产品和金融产品的多样化,区块链技术可以保证这些产品信息的可靠性和真实性,有利于提高现金的使用效率,增加营业收入,提高现金周转率。

基于以上分析,本书提出假设13和假设14:

---

① Crane B., Albrecht C., Duffin K.M., "China's Special Economic Zones: An Analysis of Policy to Reduce Regional Disparities", *Regional Studies Regional Science*, Vol.5, No.1, 2018.

② Akbar U., Li Q.L., Akmal M.A., "Nexus between Agro-ecological Efficiency and Carbon Emission Transfer: Evidence from China", *Environmental Science and Pollution Research*, Vol.28, No.32, 2021.

③ 李运达、陈宇明、吴海龙:《金融科技如何影响银行零售业务数字化转型?》,《投资研究》2024年第2期。

假设13：存货周转率、总资产周转率和现金周转率影响了企业数字化转型对全要素生产率的促进作用。

假设14：相比中西部地区，东部地区企业数字化转型通过提高周转率，促进全要素生产率的提升的正向中介效应更加显著。

二、运营成本视角下数字化转型与企业全要素生产率

企业的数字化转型成为当今全球的发展趋势，而成本规划是企业运转过程中的重要环节，如何降低成本是提高企业利润和生产绩效的关键，而成本规划的重要部分是减少企业运营过程中产生的各种费用，包括管理费用、财务费用和销售费用等（冯圆，2021）。[①] 企业通过数字技术和设备替代低技能劳动力，降低了对企业内部员工的管理成本。而将人工智能、大数据等技术嵌入企业运转各个环节，通过线上智能平台替代线下业务，可以释放管理人员和员工的时间和精力，减少行政审批业务流程，提高管理效率（Tabrizi 等，2019）。[②] 物联网、大数据等技术可以为企业生产的产品匹配用户，将存货按利润最大化销售出去，能够提高资产的利用效率，减少传统需要线下考察市场的交通成本和人力成本。并且，金融科技的发展也为企业提供了数字化支付平台软件，降低了财务费用（Zuo 等，2022）。[③] 接下来将从管理费用、财务费用和销售费用三个层面进行分析：第一，以管理费用为例。由上文可知，人工智能、大数据、云计算、物联网等数字技术能够产生对低技能劳动力的替代作用，以及对高技能人才的互补作用（阿西马格鲁等，2022）。[④] 高技能人才的素质和学历水平都较高，能更快适应企业数字化转型带来的管理模式的变化，而低技能劳动力

---

① 冯圆：《数字化改革背景下的成本管理创新》，《财会月刊》2021 年第 23 期。

② Tabrizi B., Lam E., Girard K., "Digital Transformation is not about Technology", *Harvard Business Review*, Vol.13, No.3, 2019.

③ Zuo L.J., Li H.C., Gao H.Y., "The Sustainable Efficiency Improvement of Internet Companies under the Background of Digital Transformation", *Sustainability*, Vol.14, No.9, 2022.

④ Acemoglu D., Autor D., Hazell J., "Artificial Intelligence and Jobs: Evidence from Online Vacancies", *Journal of Labor Economics*, Vol.40, No.1, 2022.

在处理日常业务过程中会产生大于高技能人才的管理费用。因此,数字化转型可以通过对劳动力结构的作用降低管理费用。而且,数字技术带来企业原材料购买、产品生产、技术研发、销售和售后等方面的自动化、数字化和智能化,以往需要大量管理人员监督的管理模式如今通过平台软件和人工智能的深度学习、自主决策等功能,就能实现监督,降低管理费用。第二,以财务费用为例。辛大楞(2021)指出,金融科技能够减少企业的财务管理成本,从而进行实体投资,防止企业的"脱实向虚"现象。类似数字化支付的金融科技发展能够改善企业的组织流程,传统需要各层级线下审批的财务流程,如今只需线上提交材料,实时就能审批,节约了员工的时间和精力,使其能够进行创造性思维工作和科研工作,提高全要素生产率。[①] 而盛明泉等(2022)也指出,数字普惠金融的发展提高了企业的第三方支付和移动支付频率,企业可以通过投资和理财行为获得平稳的利息收入,让小微企业能够更加便利地获得信贷支持,提高资源配置效率,改善全要素生产率。[②] 因此,企业使用数字技术能够增加数字化支付行为,不仅可以通过简化企业业务流程,降低融资约束,更快更有效获得资金,用于企业生产和创新等行为,还能够将闲置资金用于利息收入,降低财务费用。第三,以销售费用为例。企业数字化转型后,提高了对上下游企业产品的需求和供给,上游数字化转型企业可以为下游企业提供产量和质量更好的中间品和原材料,而下游数字化转型企业由于规模的扩大提高了对上游企业的产品需求,通过数字技术支持,获得满足生产的要素,降低交易成本。而且,企业管理人员使用人工智能等线上技术实现管理人员与员工的直接交流,使一线员工可以将生产信息、销售信息和研发信息及时传递给相关管理人员,防止信息失真,让管理人员及时制定决策,解决企业问题,并提高企业

---

① 辛大楞:《金融科技与企业"脱实向虚"——来自中国 A 股上市企业的证据》,《当代财经》2021 年第 7 期。
② 盛明泉、项春艳、谢睿:《数字普惠金融能否抑制实体企业"脱实向虚"》,《首都经济贸易大学学报》2022 年第 1 期。

价值(Farrokhi 等,2020)。① 此外,区块链技术也能让企业获得更加公开透明的信息,包括原材料、劳动力和产品市场信息,预防由于道德风险等导致的虚假信息,让企业以更低的成本获得更优质的资源,并将产品销售出去,降低销售成本。

对于资本密集型企业而言,由于企业拥有充足的资本,生产模式多以大规模机械化为主,对劳动力的需求小于劳动密集型企业(Erman 和 Te Kaat,2019)。② 基于上文分析,资本密集型企业拥有大量的资金、高技能人才和其他优势,促使其有能力使用和适应数字技术。资金的充裕也让企业能够为管理人员支付高额的薪酬,激励管理人员进行企业全流程的数字化转型。因此,资本密集型企业由于不以劳动力为主要生产要素,减少了绝大部分与员工相关的劳动成本。而企业使用数字技术后,能够对劳动力产生替代,员工数量少也会造成对一般管理人员的需求下降。也就是说,一方面企业员工数量的减少会降低人员产生的管理费用,另一方面人工智能等数字技术通过线上平台提高人员的交流效率,使业务流程更加便捷。资本密集型企业劳动力技能和素质高于劳动密集型企业,则更加适应数字化转型带来的便利,降低管理费用。资本密集型企业以大规模机械化生产为主,对资本的要求更高,而通过数字技术能够实现生产流程的自动化、智能化和数字化,员工素质较高使其能够与数字化设备和普通生产设备相融合,增加与其他员工和企业的交流。通过大数据和物联网技术匹配用户偏好,将产品销售到合适的地区和消费者,降低销售费用,改善全要素生产率。资本密集型企业拥有的资金比劳动密集型企业更加充裕,其对资金的管理和利用也比劳动密集型企业更加合理,金融科技的发展也能让资本密集型企业的高技能人才使用先进技术获得资金,降低金

---

① Farrokhi A.,Shirazi F.,Hajli N.,"Using Artificial Intelligence to Detect Crisis Related to E-vents:Decision Making in B2B by Artificial Intelligence",*Industrial Marketing Management*,Vol.91,2020.

② Erman L.,Te Kaat D.M.,"Inequality and Growth:Industry-level Evidence",*Journal of Economic Growth*,Vol.24,No.3,2019.

融业务成本,进而将利润用于企业的研发和人才培养,提升全要素生产率。

基于以上分析,本书提出假设 15 和假设 16:

假设 15:数字化转型通过降低管理费用占比、财务费用占比和销售费用占比,进而促进全要素生产率的提升,即运营成本具有正向中介效应。

假设 16:相比劳动密集型企业,资本密集型企业更能通过降低运营成本,从而提升全要素生产率,即资本密集型企业管理费用、财务费用和销售费用的正向中介效应显著高于劳动密集型企业。

第二节 数据的基础性分析

一、描述性统计分析

表 5-1 为本章机制变量的描述性统计分析,包括样本量、均值、标准差、最小值和最大值。由表可知,除了存货周转率、总资产周转率和现金周转率的标准差在 1 附近外,其他运营成本变量的标准差都在 0.1 附近,说明本书机制变量的变动幅度不大。以周转率为例,存货周转率 $turn1$、总资产周转率 $turn2$ 和现金周转率 $turn3$ 的最大值分别为 15.802、11.424 和 8.642,最小值分别为 -0.003、-0.554 和 -1.005,最大值与最小值分别相差 15.805、11.978 和 9.647,远大于标准差,说明周转率的波动幅度不大。以运营成本为例,管理费用占比 $cost1$、财务费用占比 $cost2$ 和销售费用占比 $cost3$ 的最大值分别为 1.106、1.649 和 7.133,最小值分别为 -0.124、-0.168 和 -0.011,最大值和最小值相差 1.230、1.817 和 7.144,远超过标准差,说明数据变化幅度不大。

表 5-1 描述性统计分析

变量	样本量	均值	标准差	最小值	最大值
$turn1$	44614	1.722	1.079	-0.003	15.802
$turn2$	35822	1.344	0.937	-0.554	11.424

变量	样本量	均值	标准差	最小值	最大值
$turn3$	45046	1.723	0.829	−1.005	8.642
$cost1$	45193	0.088	0.084	−0.124	1.106
$cost2$	45151	0.535	0.113	−0.168	1.649
$cost3$	44072	0.066	0.099	−0.011	7.133

注:(1)第三章已经介绍绝大部分核心变量,本章只介绍运营能力相关变量的描述性统计分析。
资料来源:国泰安数据库和 WIND 数据库。

二、特征事实分析

(一)时间趋势分析

图 5-1 为 2000—2021 年全国、不同地区和不同行业总成本占比的发展趋势图,其中总成本占比是样本内所有企业管理费用、销售费用、财务费用的总和与总销售收入的比值。首先,以全国为例。全国总成本占比总体趋势是稳步下降的,由 2000 年的 0.92% 下降到 2021 年的 0.85%,总成本占比下降0.07%,下降幅度为 7.61%,虽然在 2003—2004 年、2009—2010 年总成本占比有较小幅度的上升,但我国上市企业成本整体是下降的,有利于企业的发展。其次,以不同地区为例。东部地区和西部地区总成本占比均呈下降趋势,但中部地区在 2014 年前总成本占比的下降趋势不明显,甚至出现长时间的增长趋势。2016 年以前,东部地区总成本是小于西部地区的,但 2016 年以后,西部地区总成本占比却小于东部地区,且不断下降。以上结论说明,不同地区企业发展水平具有差异,拥有的生产资源、政府政策等存在显著差异,造成企业发展的不同特点,因此,需要针对不同地区进行异质性分析。最后,以不同行业为例。从整体趋势来看,工业部门、农业部门和服务业部门整体趋势是下降的,2000 年总成本占比分别为 0.93%、0.92% 和 0.93%,而 2021 年总成本占比分别为 0.84%、0.86% 和 0.80%,下降幅度分别为 9.68%、6.52% 和13.98%,服务业下降幅度最大。分行业来看,农业部门总成本占比具有周期

性,但总趋势是下降的,且农业部门总成本占比高于工业部门和服务业部门。工业部门和服务业部门总成本占比差距在 2011 年后才逐渐变得明显,但 2018 年后,服务业部门总成本占比又发生了短暂的上升。以上结论说明,不同行业运营成本具有显著差异,需要进行行业的异质性分析,发现不同行业数字化转型影响全要素生产率的不同机理。

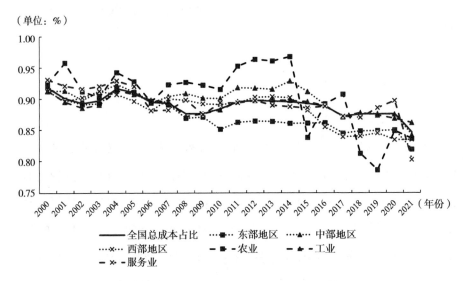

（单位：%）

图 5-1　2000—2021 年总成本占比发展趋势图

资料来源:国泰安数据库和 WIND 数据库。

（二）地区分布分析

本节按照第三章第三节的方法测算机制变量超过均值的占比,来分析数字化转型和未进行数字化转型企业的差异。

1. 周转率的地区分布

第一,以存货周转率为例。可以看出,绝大多数东部地区、中部地区、四川和甘肃等西部地区,指标大于 0,省份占比超过 62%,说明这部分省份数字化转型企业存货周转率超过均值的比例大于未进行数字化转型的企业,即企业进行数字化转型提升存货周转率。第二,以总资产周转率为例。与存货周转率类似,东部地区、部分中部地区、四川和内蒙古等省份,指标大于 0,省份占比超过 59%,说明数字化转型企业总资产周转率大于均值的比例超过未进行数字化转型的企业,间接说明企业进行数字化转型促进总资产周转率的提升。第三,以现金周转率为例。绝大部分东部省份、中部地区和四川,衡量的指标超过 0,省份占比为 64%,说明这部分省份进行数字化转型的企业现金周转率大于均值的占比超过未进行数字化转型的企业,得出企业进行数字化转型后,现金周转率的提升作用大于未进行数字化转型的企业。以上分析得出,我国绝大部分省份企业进行数字化转型能够提升现金周转率,但东部地区明显高于中西部地区,需要对不同地区进行异质性分析。

2. 运营成本的地区分布

第一,以管理费用占比为例。可以看出,绝大部分西部省份指标的数值大于 0,东部地区和中部地区数值小于 0,其中,指标小于 0 的省份为 21 个,占比超过 65%,说明除了我国西部地区外,东部地区和中部地区企业数字化转型过程中管理费用占比超过均值的比例小于未进行数字化转型的企业,即企业进行数字化转型后,对管理费用占比有负向的作用。第二,以财务费用为例。可以明显看出,数值大小在地区有明显的阶梯分布趋势,其中,除了陕西和内蒙古外,西部地区其他省份数值均大于 0,东部地区和中部地区数值小于 0,其中,小于 0 的省份占比为 62.5%,即东部地区和中部地区企业数字化转型过程中财务费用超过均值的比例小于未进行数字化转型的企业,间接说明企业进行数字化转型降低财务费用占比。第三,以销售费用为例。除了部分省份数值缺失外,西部地区省份、部分中部地区省份和东北三省数值均大于 0,小于 0 的省份多集中在东部地区,说明我国东部地区企业数字化转型降低销售费用。以上分析得出,东部地区企业数字化转型对运营成本的负向作用显著高于中西部地区,我国不同地区数字化对运营成本的影响存在显著差异,需要进行异质性分析。

第三节　影响机制分析

第三章已经探讨了企业数字化转型对全要素生产率的总效应,因此,这里不再分析二者的关系。并且,第三章和第四章分别分析了数字化转型如何通过员工结构、管理结构影响全要素生产率,本节将探究运营能力的中介效应,即企业数字化转型如何通过影响周转率和运营成本,最终作用于全要素生产率。此外,本节还将分析数字化转型对运营能力的滞后作用,探讨随着时间的推移,数字化转型如何作用于运营能力。

一、周转率的机制检验

表5-2为企业数字化转型如何通过影响周转率,最终作用于全要素生产率的实证结果。列(1)、列(3)和列(5)为式(4-13)的回归结果,列(2)、列(4)和列(6)为式(4-14)的回归结果,所有模型使用双向固定效应模型进行估计,均考虑了控制变量。

第一,以存货周转率为例。列(1)数字化转型 D_{it} 的系数为0.038,在1%的水平上显著,说明数字化转型企业的存货周转率比未进行数字化转型企业的高0.038个单位,即企业数字化转型提升存货周转率。列(2)核心解释变量和机制变量的系数分别为0.164和0.091,均在1%的水平上显著,说明企业数字化转型和提高存货周转率均可以提升全要素生产率。通过测算可知,中介效应为0.003,Sobel检验为2.90,在1%的水平上显著,Bootstrap方法求出的置信区间不包含0,说明中介效应显著,即企业进行数字化转型后,通过增加存货周转率,进而提升全要素生产率。企业进行数字化转型后,使用大数据、云计算等数字技术分析不同地区、不同市场以及不同消费者的产品信息和需求偏好,结合物联网技术,将生产的产品以最有效、成本最小的方式运送到匹配的地区和市场,提高消费者对产品的需求,增加存货周转率(Lee

等,2015)。① 而存货周转率是企业库存流动性和存货资金占用量的体现,存货周转率越高,企业的存货周转越迅速。说明企业销售水平高,产品的库存数量少,大大提升了企业生产要素的配置效率。因此,企业数字化转型通过存货周转率影响全要素生产率的正向中介效应是显著的。

第二,以总资产周转率为例。列(3)和列(4)数字化转型 D_{it} 的系数分别为 0.031 和 0.140,均显著,说明企业进行数字化转型,不仅能提升总资产周转率,还对全要素生产率产生正向的直接作用。列(4)机制变量 turn2 对全要素生产率的系数为 0.081,在 5% 的水平上显著,说明总资产周转率越高,企业销售能力越强,资产投资效益越好,越有利于提升全要素生产率。中介效应虽然为正,即 0.003,但 Sobel 检验却为 1.54,不显著,而且 Bootstrap 方法求出的置信区间包含 0。虽然中介效应不显著,但企业数字化转型提升总资产周转率的作用是显著的,且提高总资产周转率也会显著提升全要素生产率。企业运用人工智能技术替代低技能劳动力,与高技能人才的合作更能激发机器设备的生产率,生产质量更好、产量更多的产品。而大数据、云计算、物联网等数字技术还能实时搜集原材料、要素成本、运输成本、销售市场等方面的数据,并通过深度学习和自主学习功能为管理人员提供最优的要素配置决策,让有限资产发挥最大作用。并且,上游数字化转型企业产品数量和质量的提升无疑会为下游企业提供更好的原材料和中间产品,提高资产使用效率,下游数字化转型企业产品数量和质量的提升要求上游企业增加原材料的提供和中间产品的生产,提高有限资产的使用效率,改善产能利用率。因此,企业数字化转型促进总资产周转率提升。总资产周转率综合反映了企业整体资产的营运能力,总资产周转率越高,说明企业销售能力越强,运营流转速度越快,投资经营的效益越好。从企业管理角度来说,提高总资产收益率,关键在于挖掘内外部潜在资源,主动开拓市场,提高产销比率,调动企业对现有生产要素的使用效

① Lee H.H.,Zhou J.,Hsu P.H.,"The Role of Innovation in Inventory Turnover Performance", *Decision Support Systems*,Vol.76,2015.

率,全面提高企业的运营水平,而总资产周转率的提升能提高生产要素的使用效率,提升全要素生产率(岳宇君和顾萌,2022)。[①]

第三,以现金周转率为例。列(5)核心解释变量数字化转型 D_{it} 对现金周转率的作用为0.015,在5%的水平上显著,说明数字化转型企业的现金周转率比未进行数字化转型企业高0.015个单位,即企业数字化转型提升了现金周转率。列(6)数字化转型和机制变量的系数分别为0.171和0.073,在1%的水平上显著为正,说明企业数字化转型和现金周转率提升均促进了全要素生产率的提升。中介效应为0.001,Sobel检验为2.20,在5%的水平上显著,Bootstrap方法求出的置信区间不包含0,企业数字化转型通过影响现金周转率,最终促进全要素生产率的正向中介效应是显著的。现金周转率用企业主营业务收入与现金平均余额的比值来衡量,而企业持有现金一方面是为了满足日常的交易需求,另一方面是为了弥补现金流入和流出不平衡时出现的短缺。数字技术不仅被用于企业的生产,也被更多用于金融市场。微信、支付宝等平台的建立,为消费者提供了便利,而数字普惠金融、金融科技等的不断发展,为企业降低了交易成本。原先需要烦琐流程和线下交易的金融活动,如今更加简单和方便,因此,数字化转型提升了企业获取现金的能力(谭志东等,2022)。[②] 当企业遇到商业机遇时,如能迅速获得现金并进行研发、生产甚至是变革,则会更容易占领市场,获取利润。并且,在当今信息并喷的时代,全世界的消费者、企业都是网络的节点,企业使用数字技术获得更多有用的信息,也更需要现金来进行企业的变革,企业的数字化转型降低了获取现金的成本,有利于企业使用现金进行生产和创新变革,增加销售收入,提高现金周转率。此外,企业现金周转率的提高,有利于企业使用现金投资于市场、研发投入、管理变

[①] 岳宇君、顾萌:《智能化转型、竞争战略与制造企业成本粘性》,《统计与信息论坛》2022年第5期。

[②] 谭志东、赵洵、潘俊等:《数字化转型的价值:基于企业现金持有的视角》,《财经研究》2022年第3期。

革等,提高企业的要素配置效率、技术创新水平,进一步提升全要素生产率。

以上结论均与假设 13 的结论相同。

表 5-2　周转率的机制检验

变量	机制:存货周转率		机制:总资产周转率		机制:现金周转率	
	（1）	（2）	（3）	（4）	（5）	（6）
	*turn*1	*TFP*	*turn*2	*TFP*	*turn*3	*TFP*
机制变量		0.091***		0.081**		0.073***
		(19.69)		(2.10)		(14.73)
D_{it}	0.038***	0.164***	0.031**	0.140***	0.015**	0.171***
	(2.93)	(17.00)	(2.27)	(13.91)	(2.23)	(17.36)
Age	−0.075***	0.025	0.261***	−0.050***	0.446***	−0.026
	(−3.20)	(1.43)	(10.40)	(−2.70)	(20.03)	(−1.45)
Capd	−0.102***	−0.130***	−0.133***	−0.145***	−0.135***	−0.125***
	(−42.16)	(−70.38)	(−46.60)	(−65.30)	(−60.29)	(−65.40)
Rese	−0.001	−0.013***	0.001	−0.008***	−0.008***	−0.011***
	(−0.70)	(−11.66)	(0.67)	(−7.72)	(−6.24)	(−10.47)
Lern	−0.434***	0.782***	−0.589***	0.788***	−0.748***	0.789***
	(−14.85)	(35.98)	(−15.96)	(28.73)	(−27.59)	(35.80)
SA	0.218***	−0.538***	−0.230***	−0.440***	−0.643***	−0.699***
	(4.97)	(−16.54)	(−4.72)	(−12.25)	(−16.56)	(−22.36)
Loan	−0.304***	0.334***	2.118***	0.859***	0.847***	0.226***
	(−13.24)	(19.59)	(65.60)	(32.73)	(40.64)	(13.12)
Region1	0.523***	−0.040	−0.381**	−0.097	−0.595***	0.021
	(3.11)	(−0.32)	(−2.17)	(−0.75)	(−3.75)	(0.17)
Region2	−0.028***	0.003	−0.009	0.001	−0.003	−0.001
	(−4.14)	(0.56)	(−1.35)	(0.28)	(−0.54)	(−0.28)
indu1	0.006	0.067***	−0.048	0.064***	−0.067***	0.067***
	(0.25)	(3.91)	(−1.51)	(2.70)	(−3.03)	(3.82)

变量	机制:存货周转率		机制:总资产周转率		机制:现金周转率	
	(1)	(2)	(3)	(4)	(5)	(6)
	*turn*1	*TFP*	*turn*2	*TFP*	*turn*3	*TFP*
*indu*2	0.341***	0.229***	0.116***	0.313***	0.124***	0.266***
	(13.59)	(12.30)	(4.17)	(15.19)	(5.22)	(14.02)
Cons	2.631***	3.211***	−0.270*	3.657***	−0.872***	2.826***
	(18.01)	(29.53)	(−1.70)	(31.20)	(−6.69)	(27.08)
中介效应1	0.003		0.003		0.001	
Sobel 检验	2.90***		1.54		2.20**	
中介效应2	0.003		0.001		0.002	
置信区间	[0.0015,0.0072]		[−0.0028,0.0045]		[0.0006,0.0079]	
Obs	29273	29273	24284	24284	29599	29599
调整后 R²	0.092	0.797	0.311	0.799	0.259	0.786

注:(1)括号内数值为 t 值;(2) ***、**、* 分别表示在 1%、5%、10% 水平下显著。

资料来源:国泰安数据库和 WIND 数据库。

二、运营成本的机制检验

表5-3 报告了运营成本的中介效应分析,其中,运营成本包括管理费用占比、财务费用占比和销售费用占比。与表5-2 相同,列(1)、列(3)和列(5)为式(4-13)的回归结果,列(2)、列(4)和列(6)为式(4-14)的回归结果,所有模型使用双向固定效应模型进行估计,均考虑了控制变量。

第一,以管理费用占比为例。由列(1)可知,数字化转型 D_{it} 对管理费用占比的作用为−0.002,在 5% 的水平上显著,说明企业数字化转型对管理费用占比产生负向的作用,即降低管理费用占比。列(2)数字化转型 D_{it} 和管理费用占比的系数分别为 0.168 和−2.359,企业数字化转型对全要素生产率产生正向的直接效应,且管理费用占比越低越能提升全要素生产率。中介效应为

0.005,Sobel 检验为 2.42,在 5%的水平上显著,说明企业数字化转型通过降低管理费用提升全要素生产率的中介效应显著存在。人工智能、大数据等数字技术能够为管理人员提供便利,管理人员通过相关智能软件就可以对员工进行线上管理,无须进行线下管理,这无疑降低了管理成本。而且,数字化设备改变了当代企业的金字塔结构,以往股东、董事等决策层提出的政策需要一层一层传递到普通员工,造成信息的失真和传递时效的缓慢,而数字技术能够通过线上平台直接将企业高管的目标、决策传递到员工,员工也可以实时对生产过程、研发过程中产生的问题进行反馈,提高了管理效率。数字技术还能替代一部分行政管理人员,使流程更加便捷,为员工和其他管理人员提供便利,降低交易成本。因此,企业进行数字化转型可以降低管理费用。而管理费用的降低为企业节约了成本,从而将多余的资金用于改善企业生产流程、技术研发和管理模式等,通过使用节约出来的管理费用让员工和高端人才去其他企业或国外进行学习深造,提高员工技能和素质,增加全要素生产率。因此,企业数字化转型通过降低管理费用占比,进而促进全要素生产率的正向中介效应是显著的。

第二,以财务费用占比为例。列(3)可以得出,数字化转型 D_{it} 的系数为-0.011,在 5%的水平上显著,说明数字化转型企业财务费用占比比未进行数字化转型企业低 0.011 个单位。列(4)核心解释变量和机制变量的系数分别为 0.176 和-1.618,均在 1%的水平上显著,即企业数字化转型对全要素生产率产生正向直接效应,而财务费用占比的减少有利于提升全要素生产率。中介效应为 0.018,Sobel 检验为 2.29,在 5%的水平上显著,Bootstrap 方法求出的置信区间不包含 0,说明财务费用占比的正向中介效应显著存在。企业通过数字化软件和硬件扩展资金的来源渠道,提升了市场闲余资金的配置效率,降低了企业财务费用。第三方支付和移动支付等数字化支付方式,提高了企业与银行和金融机构的清算效率,降低了交易费用,不用承担以往去银行线下办理业务的时间成本和手续费。当企业面临过高的债务风险和经营风险时,不愿意去举债进行高额投资,更愿意通过数字技术选择金融化投资,提高金融收入。因此,企业数字化转型降低了财务费用。企业财务成本的下降意味着利润的增加,则企业拥有更多的资金用于技术研发、人员培训、管理模式转变以及购进智能化、自动化、数字化的生产设备等,企业的经营效率和价值稳步提升,最终将促进全要素生产率的提升(Zhang 和 Vigne, 2021)。①

第三,以销售费用占比为例。列(5)和列(6)数字化转型 D_{it} 的系数分别为 -0.008 和 0.143,均在 1% 的水平上显著,说明企业进行数字化转型后,显著降低了销售费用占比,并对全要素生产率产生正向的直接效应。列(6)销售费用占比的系数为 -1.481,在 1% 的水平上显著,即销售费用占比的下降有利于提升企业全要素生产率。通过计算可知,中介效应为 0.012,Sobel 检验在 1% 的水平上显著 (8.51),Bootstrap 方法求出的置信区间不包含 0,说明企业数字化转型通过降低销售费用占比,进而提高全要生产率的正向中介效应显著存在。销售费用通常是指企业在销售商品和材料、提供劳务过程中发生的各项费用。销售费用占比的下降无疑会增加企业的利润,与上文分析相同,企业可以将更多的利润用于提升企业的技术创新、员工技能和素质、管理人员技能等,进而提升全要素生产率。并且,企业通过数字技术寻找最优的原材料、员工和产品销售模式,增加企业的生产效率和资源的使用效率,提高企业内资产和现金的周转率,最终提升全要素生产率(Xu 等,2019)。② 因此,企业数字化转型通过降低销售费用占比,最终提升全要素生产率。

以上结论均与假设 15 的结论相同。

---

① Zhang D.Y., Vigne S.A., "The Causal Effect on Firm Performance of China's Financing-pollution Emission Reduction Policy: Firm-level Evidence", *Journal of Environmental Management*, Vol.279, 2021.

② Xu J., Shang Y., Yu W.Z., "Intellectual Capital, Technological Innovation and Firm Performance: Evidence from China's Manufacturing Sector", *Sustainability*, Vol.11, No.19, 2019.

表5-3　运营成本的机制检验

变量	机制:管理费用占比		机制:财务费用占比		机制:销售费用占比	
	（1）	（2）	（3）	（4）	（5）	（6）
	cost1	TFP	cost2	TFP	cost3	TFP
机制变量		-2.359^{***}		-1.618^{***}		-1.481^{***}
		(-33.86)		(-30.53)		(-20.00)
D_{it}	-0.002^{**}	0.168^{***}	-0.011^{**}	0.176^{***}	-0.008^{***}	0.143^{***}
	(-2.43)	(17.34)	(-2.30)	(17.91)	(-9.40)	(14.60)
Age	-0.003^{**}	-0.004	0.013^{***}	-0.018	-0.008^{***}	0.004
	(-2.00)	(-0.25)	(6.43)	(-0.99)	(-5.49)	(0.21)
$Capd$	0.015^{***}	-0.097^{***}	-0.012^{***}	-0.113^{***}	0.003^{***}	-0.136^{***}
	(96.47)	(-47.57)	(-57.36)	(-60.49)	(20.55)	(-73.99)
$Rese$	0.002^{***}	-0.006^{***}	-0.002^{***}	-0.008^{***}	0.001^{***}	-0.010^{***}
	(24.83)	(-5.91)	(-18.93)	(-7.79)	(9.35)	(-9.37)
$Lern$	-0.286^{***}	0.089^{***}	-0.256^{***}	1.131^{***}	-0.058^{***}	0.672^{***}
	(-148.04)	(3.02)	(-101.41)	(44.49)	(-31.75)	(30.65)
SA	0.037^{***}	-0.665^{***}	-0.085^{***}	-0.641^{***}	-0.017^{***}	-0.543^{***}
	(13.52)	(-21.61)	(-23.55)	(-20.52)	(-6.06)	(-16.63)
$Loan$	-0.006^{***}	0.295^{***}	0.008^{***}	0.245^{***}	-0.014^{***}	0.245^{***}
	(-4.23)	(17.71)	(3.96)	(14.97)	(-9.60)	(14.45)
$Region1$	0.021^{*}	0.041	-0.058^{***}	0.089	0.032^{***}	-0.113
	(1.90)	(0.32)	(-3.94)	(0.71)	(2.96)	(-0.90)
$Region2$	0.000	-0.001	-0.002^{***}	0.003	0.001^{**}	0.004
	(0.18)	(-0.17)	(-2.93)	(0.54)	(2.33)	(0.76)
$indu1$	-0.008^{***}	0.042^{**}	0.010^{***}	0.051^{***}	-0.004^{**}	0.042^{**}
	(-5.01)	(2.40)	(4.68)	(2.92)	(-2.41)	(2.47)
$indu2$	0.001	0.279^{***}	-0.001	0.276^{***}	-0.005^{***}	0.247^{***}
	(0.80)	(14.98)	(-0.44)	(14.65)	(-2.77)	(12.94)

续表

变量	机制:管理费用占比		机制:财务费用占比		机制:销售费用占比	
	(1)	(2)	(3)	(4)	(5)	(6)
	cost1	TFP	cost2	TFP	cost3	TFP
Cons	0.209***	3.214***	0.318***	2.135***	0.020**	3.509***
	(22.73)	(30.99)	(26.12)	(20.33)	(2.16)	(32.59)
中介效应1	0.005		0.018		0.012	
Sobel 检验	2.42**		2.29**		8.51***	
中介效应2	0.006		0.020		0.011	
置信区间	[0.0027,0.0133]		[0.0162,0.0309]		[0.0040,0.0230]	
Obs	29643	29643	29673	29672	28675	28675
调整后 R^2	0.687	0.792	0.340	0.788	0.096	0.800

注:(1)括号内数值为 t 值;(2) ***、**、* 分别表示在1%、5%、10%水平下显著。
资料来源:国泰安数据库和 WIND 数据库。

三、滞后效应分析

表5-4为数字化转型滞后5期对机制变量的动态作用。首先,在周转率方面。第一,以存货周转率为例。存货周转率的系数随着时间的推移不断下降,甚至为负,且显著性水平也不断下降,说明企业数字化转型对存货周转率的正向作用仅限于滞后3期。第二,以总资产周转率为例。数字化转型 D_{it} 滞后1期和2期的系数在5%的水平上显著为正,即0.020和0.035,而滞后3期以后企业数字化转型的系数下降,甚至为负,且不显著,同样说明数字化转型随着时间推移,对总资产周转率的正向作用减弱。第三,以现金周转率为例。滞后1期到滞后3期的系数分别为0.055、0.052和0.043,系数大小有小幅下降,均在1%的水平上显著,但滞后4期和5期的系数不显著,说明数字化转型对现金周转率的正向作用仅限于3期以内。其次,在运营成本方面。

第一,以管理费用占比为例。除了滞后 5 期的系数不显著外,其他均在 1%
的水平上显著,说明随着时间推移,数字化转型对管理费用占比的作用从时
间上看存在动态性。第二,以财务费用占比为例。滞后 1 期到滞后 3 期的
系数分别为 −0.004、−0.008 和 −0.007,均在 1%的水平上显著,但滞后 4 期和
5 期的系数不显著,且变为正值,说明数字化转型随着时间推移,对财务费用
占比的作用减弱,同样存在动态性。第三,以销售费用占比为例。所有滞后项
的系数均在 1%的水平上显著,且均为负值,说明企业数字化转型对销售费用
占比的作用有明显的动态性,随着时间推移,其对销售费用占比的负向作用依
然显著存在。

表 5-4　滞后效应分析

Panel A	被解释变量:存货周转率				
	滞后 1 期	滞后 2 期	滞后 3 期	滞后 4 期	滞后 5 期
D_{it}	0.043***	0.037**	0.035**	0.030	−0.021
	(2.83)	(2.27)	(2.00)	(1.59)	(−1.00)
Panel B	被解释变量:总资产周转率				
	滞后 1 期	滞后 2 期	滞后 3 期	滞后 4 期	滞后 5 期
D_{it}	0.020**	0.035**	0.028	−0.005	−0.017
	(2.30)	(2.13)	(1.55)	(−0.23)	(−0.77)
Panel C	被解释变量:现金周转率				
	滞后 1 期	滞后 2 期	滞后 3 期	滞后 4 期	滞后 5 期
D_{it}	0.055***	0.052***	0.043***	0.022	0.001
	(2.84)	(2.99)	(2.69)	(1.50)	(0.03)
Panel D	被解释变量:管理费用占比				
	滞后 1 期	滞后 2 期	滞后 3 期	滞后 4 期	滞后 5 期
D_{it}	−0.003**	−0.004***	−0.004***	−0.003***	−0.001
	(−2.49)	(−3.08)	(−3.41)	(−3.31)	(−0.37)

续表

Panel E	被解释变量：财务费用占比				
	滞后 1 期	滞后 2 期	滞后 3 期	滞后 4 期	滞后 5 期
D_{it}	−0.004***	−0.008***	−0.007***	0.002	0.005
	（−2.74）	（−4.31）	（−4.25）	（1.25）	（0.31）
Panel F	被解释变量：销售费用占比				
	滞后 1 期	滞后 2 期	滞后 3 期	滞后 4 期	滞后 5 期
D_{it}	−0.007***	−0.007***	−0.007***	−0.009***	−0.008***
	（−7.81）	（−7.16）	（−6.69）	（−7.80）	（−6.45）

注：括号内数值为 t 值；***、**、*分别表示在 1%、5%、10%水平下显著。由于篇幅限制，这里只报告核心解释变量 D_{it} 滞后 5 期的回归结果。

资料来源：国泰安数据库和 WIND 数据库。

第四节　分样本回归

本节将样本按照不同地区、所有权结构和不同要素密集度进行分类，分析不同类型样本企业数字化转型如何通过改善运营能力影响全要素生产率，所有模型均采用双向固定效应模型进行估计。需要指出的是，本书匹配变量没有发生变化，因此，不同样本下倾向得分匹配方法获得的对照组不会发生变化，则不同样本下企业数字化转型对全要素生产率的总效应与第四章相同，这里不再对总效应进行分析。

一、地区异质性

（一）周转率的异质性分析（见表5-5）

存货周转率。第一，以东部地区为例。列（1）数字化转型 D_{it} 的系数为0.060，在1%的水平上显著，说明数字化转型企业存货周转率高于未进行数字化转型企业0.060个单位，即企业进行数字化转型有利于提升存货周转率。

列(2)核心解释变量 D_{it} 和机制变量的系数分别为 0.167 和 0.085,均在 1% 的水平上显著,说明数字化转型和存货周转率均可以提升全要素生产率。通过计算可知,中介效应为 0.005,Sobel 检验为 3.82,在 1% 的水平上显著,Bootstrap 方法求出的置信区间不包含 0,说明东部地区数字化转型通过提升存货周转率促进全要素生产率的正向中介效应是显著的。第二,以中西部地区为例。列(7)中西部地区企业数字化转型 D_{it} 对存货周转率的作用为 0.008,虽然不显著,但仍为正。列(8)数字化转型和机制变量的系数分别为 0.166 和 0.104,均在 1% 的水平上显著,即中西部地区企业数字化转型对全要素生产率产生正向直接效应,且存货周转率也能提升全要素生产率。中介效应为 0.001,Sobel 检验为 0.27,不显著。东部地区企业数字化转型通过增加存货周转率改善全要素生产率的正向中介效应大于中西部地区。

总资产周转率。第一,以东部地区为例。列(3)核心解释变量 D_{it} 对总资产周转率的作用在 1% 的水平上显著(0.052),即东部地区企业数字化转型促进总资产周转率。列(4)数字化转型 D_{it} 和总资产周转率的系数分别为 0.149 和 0.004,均在 1% 的水平上显著,即企业数字化转型对全要素生产率产生正向的直接效应,并且总资产周转率的提升也能改善全要素生产率。通过测算可知,中介效应为 0.001,Sobel 检验为 2.10,在 5% 的水平上显著,说明东部地区企业数字化转型通过增加总资产周转率提升全要素生产率的正向中介效应存在。第二,以中西部地区为例。列(9)和列(10)数字化转型 D_{it} 的系数分别为 -0.028 和 0.159,其中,列(9)的系数不显著,说明中西部地区数字化转型不利于总资产周转率的提升。并且,列(10)总资产周转率对全要素生产率的系数也为负,但不显著,即中西部地区总资产周转率不能改善全要素生产率。

现金周转率。第一,以东部地区为例。列(5)和列(6)数字化转型 D_{it} 的系数分别为 0.018 和 0.176,均在 5% 的水平上显著,说明东部地区企业数字化转型不仅能提升现金周转率,也对全要素生产率产生正向的直接效应。列

表5-5　地区异质性下周转率的机制效应分析

变量	东部地区						中西部地区					
	机制:turn1		机制:turn2		机制:turn3		机制:turn1		机制:turn2		机制:turn3	
	(1)	(2)	(3)	(4)	(5)	(6)	(7)	(8)	(9)	(10)	(11)	(12)
	turn1	TFP	turn2	TFP	turn3	TFP	turn1	TFP	turn2	TFP	turn3	TFP
机制变量		0.085***		0.004***		0.091***		0.104***		-0.021		0.026***
		(15.95)		(2.65)		(15.10)		(12.23)		(-1.15)		(2.89)
D_{it}	0.060***	0.167***	0.052***	0.149***	0.018**	0.176***	0.008	0.166***	-0.028	0.159***	0.052**	0.171***
	(3.93)	(15.04)	(3.43)	(13.14)	(2.33)	(15.61)	(0.27)	(8.67)	(-0.90)	(7.34)	(1.98)	(8.67)
Age	-0.094***	-0.020	0.276***	-0.068***	0.392***	-0.076***	-0.163***	0.022	0.236***	-0.105***	0.469***	-0.002
	(-3.34)	(-0.96)	(9.74)	(-3.19)	(15.64)	(-3.63)	(-3.56)	(0.69)	(4.55)	(-2.91)	(10.66)	(-0.07)
Capd	-0.108***	-0.127***	-0.127***	-0.137***	-0.137***	-0.119***	-0.088***	-0.139***	-0.135***	-0.157***	-0.129***	-0.138***
	(-36.28)	(-56.46)	(-38.81)	(-53.66)	(-52.89)	(-51.72)	(-19.67)	(-43.08)	(-23.94)	(-38.03)	(-31.42)	(-41.90)
Rese	-0.001	-0.011***	0.003*	-0.008***	-0.005***	-0.010***	-0.004	-0.011***	-0.005	-0.005**	-0.013***	-0.009***
	(-0.76)	(-9.12)	(1.96)	(-7.15)	(-3.59)	(-8.72)	(-1.20)	(-4.53)	(-1.44)	(-1.96)	(-3.76)	(-3.63)
Lern	-0.596***	0.971***	-0.608***	0.895***	-0.716***	0.952***	-0.278***	0.500***	-0.447***	0.621***	-0.844***	0.496***
	(-15.62)	(34.74)	(-14.12)	(27.65)	(-21.54)	(34.12)	(-5.03)	(12.95)	(-5.72)	(11.47)	(-16.26)	(12.51)
SA	0.050	-0.430***	-0.180***	-0.421***	-0.545***	-0.593***	0.548***	-0.762***	-0.066	-0.619***	-0.795***	-0.798***
	(0.94)	(-11.23)	(-3.32)	(-10.38)	(-12.43)	(-16.22)	(5.83)	(-11.57)	(-0.59)	(-7.95)	(-9.72)	(-12.94)

续表

变量	东部地区						中西部地区					
	机制:turn1		机制:turn2		机制:turn3		机制:turn1		机制:turn2		机制:turn3	
	(1)	(2)	(3)	(4)	(5)	(6)	(7)	(8)	(9)	(10)	(11)	(12)
	turn1	TFP	turn2	TFP	turn3	TFP	turn1	TFP	turn2	TFP	turn3	TFP
Loan	-0.477***	0.508***	2.154***	0.875***	1.037***	0.358***	-0.230***	0.209***	2.301***	0.970***	0.787***	0.125***
	(-15.32)	(22.28)	(57.46)	(28.42)	(38.06)	(15.25)	(-5.19)	(6.74)	(31.87)	(17.64)	(19.72)	(4.06)
Region1	0.497***	-0.080	-0.067	-0.237	-0.385**	0.005	-1.419	0.534	-2.636**	1.210	-0.359	0.669
	(2.62)	(-0.58)	(-0.35)	(-1.68)	(-2.27)	(0.03)	(-1.29)	(0.70)	(-2.03)	(1.34)	(-0.34)	(0.85)
Region2	-0.042***	0.023***	-0.016	0.025***	0.010	0.017**	-0.005	-0.005	-0.001	-0.010	-0.006	-0.006
	(-4.49)	(3.33)	(-1.62)	(3.52)	(1.18)	(2.41)	(-0.51)	(-0.75)	(-0.15)	(-1.51)	(-0.72)	(-0.94)
indu1	-0.003	0.044**	-0.045	0.052**	-0.067***	0.042**	-0.052	0.180***	-0.187	0.225**	0.014	0.195***
	(-0.13)	(2.45)	(-1.34)	(2.06)	(-3.08)	(2.31)	(-0.55)	(2.73)	(-1.44)	(2.51)	(0.15)	(2.88)
indu2	0.317***	0.220***	0.154***	0.291***	0.138***	0.253***	0.464***	0.162***	0.191***	0.264***	0.048	0.212***
	(10.71)	(10.20)	(5.06)	(12.81)	(5.22)	(11.51)	(9.32)	(4.62)	(3.02)	(6.04)	(1.00)	(5.96)
Cons	2.411***	3.494***	-0.044	3.665***	-0.626***	3.110***	3.527***	2.383***	0.073	2.985***	-1.492***	2.407***
	(13.55)	(26.85)	(-0.24)	(26.95)	(-4.17)	(24.91)	(11.49)	(11.01)	(0.20)	(12.04)	(-5.55)	(11.92)
中介效应1	0.005		0.001		0.002		0.001		0.001		0.001	
Sobel 检验	3.82***		2.10**		2.30**		0.27		0.71		1.65*	

续表

变量	东部地区						中西部地区					
	机制:turn1		机制:turn2		机制:turn3		机制:turn1		机制:turn2		机制:turn3	
	(1)	(2)	(3)	(4)	(5)	(6)	(7)	(8)	(9)	(10)	(11)	(12)
	turn1	TFP	turn2	TFP	turn3	TFP	turn1	TFP	turn2	TFP	turn3	TFP
中介效应 2		0.007		0.002		0.002		0.001		0.001		0.001
置信区间	[0.0042, 0.0117]		[0.0011, 0.0523]		[0.0009, 0.0043]		[-0.0033, 0.0056]		[-0.0010, 0.0039]		[0.0003, 0.0023]	
Obs	21364	21364	18459	18459	21650	21650	7731	7731	5772	5772	7781	7781
调整后 R²	0.290	0.790	0.302	0.796	0.276	0.779	0.303	0.828	0.340	0.828	0.253	0.817

注:(1)括号内数值为 t 值;(2)***、**、* 分别表示在 1%、5%、10%水平下显著;(3)中介效应 1 为逐步回归法求出的中介效应,中介效应 2 为 Bootstrap 方法求出的中介效应,置信区间是 1000 次迭代求出的中介效应的置信区间。

资料来源:国泰安数据库和 WIND 数据库。

(6)机制变量对全要素生产率的作用也在1%的水平上显著(0.091),中介效应为0.002,Sobel检验在5%的水平上显著(2.30),说明东部地区企业数字化转型通过提高现金周转率提升全要素生产率的正向中介效应显著。第二,以中西部地区为例。列(11)数字化转型D_{it}的系数为0.052,在5%的水平上显著,说明中西部地区数字化转型企业现金周转率比未进行数字化转型企业高0.052个单位。列(12)核心解释变量与机制变量的系数分别为0.171和0.026,均在1%的水平上显著,即数字化转型对全要素生产率产生正向直接作用,并且现金周转率的提高也促进了全要素生产率的提升。中介效应为0.001,Sobel检验在10%的水平上显著(1.65)。东部地区企业数字化转型通过提高现金周转率,进而提升全要素生产率的正向中介效应大于中西部地区。

以上结论均与假设14的结论相同。

(二)运营成本的异质性分析(见表5-6)

管理费用占比。第一,以东部地区为例。列(1)数字化转型D_{it}对管理费用的作用为负,即-0.002,且在5%的水平上显著,说明数字化转型企业管理费用占比低于未进行数字化转型企业0.002个单位。列(2)数字化转型D_{it}对全要素生产率产生显著的正向作用,系数为0.172,而机制变量对全要素生产率的作用为负,即-2.549,在1%的水平上显著,说明管理费用占比每下降1个单位,东部地区企业全要素生产率上升2.549个单位。中介效应为0.005,Sobel检验在5%的水平上显著(2.25),东部地区企业数字化转型通过降低管理费用,提升全要素生产率的正向中介效应显著存在。第二,以中西部地区为例。列(7)数字化转型的系数虽然不显著,但仍为负,即中西部地区企业数字化转型可以降低管理费用占比。列(8)核心解释变量D_{it}和机制变量的系数分别为0.171和-2.136,均在1%的水平上显著,说明中西部地区数字化转型对全要素生产率产生正向的直接效应,并且管理费用的下降促进全要素生产率的提升。中介效应为0.006,虽然Sobel检验为1.63,不显著,但中介效应依然为正。可以看出,东部地区和中西部地区数字化转型均在一定程度上降低管理费用,并通过降低管理费用提升全要素生产率,但东部地区企业管理费用的正向中介效应更加显著。

财务费用占比。列(3)和列(9)数字化转型 D_{it} 的系数均为 -0.006,且均在 1% 的水平上显著,即对于东部地区和中西部地区,数字化转型企业财务费用占比低于未进行数字化企业 0.006 个单位,但东部地区的显著性水平明显高于中西部地区,说明东部地区对财务费用的负向作用更加显著。列(4)东部地区核心解释变量和机制变量的系数分别为 0.190 和 -1.761,均在 1% 的水平上显著。列(10)中西部地区数字化转型 D_{it} 和财务管理费用的系数分别为 0.185 和 -1.265,同样在 1% 的水平上显著。以上分析说明,东部地区和中西部地区企业数字化转型均对全要素生产率产生正向的直接效应,财务费用的下降均能提升全要素生产率,但由于东部地区外部环境更加健全,其财务费用对全要素生产率的负向作用和显著性水平均高于中西部地区。东部地区和中西部地区的中介效应分别为 0.011 和 0.008,Sobel 检验为 4.68 和 2.57,均在 1% 的水平上显著,说明东部地区和中西部地区企业数字化转型通过降低财务费用提升全要素生产率的正向中介效应均显著。东部地区数字化转型更能促进企业财务费用的下降。与管理费用相同,当财务费用下降时,企业能够将更多的资金和利润用于内生动力的提升,包括技术创新、员工技能和素质、管理模式等(Xu 等,2021)。[①] 并且,东部地区金融产品丰富,可以为数字化企业提供来源更广泛的收入,进而提升全要素生产率。

销售费用占比。第一,以东部地区为例。列(5)和列(6)数字化转型 D_{it} 的系数分别为 -0.008 和 0.148,均在 1% 的水平上显著,东部地区数字化转型不仅能降低销售费用,还对全要素生产率产生正向直接效应。并且,机制变量对全要素生产率的作用也在 1% 的水平上显著为负,即 -0.880。中介效

---

① Xu Z. , Zhu X. , Wei G.E. , "Spatio-Temporal Evolution and Mechanism Analysis of China's Regional Innovation Efficiency", *Sustainability*, Vol.13, No.19, 2021.

第五章 运营能力视角下数字化转型对企业全要素生产率的实证分析

表 5-6 地区异质性下运营成本的机制效应分析

变量	东部地区 机制:cost1		机制:cost2		机制:cost3		中西部地区 机制:cost1		机制:cost2		机制:cost3	
	(1) cost1	(2) TFP	(3) cost2	(4) TFP	(5) cost3	(6) TFP	(7) cost1	(8) TFP	(9) cost2	(10) TFP	(11) cost3	(12) TFP
机制变量		-2.549*** (-30.68)		-1.761*** (-26.53)		-0.880*** (-12.63)		-2.136*** (-17.21)		-1.265*** (-13.19)		-0.778*** (-6.88)
D_{it}	-0.002** (-2.26)	0.172*** (15.52)	-0.006*** (-4.75)	0.190*** (16.99)	-0.008*** (-6.62)	0.148*** (13.09)	-0.003 (-1.64)	0.171*** (8.82)	-0.006*** (-2.62)	0.185*** (9.44)	-0.004* (-1.93)	0.157*** (7.98)
Age	0.003 (1.46)	-0.040* (-1.94)	0.008*** (3.69)	-0.062*** (-3.00)	-0.008*** (-3.82)	-0.013 (-0.61)	-0.005* (-1.65)	-0.009 (-0.27)	0.012*** (2.77)	-0.005 (-0.16)	-0.005 (-1.30)	-0.040 (-1.21)
Capd	0.015*** (82.64)	-0.090*** (-36.52)	-0.011*** (-46.79)	-0.111*** (-49.66)	0.005*** (20.18)	-0.132*** (-58.81)	0.015*** (48.86)	-0.110*** (-30.98)	-0.013*** (-33.67)	-0.127*** (-38.31)	0.004*** (11.91)	-0.149*** (-45.16)
Rese	0.002*** (22.08)	-0.005*** (-4.15)	-0.002*** (-17.63)	-0.007*** (-5.76)	0.000*** (3.24)	-0.010*** (-8.50)	0.003*** (10.86)	-0.004 (-1.50)	-0.002*** (-7.60)	-0.006*** (-2.56)	0.001*** (4.21)	-0.007*** (-2.81)
Lern	-0.273*** (-113.49)	0.232*** (6.53)	-0.270*** (-90.24)	1.362*** (41.76)	-0.088*** (-30.23)	0.860*** (30.53)	-0.284*** (-75.49)	-0.128*** (-2.46)	-0.282*** (-58.20)	0.804*** (17.17)	-0.076*** (-17.88)	0.444*** (11.16)
SA	0.035*** (11.08)	-0.544*** (-15.11)	-0.070*** (-17.62)	-0.523*** (-14.39)	-0.020*** (-5.02)	-0.497*** (-13.21)	0.063*** (10.70)	-0.716*** (-11.81)	-0.112*** (-14.42)	-0.680*** (-10.89)	-0.023*** (-3.11)	-0.596*** (-8.92)

变量	东部地区						中西部地区					
	机制:cost1		机制:cost2		机制:cost3		机制:cost1		机制:cost2		机制:cost3	
	(1)	(2)	(3)	(4)	(5)	(6)	(7)	(8)	(9)	(10)	(11)	(12)
	cost1	TFP	cost2	TFP	cost3	TFP	cost1	TFP	cost2	TFP	cost3	TFP
Loan	-0.018***	0.438***	0.020***	0.412***	-0.009***	0.409***	-0.001	0.185***	-0.004	0.135***	-0.023***	0.120***
	(-9.06)	(19.46)	(8.32)	(18.37)	(-3.57)	(18.07)	(-0.19)	(6.18)	(-1.18)	(4.61)	(-6.74)	(3.81)
Region1	0.029**	0.040	-0.100***	0.140	0.074***	-0.146	-0.020	0.625	0.001	0.611	0.084	0.734
	(2.39)	(0.29)	(-6.52)	(1.00)	(4.95)	(-1.04)	(-0.26)	(0.81)	(0.01)	(0.78)	(0.98)	(0.94)
Region2	-0.001	0.016**	-0.000	0.018***	-0.000	0.022***	0.000	-0.006	0.000	-0.006	0.001	-0.008
	(-1.17)	(2.27)	(-0.25)	(2.60)	(-0.48)	(3.14)	(0.12)	(-0.93)	(0.43)	(-0.95)	(0.76)	(-1.16)
indu1	-0.004**	0.023	0.004*	0.030*	-0.002	0.024	-0.023***	0.135**	0.049***	0.134**	-0.033***	0.137**
	(-2.55)	(1.28)	(1.78)	(1.67)	(-1.08)	(1.34)	(-3.45)	(2.01)	(5.69)	(1.98)	(-4.52)	(2.04)
indu2	0.002	0.266***	-0.000	0.262***	0.001	0.236***	0.010***	0.243***	-0.012***	0.234***	-0.006	0.178***
	(0.88)	(12.35)	(-0.16)	(12.08)	(0.28)	(10.57)	(2.99)	(6.92)	(-2.74)	(6.60)	(-1.58)	(5.01)
Cons	0.199***	3.568***	0.367***	2.392***	0.006	3.524***	0.293***	2.888***	0.222***	2.089***	0.016	3.257***
	(18.50)	(28.81)	(27.06)	(19.00)	(0.45)	(27.71)	(15.11)	(14.36)	(8.65)	(10.28)	(0.66)	(14.99)
中介效应1		0.005		0.011		0.007		0.006		0.008		0.003
Sobel 检验		2.25**		4.68***		5.86***		1.63		2.57***		1.86*

续表

变量	东部地区						中西部地区					
	机制:cost1		机制:cost2		机制:cost3		机制:cost1		机制:cost2		机制:cost3	
	(1)	(2)	(3)	(4)	(5)	(6)	(7)	(8)	(9)	(10)	(11)	(12)
	cost1	TFP	cost2	TFP	cost3	TFP	cost1	TFP	cost2	TFP	cost3	TFP
中介效应2	0.006		0.010		0.007		0.005		0.007		0.003	
置信区间	[0.0035,0.0109]		[0.0052,0.0292]		[0.0029,0.0173]		[−0.0002,0.0091]		[0.0054,0.0121]		[0.0014,0.0087]	
Obs	21670	21670	21690	21689	20973	20973	7797	7797	7802	7802	7531	7531
调整后 R²	0.649	0.787	0.365	0.784	0.305	0.791	0.705	0.823	0.378	0.819	0.411	0.826

注:(1)括号内数值为 t 值;(2)***、**、* 分别表示在 1%、5%、10%水平下显著;(3)中介效应 1 为逐步回归法求出的中介效应,中介效应 2 为 Bootstrap 方法求出的中介效应,置信区间是 1000 次迭代求出的中介效应的置信区间。

资料来源:国泰安数据库和 WIND 数据库。

应为 0.007,Sobel 检验在 1% 的水平上显著(5.86),说明东部地区企业数字化转型通过降低销售费用,促进全要素生产率的正向中介效应显著。第二,以中西部地区为例。列(11)数字化转型的系数虽然为负,但仅在 10% 的水平上显著,显著性水平低于东部地区。列(12)核心解释变量和机制变量的系数分别为 0.157 和 -0.778,均在 1% 的水平上显著,中介效应为 0.003,Sobel 检验在 10% 的水平上显著(1.86),说明中西部地区企业数字化转型通过减少销售费用占比提升全要素生产率的正向中介效应显著。东部地区企业数字化转型通过降低销售费用,进而提升全要素生产率的正向中介效应均显著高于中西部地区。

二、所有权结构异质性

(一)周转率的异质性分析(见表5-7)

存货周转率。第一,以国有企业为例。列(1)与列(2)数字化转型 D_{it} 的系数分别为 0.024 和 0.052,其中,国有企业数字化转型对存货周转率的作用不显著,而对全要素生产率的正向直接效应在 5% 的水平上显著。列(2)机制变量的系数为 0.102,在 1% 的水平上显著,说明存货周转率的提升促进了国有企业全要素生产率的提升。中介效应为 0.002,Sobel 检验虽然不显著,但仍为正,说明虽然国有企业数字化转型对存货周转率的作用不显著,但存货周转率的增加可以改善全要素生产率。第二,以非国有企业为例。列(7)核心解释变量 D_{it} 的系数在 1% 的水平上显著(0.076),列(8)数字化转型 D_{it} 与存货周转率的系数分别为 0.139 和 0.125,均在 1% 的水平上显著,说明非国有企业数字化转型既能提高存货周转率,也能改善全要素生产率。中介效应为 0.010,Sobel 检验为 4.79,在 1% 的水平上显著,即非国有企业数字化转型通过改善存货周转率提升全要素生产率的正向中介效应显著。非国有企业数字化转型通过增加存货周转率,促进全要素生产率的正向中介效应大于国有企业。

其次,以总资产周转率为例。第一,以国有企业为例。列(3)数字化转型对总资产周转率的作用为 0.052,列(4)核心解释变量 D_{it} 和机制变量的系数分别为 0.031 和 0015,所有系数都不显著,说明国有企业数字化转型对总资产周转率和全要素生产率的提升作用不显著,且总资产周转率也不能提升企业全要素生产率。中介效应为 0.001,Sobel 检验为 0.86,Bootstrap 方法求出的置信区间包含 0,说明中介效应不显著。第二,以非国有企业为例。列(9)和列(10)数字化转型 D_{it} 的系数分别为 0.027 和 0.138,均在 1% 的水平上显著,即非国有企业数字化转型促进总资产周转率和全要素生产率提升。列(10)机制变量对全要素生产率的作用也在 5% 的水平上显著(0.007),中介效应为 0.001,Sobel 检验在 10% 的水平上显著(1.94),说明非国有企业数字化转型通过提高总资产周转率提升全要素生产率的正向中介效应显著存在。国有企业数字化转型通过总资产周转率对全要素生产率的正向中介效应不如非国有企业。

最后,以现金周转率为例。可以看出,列(5)和列(11)数字化转型 D_{it} 的系数分别为 0.006 和 0.005,均为正,但国有企业的系数不显著,非国有企业在 5% 的水平上显著。列(6)国有企业核心解释变量和机制变量的系数分别在 5% 和 1% 的水平上显著,为 0.055 和 0.185,列(12)非国有企业核心解释变量和机制变量的系数均在 1% 的水平上显著,分别为 0.156 和 0.055,说明国有企业和非国有企业数字化转型和现金周转率均可以改善全要素生产率。中介效应均为 0.001,且只有非国有企业的中介效应是显著的,Sobel 检验为 2.27,即非国有企业数字化转型通过提高现金周转率促进全要素生产率的提升的正向中介效应显著存在。非国有企业数字化转型通过提高现金周转率对全要素生产率提升的正向中介效应高于国有企业。

表5-7　所有权结构下周转率的机制效应分析

变量	国有企业						非国有企业					
	机制:turn1		机制:turn2		机制:turn3		机制:turn1		机制:turn2		机制:turn3	
	(1)	(2)	(3)	(4)	(5)	(6)	(7)	(8)	(9)	(10)	(11)	(12)
	turn1	TFP	turn2	TFP	turn3	TFP	turn1	TFP	turn2	TFP	turn3	TFP
机制变量		0.102 ***		0.015		0.185 ***		0.125 ***		0.007 **		0.055 ***
		(8.56)		(1.10)		(12.57)		(21.73)		(2.13)		(9.14)
D_{it}	0.024	0.052 **	0.052	0.031	0.006	0.055 **	0.076 ***	0.139 ***	0.027 ***	0.138 ***	0.005 **	0.156 ***
	(0.70)	(2.18)	(1.40)	(1.23)	(0.23)	(2.29)	(4.91)	(12.60)	(4.81)	(12.15)	(2.34)	(13.61)
Age	-0.151 *	0.238 ***	0.481 ***	0.095	0.329 ***	0.141 **	-0.133 ***	-0.070 ***	0.221 ***	-0.115 ***	0.463 ***	-0.139 ***
	(-1.70)	(3.81)	(4.88)	(1.41)	(4.50)	(2.22)	(-3.78)	(-2.78)	(6.39)	(-4.34)	(13.28)	(-5.29)
Capd	-0.105 ***	-0.154 ***	-0.137 ***	-0.170 ***	-0.129 ***	-0.125 ***	-0.099 ***	-0.129 ***	-0.109 ***	-0.144 ***	-0.133 ***	-0.123 ***
	(-14.76)	(-29.91)	(-14.57)	(-25.57)	(-23.05)	(-23.95)	(-32.11)	(-56.34)	(-33.39)	(-55.55)	(-45.36)	(-52.64)
Rese	0.011 **	-0.015 ***	0.006	-0.009 ***	-0.006 *	-0.014 ***	-0.001	-0.011 ***	0.000	-0.007 ***	-0.007 ***	-0.010 ***
	(2.56)	(-5.05)	(1.33)	(-3.13)	(-1.75)	(-4.69)	(-0.38)	(-9.43)	(0.11)	(-6.44)	(-4.61)	(-8.35)
Lern	-0.631 ***	0.698 ***	-0.872 ***	0.489 ***	-0.631 ***	0.703 ***	-0.461 ***	0.758 ***	-0.530 ***	0.805 ***	-0.690 ***	0.714 ***
	(-6.39)	(10.03)	(-6.70)	(5.49)	(-8.14)	(10.37)	(-12.36)	(28.38)	(-12.85)	(25.36)	(-19.20)	(26.12)
SA	0.190	-0.275 ***	0.309 **	-0.210 **	-0.468 ***	-0.464 ***	0.453 ***	-0.807 ***	-0.306 ***	-0.698 ***	-0.793 ***	-0.915 ***
	(1.61)	(-3.32)	(2.42)	(-2.42)	(-5.24)	(-5.98)	(7.45)	(-18.58)	(-4.88)	(-14.53)	(-14.28)	(-21.80)

续表

变量	国有企业						非国有企业					
	机制:turn1		机制:turn2		机制:turn3		机制:turn1		机制:turn2		机制:turn3	
	(1)	(2)	(3)	(4)	(5)	(6)	(7)	(8)	(9)	(10)	(11)	(12)
	turn1	TFP	turn2	TFP	turn3	TFP	turn1	TFP	turn2	TFP	turn3	TFP
Loan	-0.812***	0.412***	2.153***	0.873***	0.817***	0.211***	-0.245***	0.273***	2.071***	0.610***	0.851***	0.191***
	(-10.88)	(7.74)	(20.92)	(11.54)	(13.71)	(3.97)	(-9.04)	(14.07)	(56.40)	(19.51)	(33.01)	(9.51)
Region1	1.588***	0.175	0.696	0.537	0.802**	0.172	0.228	0.119	-0.347*	0.080	-0.462**	0.212
	(3.48)	(0.55)	(1.40)	(1.59)	(2.13)	(0.53)	(1.08)	(0.79)	(-1.71)	(0.51)	(-2.21)	(1.35)
Region2	0.005	-0.014	0.035	0.021	0.027	-0.018	-0.001	0.001	0.004	0.003	-0.012*	0.000
	(0.23)	(-0.93)	(1.46)	(1.30)	(1.53)	(-1.15)	(-0.09)	(0.29)	(0.68)	(0.63)	(-1.80)	(0.08)
indu1	0.018	0.108*	-0.184	0.087	0.068	0.087	0.012	0.034*	0.063	0.046	-0.071**	0.028
	(0.19)	(1.68)	(-1.58)	(1.10)	(0.90)	(1.34)	(0.43)	(1.68)	(1.58)	(1.50)	(-2.46)	(1.31)
indu2	0.084	0.168***	-0.106	0.163***	0.138***	0.138***	0.577***	0.264***	0.116***	0.419***	0.008	0.358***
	(1.44)	(4.09)	(-1.50)	(3.40)	(2.88)	(3.30)	(16.97)	(10.78)	(3.34)	(15.70)	(0.23)	(14.15)
Cons	3.100***	2.859***	0.935*	3.265***	-1.005***	2.404***	3.256***	1.877***	-0.767***	2.395***	-1.668***	1.722***
	(6.71)	(8.77)	(1.87)	(9.63)	(-2.81)	(7.73)	(15.60)	(12.51)	(-3.62)	(14.74)	(-8.58)	(11.76)
中介效应1		0.002		0.001		0.001		0.010		0.001		0.001
Sobel 检验		0.70		0.86		0.23		4.79***		1.94*		2.27**

291

续表

变量	国有企业						非国有企业					
	机制:turn1		机制:turn2		机制:turn3		机制:turn1		机制:turn2		机制:turn3	
	(1)	(2)	(3)	(4)	(5)	(6)	(7)	(8)	(9)	(10)	(11)	(12)
	turn1	TFP	turn2	TFP	turn3	TFP	turn1	TFP	turn2	TFP	turn3	TFP
中介效应2		0.001		0.001		0.001		0.011		0.001		0.001
置信区间		[-0.0032,0.0058]		[-0.0027,0.0032]		[-0.095,0.0083]		[0.0028,0.0233]		[0.0004,0.0036]		[0.0007,0.0062]
Obs	3794	3794	2846	2846	3814	3814	18437	18437	16469	16469	18761	18761
调整后 R²	0.401	0.806	0.316	0.821	0.229	0.800	0.299	0.758	0.324	0.750	0.281	0.732

注:(1)括号内数值为 t 值;(2)***、**、* 分别表示在 1%、5%、10% 水平下显著;(3)中介效应 1 为逐步回归法求出的中介效应,中介效应 2 为 Bootstrap 方法求出的中介效应,置信区间是 1000 次迭代求出的中介效应的置信区间。

资料来源:国泰安数据库和 WIND 数据库。

（二）运营成本的异质性分析（见表5-8）

管理费用占比。第一，以国有企业为例。列（1）数字化转型 D_{it} 对管理费用占比的作用虽然为正，但不显著。列（2）核心解释变量 D_{it} 和管理费用占比的系数分别为 0.071 和 -3.649，均在 1% 的水平上显著，说明国有企业数字化转型和管理费用占比的下降均能提升全要素生产率。中介效应为 -0.011，虽然中介效应为负，但 Sobel 检验为 -1.56，Bootstrap 方法求出的置信区间包含 0，说明国有企业数字化转型通过管理费用占比影响全要素生产率的正向中介效应不显著。第二，以非国有企业为例。列（7）表明，企业数字化转型通过使用人工智能、大数据等数字技术降低了管理费用占比，系数为 -0.003，在 1% 的水平上显著。列（8）数字化转型 D_{it} 和管理费用占比的系数分别为 0.150 和 -2.004，均在 1% 的水平上显著，说明非国有企业数字化转型对全要素生产率产生正向的直接效应，并且管理费用的下降也能提升全要素生产率，显著性水平高于国有企业。

财务费用占比。第一，以国有企业为例。列（3）和列（4）数字化转型的系数分别为 -0.007 和 0.078，均在 1% 的水平上显著，说明国有企业数字化转型降低财务费用占比，并对全要素生产率产生正向的直接作用。列（4）机制变量对全要素生产率的作用也为负，在 1% 的水平上显著，即财务费用的下降促进国有企业全要素生产率的提升。中介效应为 0.021，Sobel 检验为 2.86，在 1% 的水平上显著，说明国有企业数字化转型通过降低财务费用提升全要素生产率的正向中介效应显著存在。第二，以非国有企业为例。列（9）数字化转型 D_{it} 的系数为 -0.005，同样在 1% 的水平上显著，显著性水平高于国有企业，即非国有企业数字化转型降低财务费用占比。列（10）核心解释变量和机制变量的系数分别为 0.161 和 -0.856，均在 1% 的水平上显著，中介效应为 0.004，Sobel 检验在 1% 的水平上显著（3.57），Bootstrap 方法求出的置信区间不包含 0，说明非国有企业数字化转型通过财务费用的下降，进而改善全要素生产率的中介效应存在，且显著性水平高于国有企业。

表5-8　所有权结构下运营成本的机制效应分析

变量	国有企业						非国有企业					
	机制:cost1		机制:cost2		机制:cost3		机制:cost1		机制:cost2		机制:cost3	
	(1)	(2)	(3)	(4)	(5)	(6)	(7)	(8)	(9)	(10)	(11)	(12)
	cost1	TFP	cost2	TFP	cost3	TFP	cost1	TFP	cost2	TFP	cost3	TFP
机制变量		-3.649^{***}		-3.018^{***}		-2.801^{***}		-2.004^{***}		-0.856^{***}		-1.174^{***}
		(-19.00)		(-18.44)		(-11.91)		(-23.46)		(-13.47)		(-13.87)
D_{it}	0.003	0.071^{***}	-0.007^{***}	0.078^{***}	-0.008^{***}	0.019	-0.003^{***}	0.150^{***}	-0.005^{***}	0.161^{***}	-0.010^{***}	0.130^{***}
	(1.57)	(3.04)	(-2.90)	(3.30)	(-4.44)	(0.81)	(-2.64)	(13.29)	(-3.70)	(14.06)	(-9.25)	(11.55)
Age	-0.010^{*}	0.152^{**}	0.012^{*}	0.159^{**}	-0.020^{***}	0.120^{*}	0.001	-0.110^{***}	0.016^{***}	-0.127^{***}	-0.007^{***}	-0.085^{***}
	(-1.89)	(2.48)	(1.84)	(2.56)	(-4.18)	(1.91)	(0.42)	(-4.28)	(4.74)	(-4.85)	(-2.97)	(-3.34)
$Capd$	0.017^{***}	-0.086^{***}	-0.016^{***}	-0.101^{***}	0.004^{***}	-0.152^{***}	0.015^{***}	-0.100^{***}	-0.010^{***}	-0.121^{***}	0.003^{***}	-0.140^{***}
	(40.14)	(-15.09)	(-32.38)	(-18.57)	(11.57)	(-28.81)	(72.96)	(-39.29)	(-36.85)	(-53.12)	(12.23)	(-60.43)
$Rese$	0.002^{***}	-0.008^{***}	-0.002^{***}	-0.010^{***}	0.000	-0.012^{***}	0.002^{***}	-0.005^{***}	-0.002^{***}	-0.008^{***}	0.001^{***}	-0.008^{***}
	(7.60)	(-2.64)	(-5.93)	(-3.31)	(1.37)	(-4.08)	(23.17)	(-4.28)	(-16.72)	(-6.93)	(7.92)	(-7.13)
$Lern$	-0.252^{***}	-0.272^{***}	-0.319^{***}	1.528^{***}	-0.059^{***}	0.447^{***}	-0.261^{***}	0.183^{***}	-0.247^{***}	0.867^{***}	-0.066^{***}	0.640^{***}
	(-43.07)	(-3.33)	(-46.78)	(18.34)	(-11.31)	(6.25)	(-104.07)	(5.25)	(-73.53)	(27.98)	(-25.84)	(23.49)
SA	0.044^{***}	-0.377^{***}	-0.075^{***}	-0.351^{***}	-0.018^{***}	-0.255^{***}	0.056^{***}	-0.852^{***}	-0.100^{***}	-0.885^{***}	-0.023^{***}	-0.807^{***}
	(6.69)	(-5.00)	(-9.55)	(-4.61)	(-2.96)	(-3.17)	(14.65)	(-20.64)	(-19.06)	(-21.05)	(-5.45)	(-18.44)

变量	国有企业 机制:cost1		机制:cost2		机制:cost3		非国有企业 机制:cost1		机制:cost2		机制:cost3	
	(1)	(2)	(3)	(4)	(5)	(6)	(7)	(8)	(9)	(10)	(11)	(12)
	cost1	TFP	cost2	TFP	cost3	TFP	cost1	TFP	cost2	TFP	cost3	TFP
Loan	-0.021***	0.379***	0.042***	0.236***	-0.023***	0.177***	0.012***	0.291***	-0.004	0.232***	-0.014***	0.183***
	(-4.62)	(7.21)	(8.04)	(4.64)	(-5.86)	(3.41)	(6.64)	(15.05)	(-1.55)	(12.08)	(-7.50)	(9.29)
Region1	-0.053*	0.195	0.052	0.164	-0.016	0.074	0.032**	0.247	-0.089***	0.263*	0.057***	0.113
	(-1.90)	(0.62)	(1.57)	(0.52)	(-0.67)	(0.23)	(2.18)	(1.60)	(-4.49)	(1.67)	(3.84)	(0.74)
Region2	0.000	-0.011	0.000	-0.013	-0.000	-0.021	0.001	0.001	-0.001	0.001	-0.001**	-0.000
	(0.02)	(-0.71)	(0.14)	(-0.84)	(-0.42)	(-1.38)	(1.23)	(0.14)	(-1.34)	(0.15)	(-2.25)	(-0.10)
indu1	-0.021***	0.017	0.009	0.070	-0.008	0.056	-0.004**	0.012	0.009***	0.018	-0.003	0.015
	(-3.84)	(0.27)	(1.37)	(1.10)	(-1.63)	(0.89)	(-2.20)	(0.57)	(3.16)	(0.83)	(-1.48)	(0.74)
indu2	0.004	0.182***	0.005	0.150***	-0.012***	0.077*	0.002	0.365***	0.001	0.361***	-0.005**	0.342***
	(0.98)	(4.51)	(1.27)	(3.69)	(-3.78)	(1.84)	(0.70)	(14.68)	(0.34)	(14.29)	(-2.19)	(13.36)
Cons	0.277***	3.207***	0.302***	1.213***	0.066***	3.779***	0.251***	2.111***	0.239***	1.405***	0.032**	2.234***
	(10.39)	(10.50)	(9.55)	(3.96)	(2.78)	(11.90)	(18.73)	(14.55)	(13.04)	(9.60)	(2.25)	(14.91)
中介效应1		-0.011		0.021		0.022		0.006		0.004		0.012
Sobel 检验		-1.56		2.86***		4.16***		2.62***		3.57***		7.70***

续表

变量	国有企业						非国有企业					
	机制:cost1		机制:cost2		机制:cost3		机制:cost1		机制:cost2		机制:cost3	
	(1)	(2)	(3)	(4)	(5)	(6)	(7)	(8)	(9)	(10)	(11)	(12)
	cost1	TFP	cost2	TFP	cost3	TFP	cost1	TFP	cost2	TFP	cost3	TFP
中介效应2	0.002		0.030		0.020		0.008		0.007		0.017	
置信区间	[−0.0012, 0.0086]		[0.0101, 0.0378]		[0.0083, 0.0377]		[0.0051, 0.0176]		[0.0029, 0.0164]		[0.0088, 0.0301]	
Obs	3819	3819	3823	3822	3577	3577	18767	18767	18784	18784	18292	18292
调整后 R^2	0.627	0.811	0.474	0.809	0.130	0.818	0.685	0.741	0.314	0.732	0.392	0.751

注:(1)括号内数值为 t 值;(2)***、**、* 分别表示在 1%、5%、10%水平下显著;(3)中介效应 1 为逐步回归法求出的中介效应,中介效应 2 为 Bootstrap 方法求出的中介效应,置信区间是 1000 次迭代求出的中介效应的置信区间。

资料来源:国泰安数据库和 WIND 数据库。

销售费用占比。列(5)和列(11)数字化转型 D_{it} 对销售费用占比的作用分别为-0.008 和-0.010,均在 1%的水平上显著,说明国有企业和非国有企业数字化转型都可以减少销售费用,但非国有企业更显著。列(6)数字化转型对全要素生产率的直接效应不显著,但销售费用对全要素生产率的作用在 1%的水平上显著为负,即-2.801。列(12)核心解释变量 D_{it} 与机制变量的系数分别为 0.130 和-1.174,均在 1%的水平上显著。通过计算可知,国有企业和非国有企业的中介效应分别为 0.022 和 0.012,Sobel 检验分别为 4.16 和 7.70,虽然均在 1%的水平上显著,但非国有企业的中介效应显著性水平更高。相比国有企业,非国有企业更愿意通过数字化转型来降低销售费用,进而提升全要素生产率。

三、要素密集度异质性

不同要素密集度企业技术水平、高端人才占比、管理模式、生产的产品均存在差异,比如资本密集型企业和技术密集型企业拥有充足的资金和先进的技术,在进行数字化转型时,能更快更有效地适应和应用数字技术,将人工智能、大数据等运用到企业原材料购买、产品生产和销售、技术研发等各个流程,提高资金和设备的利用率,提高企业的周转水平,提升全要素生产率。并且,数字技术能够实现部分业务的线上化和智能化,通过替代部分劳动力,降低企业内部的交易成本。因此,本书将所有企业按照要素密集度分为劳动密集型企业和资本密集型企业,分析企业数字化转型如何通过影响运营能力,进而作用于全要素生产率。

(一)周转率的异质性分析(见表5-9)

存货周转率。列(1)和列(7)数字化转型 D_{it} 的系数分别为 0.101 和 0.035,均显著,劳动密集型企业和资本密集型企业数字化转型均可以提高存货周转率。列(2)核心解释变量和机制变量的系数分别为 0.142 和 0.099,同样在 1%的水平上显著,列(8)这两个变量的系数分别为 0.131 和 0.129,均在

1%的水平上显著,但资本密集型企业的显著性水平更高,即劳动密集型企业和资本密集型企业数字化转型和存货周转率的提高能提升全要素生产率。中介效应分别为0.010和0.005,Sobel检验分别为2.60和2.49,均显著,说明劳动密集型企业和资本密集型企业数字化转型通过改善存货周转率提升全要素生产率的正向中介效应存在显著。本书认为,劳动密集型企业生产的产品多为原材料或初级加工产品,以消费者日常消费为主,企业使用数字技术虽然对低技能劳动力造成了替代效应,但同时通过智能化、数字化和自动化带动了企业生产,而大数据、云计算和物联网等数字技术更有利于劳动密集型企业将产品销售出去,寻找合适的市场,以较高的价格和较低的运输成本匹配到消费者手里。资本密集型企业产品技术较劳动密集型企业更高,多以消费者中高端的消费需求为主,资本密集型企业拥有大量的资金、劳动力和技术,其产品市场相比劳动密集型企业更加完善,数字化对产品市场的促进作用不如劳动密集型企业。因此,企业数字化转型后,劳动密集型企业和资本密集型企业均可以提高存货周转率,但对于劳动密集型企业的作用更大。而资本密集型企业存货周转率对全要素生产率的促进作用大于劳动密集型企业。

总资产周转率。第一,以劳动密集型企业为例。列(3)数字化转型 D_{it} 对总资产周转率的促进作用不显著。列(4)核心解释变量 D_{it} 与总资产周转率均对全要素生产率产生正向作用,即0.129和0.030,均显著。中介效应为0.001,Sobel检验为0.58,Bootstrap方法求出的置信区间包含0,说明劳动密集型企业数字化转型通过总资产周转率促进全要素生产率的正向中介效应不显著。第二,以资本密集型企业为例。列(9)和列(10)数字化转型 D_{it} 的系数分别为0.023和0.132,均在1%的水平上显著,说明资本密集型企业数字化转型不仅提高总资产周转率,还对全要素生产率产生正向的直接效应。中介效应为0.001,Sobel检验在5%的水平上显著(2.15),即资本密集型企业总资产周转率的中介效应显著存在。资本密集型企业数字化转型通过总资产周转率对全要素生产率的正向中介效应更为显著。

表 5-9　要素密度下周转率的机制效应分析

变量	劳动密集型						资本密集型					
	机制:turn1		机制:turn2		机制:turn3		机制:turn1		机制:turn2		机制:turn3	
	(1)	(2)	(3)	(4)	(5)	(6)	(7)	(8)	(9)	(10)	(11)	(12)
	turn1	TFP	turn2	TFP	turn3	TFP	turn1	TFP	turn2	TFP	turn3	TFP
机制变量		0.099***		0.030**		0.193***		0.129***		0.015***		0.048***
		(7.41)		(2.11)		(12.62)		(25.05)		(2.72)		(8.98)
D_{it}	0.101***	0.142***	0.025	0.129***	-0.035	0.167***	0.035**	0.131***	0.023***	0.132***	0.009***	0.144***
	(2.78)	(4.87)	(0.60)	(4.22)	(-1.10)	(5.65)	(2.50)	(13.30)	(3.49)	(12.55)	(2.65)	(14.28)
Age	-0.095	0.215***	0.370***	-0.003	0.485***	0.059	-0.062**	-0.003	0.264***	-0.063***	0.392***	-0.025
	(-1.36)	(3.82)	(4.71)	(-0.06)	(7.90)	(1.02)	(-2.47)	(-0.16)	(9.50)	(-3.26)	(15.94)	(-1.40)
Capd	-0.121***	-0.117***	-0.158***	-0.118***	-0.148***	-0.094***	-0.091***	-0.152***	-0.119***	-0.173***	-0.141***	-0.155***
	(-19.15)	(-21.94)	(-20.73)	(-19.36)	(-26.76)	(-16.74)	(-29.44)	(-69.17)	(-30.82)	(-62.79)	(-47.78)	(-67.99)
Rese	0.006	-0.063***	0.005	-0.030***	-0.018**	-0.044***	-0.002	-0.005***	0.000	-0.003***	-0.008***	-0.004***
	(0.63)	(-7.86)	(0.50)	(-4.20)	(-2.31)	(-5.93)	(-1.45)	(-5.22)	(0.01)	(-2.70)	(-5.78)	(-4.28)
Lern	-0.822***	1.224***	-0.933***	1.093***	-0.789***	1.307***	-0.188***	0.605***	-0.328***	0.640***	-0.736***	0.607***
	(-10.06)	(18.36)	(-8.63)	(13.39)	(-11.17)	(19.51)	(-5.12)	(23.62)	(-7.23)	(20.38)	(-20.69)	(23.19)
SA	-0.415***	0.045	-0.098	-0.113	-0.318***	-0.186**	0.397***	-0.965***	-0.118*	-0.903***	-0.565***	-0.959***
	(-3.59)	(0.48)	(-0.77)	(-1.19)	(-3.23)	(-2.03)	(7.65)	(-26.58)	(-1.91)	(-21.15)	(-11.59)	(-26.93)

续表

变量	劳动密集型						资本密集型					
	机制:turn1		机制:turn2		机制:turn3		机制:turn1		机制:turn2		机制:turn3	
	(1)	(2)	(3)	(4)	(5)	(6)	(7)	(8)	(9)	(10)	(11)	(12)
	turn1	TFP	turn2	TFP	turn3	TFP	turn1	TFP	turn2	TFP	turn3	TFP
Loan	-0.797***	0.481***	1.985***	1.250***	0.815***	0.319***	-0.312***	0.315***	2.393***	0.581***	1.033***	0.185***
	(-11.90)	(8.73)	(20.00)	(15.79)	(13.98)	(5.73)	(-11.28)	(16.23)	(61.74)	(19.37)	(39.79)	(9.39)
Region1	1.051**	-0.594	0.765	-0.727*	-0.148	-0.541	0.363**	0.044	-0.208	0.025	-0.512***	0.118
	(2.06)	(-1.44)	(1.31)	(-1.67)	(-0.33)	(-1.30)	(1.99)	(0.35)	(-1.06)	(0.18)	(-2.86)	(0.91)
Region2	-0.091***	0.030*	0.001	-0.005	0.059***	-0.001	-0.013*	-0.007	-0.006	-0.005	-0.015**	-0.006
	(-4.06)	(1.68)	(0.04)	(-0.25)	(2.98)	(-0.05)	(-1.89)	(-1.51)	(-0.92)	(-0.97)	(-2.35)	(-1.37)
indu1	-0.199	0.503***	0.012	0.137	0.121	0.452***	0.041*	-0.005	-0.055	0.031	-0.060***	-0.005
	(-1.35)	(4.25)	(0.07)	(1.09)	(0.94)	(3.75)	(1.80)	(-0.34)	(-1.30)	(1.08)	(-2.68)	(-0.28)
indu2	0.449***	0.304***	0.221***	0.362***	0.201***	0.337***	0.737***	0.270***	0.115**	0.410***	0.064*	0.386***
	(9.16)	(7.61)	(3.69)	(8.10)	(4.67)	(8.38)	(19.01)	(9.88)	(2.57)	(13.25)	(1.68)	(13.95)
Cons	1.366***	4.068***	-0.019	4.225***	-0.454	3.584***	2.723***	2.097***	-0.143	2.501***	-0.513***	2.239***
	(3.38)	(12.48)	(-0.04)	(12.79)	(-1.31)	(11.06)	(16.19)	(17.75)	(-0.73)	(18.43)	(-3.22)	(19.36)
中介效应1	0.010		0.001		-0.007		0.005		0.001		0.001	
Sobel 检验	2.60***		0.58		-1.10		2.49**		2.15**		2.54***	

续表

变量	劳动密集型						资本密集型					
	机制:turn1		机制:turn2		机制:turn3		机制:turn1		机制:turn2		机制:turn3	
	(1)	(2)	(3)	(4)	(5)	(6)	(7)	(8)	(9)	(10)	(11)	(12)
	turn1	TFP	turn2	TFP	turn3	TFP	turn1	TFP	turn2	TFP	turn3	TFP
中介效应2		0.012		0.001		0.002		0.008		0.001		0.001
置信区间	[0.0063,0.0207]		[-0.0014,0.0056]		[-0.0045,0.0041]		[0.0052,0.0169]		[0.0003,0.0040]		[0.0005,0.0076]	
Obs	3998	3998	3063	3063	4054	4054	21433	21433	17916	17916	21665	21665
调整后 R^2	0.167	0.722	0.316	0.724	0.285	0.713	0.298	0.841	0.325	0.833	0.272	0.830

注:(1)括号内数值为 t 值;(2)***、**、* 分别表示在 1%、5%、10%水平下显著;(3)中介效应 1 为逐步回归法求出的中介效应,中介效应 2 为 Bootstrap 方法求出的中介效应,置信区间是 1000 次迭代求出的中介效应的置信区间。

资料来源:国泰安数据库和 WIND 数据库。

现金周转率。第一,以劳动密集型企业为例。列(5)数字化转型 D_{it} 的系数为负,且不显著。列(6)核心解释变量 D_{it} 和现金周转率对全要素生产率均产生了正向作用,系数分别为 0.167 和 0.193,在 1% 的水平上显著,说明劳动密集型企业数字化转型和现金周转率对全要素生产率有正向作用。中介效应为-0.007,但 Sobel 检验为-1.10,不显著,且 Bootstrap 方法求出的置信区间包含 0,说明劳动密集型企业现金周转率的中介效应不显著。第二,以资本密集型企业为例。列(11)和列(12)核心解释变量 D_{it} 的系数分别为 0.009 和 0.144,均在 1% 的水平上显著,即资本密集型企业数字化转型不仅能提高现金周转率,也对全要素生产率产生正向直接效应。并且,现金周转率对全要素生产率的作用也在 1% 的水平上显著为正,系数为 0.048,中介效应为 0.001,Sobel 检验在 5% 的水平上显著(2.54)。相比劳动密集型企业,资本密集型企业生产技术、高技能人才更加充裕,通过数字化转型更能使用有限的现金进行企业内生动力的变革,包括技术研发、数字化人才培养、数字化设备的购买和应用等,这无疑提高了资本密集型企业原材料购买、生产、研发、售后等各流程的数字化、智能化和自动化水平,进而提升了全要素生产率。因此,资本密集型企业进行数字化转型后,通过现金周转率对全要素生产率的正向中介效应更加显著。

(二)运营成本的异质性分析(见表5-10)

管理费用占比。第一,以劳动密集型企业为例。列(1)数字化转型的系数为负,即-0.002,但不显著。列(2)核心解释变量 D_{it} 和管理费用占比的系数分别为 0.154 和-4.323,均在 1% 的水平上显著,即劳动密集型企业数字化转型对全要素生产率产生正向的直接效应,且管理费用占比的下降也能提升全要素生产率。中介效应为 0.009,虽然为正,但 Sobel 检验不显著,即劳动密集型企业管理费用的中介效应不显著。第二,以资本密集型企业为例。列(7)数字化转型 D_{it} 对管理费用的作用为-0.003,在 1% 的水平上显著,数字化转型企业管理费用占比小于未进行数字化转型企业 0.003 个单位。列(8)核

心解释变量 D_{it} 和管理费用占比对全要素生产率的作用均在 1% 的水平上显著,分别为 0.139 和 -2.193,说明资本密集型企业管理费用的下降有利于全要素生产率的提升,且显著性水平高于劳动密集型企业。中介效应为 0.007,Sobel 检验在 1% 的水平上显著为 2.66,Bootstrap 方法求出的置信区间不包含 0,即资本密集型企业数字化转型通过降低管理费用提升全要素生产率的正向中介效应显著存在。相比劳动密集型企业,资本密集型企业数字化转型更加容易,更能将数字化设施和技术运用到企业各流程中,降低管理费用,提升全要素生产率,即管理费用的正向中介效应更加显著。

财务费用占比。列(3)和列(9)数字化转型 D_{it} 的系数分别为 -0.006 和 -0.004,均显著,即劳动密集型企业和资本密集型企业数字化转型均能降低财务费用。列(4)核心解释变量和机制变量对全要素生产率的作用分别为 0.184 和 -3.649,同样在 1% 的水平上显著,即劳动密集型企业财务费用下降有利于提升全要素生产率。列(10)数字化转型 D_{it} 与财务费用占比的系数分别为 0.149 和 -1.046,均在 1% 的水平上显著。列(4)和列(10)的中介效应分别为 0.022 和 0.004,Sobel 检验分别为 2.08 和 3.35,均显著,说明劳动密集型和资本密集型企业数字化转型通过财务费用改善全要素生产率的正向中介效应均显著存在,但资本密集型企业的显著性水平更高。相比劳动密集型企业,资本密集型企业更容易进行数字化转型,企业内部技术创新、生产流程、员工和管理人员更能适应数字技术,促使企业通过先进的数字支付、金融科技等,让企业以成本更低、更快速的方式获得资金。因此,资本密集型企业数字化转型更能降低财务费用。而无论是资本密集型企业还是劳动密集型企业,其财务费用的下降,都有利于将节省的资金用于企业人才培训、技术研发、经验交流等,通过与数字技术相结合,带来更高的生产效率,提高企业的市场价值。总之,资本密集型企业数字化转型通过降低财务费用提升全要素生产率的正向作用更加显著。

销售费用占比。同样可以得出,列(5)和列(11)数字化转型 D_{it} 均对销售

表 5-10　要素密集度下运营成本的机制效应分析

变量	劳动密集型						资本密集型					
	机制:cost1		机制:cost2		机制:cost3		机制:cost1		机制:cost2		机制:cost3	
	(1)	(2)	(3)	(4)	(5)	(6)	(7)	(8)	(9)	(10)	(11)	(12)
	cost1	TFP	cost2	TFP	cost3	TFP	cost1	TFP	cost2	TFP	cost3	TFP
机制变量		-4.323***		-3.649***		-2.633***		-2.193***		-1.046***		-0.865***
		(-19.66)		(-21.33)		(-12.33)		(-29.13)		(-17.42)		(-10.78)
D_{it}	-0.002	0.154***	-0.006**	0.184***	-0.009***	0.114***	-0.003***	0.139***	-0.004***	0.149***	-0.010***	0.120***
	(-0.78)	(5.36)	(-2.09)	(6.43)	(-3.89)	(3.94)	(-2.67)	(14.02)	(-3.41)	(14.78)	(-10.67)	(11.81)
Age	0.002	0.160***	0.003	0.142**	-0.013***	0.171***	-0.000	-0.012	0.011***	-0.020	-0.008***	-0.023
	(0.56)	(2.88)	(0.53)	(2.57)	(-2.93)	(3.09)	(-0.13)	(-0.67)	(5.11)	(-1.14)	(-5.01)	(-1.30)
Capd	0.015***	-0.058***	-0.013***	-0.075***	0.004***	-0.117***	0.016***	-0.124***	-0.012***	-0.146***	0.003***	-0.160***
	(41.17)	(-9.61)	(-28.34)	(-13.83)	(8.78)	(-22.49)	(79.86)	(-51.13)	(-47.81)	(-64.86)	(12.63)	(-71.69)
Rese	0.005***	-0.024***	-0.005***	-0.030***	0.002***	-0.052***	0.002***	0.000	-0.002***	-0.002**	0.001***	-0.004***
	(9.52)	(-3.35)	(-6.90)	(-4.16)	(2.76)	(-6.86)	(23.25)	(0.24)	(-19.59)	(-2.25)	(11.17)	(-3.55)
Lern	-0.298***	-0.124	-0.275***	2.147***	-0.065***	1.007***	-0.261***	0.008	-0.287***	0.856***	-0.055***	0.561***
	(-62.10)	(-1.35)	(-45.15)	(27.10)	(-12.72)	(15.24)	(-105.47)	(0.26)	(-91.77)	(27.64)	(-22.75)	(21.18)
SA	0.027***	-0.150*	-0.034***	-0.144	-0.051***	-0.071	0.055***	-0.867***	-0.082***	-0.917***	-0.008**	-0.971***
	(4.01)	(-1.67)	(-3.95)	(-1.62)	(-7.12)	(-0.77)	(16.19)	(-24.74)	(-19.11)	(-25.65)	(-2.29)	(-26.18)

304

续表

变量	劳动密集型						资本密集型					
	机制:cost1		机制:cost2		机制:cost3		机制:cost1		机制:cost2		机制:cost3	
	(1)	(2)	(3)	(4)	(5)	(6)	(7)	(8)	(9)	(10)	(11)	(12)
	cost1	TFP	cost2	TFP	cost3	TFP	cost1	TFP	cost2	TFP	cost3	TFP
Loan	-0.010**	0.484***	0.021***	0.415***	-0.010**	0.431***	-0.009***	0.223***	0.010***	0.198***	-0.010***	0.203***
	(-2.46)	(9.06)	(4.15)	(7.90)	(-2.44)	(8.09)	(-4.75)	(11.95)	(4.21)	(10.53)	(-5.44)	(10.42)
Region1	-0.014	-0.555	-0.008	-0.507	0.022	-0.702*	0.014	0.134	-0.079***	0.193	0.045***	0.078
	(-0.46)	(-1.37)	(-0.21)	(-1.26)	(0.68)	(-1.71)	(1.13)	(1.05)	(-4.98)	(1.48)	(3.72)	(0.60)
Region2	0.000	0.014	0.000	0.011	-0.000	0.005	0.000	-0.006	-0.001**	-0.005	0.000	-0.005
	(0.24)	(0.77)	(0.25)	(0.60)	(-0.05)	(0.25)	(0.62)	(-1.30)	(-2.06)	(-0.97)	(1.01)	(-1.15)
indu1	-0.019***	0.377***	0.060***	0.252**	-0.074***	0.280**	-0.005***	-0.020	0.006***	-0.011	-0.001	-0.023
	(-2.20)	(3.22)	(5.37)	(2.16)	(-7.97)	(2.35)	(-3.55)	(-1.28)	(2.82)	(-0.69)	(-0.91)	(-1.47)
indu2	-0.002	0.369***	0.014***	0.325***	-0.013***	0.335***	-0.002	0.380***	0.001	0.390***	-0.011***	0.320***
	(-0.61)	(9.44)	(3.72)	(8.36)	(-4.28)	(8.40)	(-0.75)	(14.00)	(0.25)	(14.08)	(-4.05)	(10.84)
Cons	0.167***	4.137***	0.458***	1.759***	-0.036	4.381***	0.262***	2.770***	0.328***	1.804***	0.054***	2.373***
	(7.09)	(13.03)	(15.27)	(5.45)	(-1.42)	(13.63)	(23.78)	(24.07)	(23.37)	(15.41)	(4.87)	(19.83)
中介效应1		0.009		0.022		0.024		0.007		0.004		0.009
Sobel 检验		0.78		2.08**		3.71***		2.66***		3.35***		7.58***

305

续表

变量	劳动密集型						资本密集型					
	机制:cost1		机制:cost2		机制:cost3		机制:cost1		机制:cost2		机制:cost3	
	(1)	(2)	(3)	(4)	(5)	(6)	(7)	(8)	(9)	(10)	(11)	(12)
	cost1	TFP	cost2	TFP	cost3	TFP	cost1	TFP	cost2	TFP	cost3	TFP
中介效应2	0.006		0.025		0.030		0.005		0.006		0.008	
置信区间	[-0.0022, 0.0104]		[0.0190, 0.0334]		[0.0202, 0.0431]		[0.0022, 0.0117]		[0.0023, 0.0152]		[0.0043, 0.0219]	
Obs	4060	4060	4063	4063	3889	3889	21695	21695	21710	21709	21042	21042
调整后 R^2	0.718	0.728	0.438	0.732	0.137	0.735	0.644	0.837	0.373	0.831	0.480	0.836

注:(1)括号内数值为 t 值;(2)***、**、* 分别表示在 1%、5%、10%水平下显著;(3)中介效应 1 为逐步回归法求出的中介效应,中介效应 2 为 Bootstrap 方法求出的中介效应,置信区间是 1000 次迭代求出的中介效应的置信区间。

资料来源:国泰安数据库和 WIND 数据库。

费用产生显著的负向作用,即-0.009 和-0.010,其中,资本密集型企业的显著性水平更高。列(6)数字化转型与销售费用占比的系数分别为 0.114 和-2.633,均在 1%的水平上显著,劳动密集型企业销售费用的下降有利于改善全要素生产率。列(12)核心解释变量 D_{it} 和销售费用对全要素生产率的影响均在 1%的水平上显著,分别为 0.120 和-0.865,说明资本密集型企业销售费用的降低也能提升全要素生产率。列(6)和列(12)的中介效应分别为 0.024 和 0.009,Sobel 检验为 3.71 和 7.58,虽然均在 1%的水平上显著,但资本密集型企业的显著性水平更高。

以上结论均与假设 16 的结论相同。

第五节　稳定性分析

本节使用核心变量的改变、匹配方法的改变和合成控制 DID 进行稳健性检验,目的是检验是否得出与上文同样的结论。

一、核心变量的改变

这里同样采用 LP 法计算企业全要素生产率 TFP1,结果见表 5-11。首先,以数字化转型 D_{it} 的系数为例。列(1)到列(6)核心解释变量的系数均显著为正,说明加入机制变量后,企业数字化转型同样对全要素生产率产生正向的直接效应。其次,以周转率为例。列(1)到列(3)机制变量的系数分别为 0.067、0.032 和 0.008,均显著为正,说明提高存货周转率、总资产周转率和现金周转率均可以提升全要素生产率。最后,以运营成本为例。列(4)到列(6)机制变量的系数分别为-0.417、-0.326 和-0.746,均在 1%的水平上显著为负,即运营成本的减少有利于企业将更多的资金用于投资,提高技术创新水平、员工技能和素质等,从而提升全要素生产率。

表 5-11　稳健性检验:改变被解释变量

变量	被解释变量:*TFP*1					
	（1）	（2）	（3）	（4）	（5）	（6）
	*turn*1	*turn*2	*turn*3	*cost*1	*cost*2	*cost*3
机制变量	0.067***	0.032***	0.008**	−0.417***	−0.326***	−0.746***
	（24.15）	（11.47）	（2.49）	（−9.11）	（−9.44）	（−16.63）
D_{it}	0.029***	0.020***	0.037***	0.037***	0.037***	0.014**
	（4.87）	（3.46）	（5.65）	（5.58）	（5.53）	（2.35）
Age	0.065***	0.062***	0.074***	0.076***	0.080***	0.068***
	（6.29）	（5.98）	（6.38）	（6.65）	（6.92）	（6.38）
Capd	0.011***	0.009***	0.004***	0.012***	0.002	0.006***
	（10.31）	（7.35）	（3.53）	（9.05）	（1.56）	（5.47）
Rese	−0.008***	−0.007***	−0.007***	−0.007***	−0.008***	−0.007***
	（−12.36）	（−11.82）	（−10.53）	（−9.23）	（−11.54）	（−10.79）
Lern	0.856***	0.813***	0.732***	0.631***	0.663***	0.750***
	（64.97）	（52.90）	（50.89）	（32.74）	（39.30）	（55.06）
SA	−0.007	−0.020	0.241***	0.245***	0.212***	0.070***
	（−0.35）	（−0.97）	（11.91）	（12.05）	（10.29）	（3.47）
Loan	0.160***	0.089***	0.118***	0.137***	0.145***	0.073***
	（15.64）	（6.05）	（10.53）	（12.45）	（13.43）	（6.98）
*Region*1	0.237***	0.175**	0.229***	0.231***	0.191**	0.171**
	（3.18）	（2.42）	（2.79）	（2.80）	（2.29）	（2.22）
*Region*2	0.006**	0.003	0.006*	0.006*	0.005	0.006*
	（2.04）	（1.10）	（1.77）	（1.74）	（1.46）	（1.91）
*indu*1	−0.027***	−0.016	−0.036***	−0.041***	−0.036***	−0.027***
	（−2.84）	（−1.19）	（−3.47）	（−3.87）	（−3.41）	（−2.79）
*indu*2	0.055***	0.102***	0.078***	0.080***	0.079***	0.072***
	（4.95）	（8.85）	（6.38）	（6.52）	（6.38）	（6.12）

续表

变量	被解释变量:TFP1					
	（1）	（2）	（3）	（4）	（5）	（6）
	*turn*1	*turn*2	*turn*3	*cost*1	*cost*2	*cost*3
Cons	1.619***	1.700***	2.512***	2.558***	2.614***	2.056***
	(24.85)	(25.98)	(37.32)	(37.53)	(37.96)	(31.12)
Obs	32587	27047	32940	32981	33016	31949
调整后 R^2	0.174	0.144	0.119	0.122	0.123	0.157

注:(1)括号内数值为 t 值;(2) *** 、** 、* 分别表示在 1%、5%、10% 水平下显著。
资料来源:国泰安数据库和 WIND 数据库。

同样将数字化关键词出现的频数作为核心解释变量 D1,结果见表 5-12。具体分析如下:第一,以周转率为例。列(1)到列(6)数字化转型 D_{it} 的系数均显著为正,说明数字化转型不仅提高企业存货周转率、总资产周转率和现金周转率,也对全要素生产率产生正向的直接效应。列(2)、列(4)和列(6)机制变量的系数分别为 0.072、0.011 和 0.062,均在 1% 的水平上显著,即周转率的提升改善了企业全要素生产率。通过计算可知,中介效应均为 0.0001,但 Sobel 检验分别为 6.44、1.53 和 3.46,可以发现,除了总资产周转率的中介效应不显著外,其他机制变量的正向中介效应均在 1% 的水平上显著,与表 5-2 的结论相同。第二,以运营成本为例。列(7)到列(12)双重差分项的系数均在 1% 的水平上显著,即企业数字化转型降低了管理费用占比、财务费用占比和销售费用占比,但同时对全要素生产率产生正向直接作用。列(8)、列(10)和列(12)机制变量的系数也在 1% 的水平上显著,分别为 -2.297、-1.436 和 -1.500。中介效应分别为 0.0023、0.0014 和 0.0015,Sobel 检验分别为 7.14、4.51 和 9.05,均在 1% 的水平上显著,说明企业数字化转型通过降低运营成本,提高全要素生产率,与表 5-3 的结论相同。

表 5-12 稳健性检验：改变核心解释变量

变量	Panle A:周转率						Panle B:运营成本					
	机制作用						机制作用					
	(1)	(2)	(3)	(4)	(5)	(6)	(7)	(8)	(9)	(10)	(11)	(12)
	turn1	TFP	turn2	TFP	turn3	TFP	cost1	TFP	cost2	TFP	cost3	TFP
机制变量		0.072***		0.011***		0.062***		-2.297***		-1.436***		-1.500***
		(19.76)		(2.74)		(15.92)		(-43.92)		(-34.41)		(-25.11)
D1	0.001***	0.002***	0.001*	0.002***	0.001***	0.002***	-0.001***	0.002***	-0.001***	0.002***	-0.001***	0.002***
	(6.81)	(17.28)	(1.84)	(14.44)	(3.54)	(17.70)	(-7.24)	(16.71)	(-4.55)	(17.41)	(-9.70)	(16.71)
Cons	2.660***	3.521***	-0.343***	4.007***	-0.776***	3.167***	0.217***	3.581***	0.347***	2.528***	0.019***	3.796***
	(23.37)	(41.80)	(-2.59)	(42.98)	(-7.58)	(39.56)	(29.21)	(45.17)	(36.84)	(31.30)	(2.73)	(45.56)
企业控制变量	是	是	是	是	是	是	是	是	是	是	是	是
地区控制变量	是	是	是	是	是	是	是	是	是	是	是	是
行业控制变量	是	是	是	是	是	是	是	是	是	是	是	是
中介效应	0.0001		0.0001		0.0001		0.0023		0.0014		0.0015	
Sobel 检验	6.44***		1.53		3.46***		7.14***		4.51***		9.05***	

注：(1)括号内数值为 t 值；(2)***、**、* 分别表示在 1%、5%、10% 水平下显著；(3)中介效应通过逐步回归法获得；(4)由于篇幅限制，这里不报告控制变量的回归结果；(5)本表控制了时间固定效应和个体固定效应。

资料来源：国泰安数据库和 WIND 数据库。

二、匹配方法的改变

本节使用 1∶1 近邻匹配的方法,为每个数字化转型试验组企业寻找 1 个对照组企业,结果见表 5-13。第一,以周转率为例。除了列(5)外,其他各列双重差分项 D_{it} 的系数均显著,说明企业数字化转型不仅提高了存货周转率和总资产周转率,同时还对全要素生产率产生正向中介效应,虽然数字化转型对现金周转率的作用不显著,但仍为正。列(2)、列(4)和列(6)机制变量的系数分别为 0.095、0.001 和 0.089,除了总资产周转率的系数不显著外,其他机制变量均在 1% 的水平上显著为正,即企业周转率促进全要素生产率的提升。存货周转、总资产周转率和现金周转率的中介效应分别为 0.004、0.001 和 0.001,Sobel 检验分别为 2.87、0.06 和 0.90,只有存货周转率的中介效应显著存在,但总资产周转率和现金周转率的中介效应依然为正。第二,以运营成本为例。可以看出,列(7)到列(12)数字化转型的系数均在 1% 的水平上显著,说明数字化转型不仅减少了企业的管理费用占比、财务费用占比和销售费用占比,也对全要素生产率产生正向的直接效应。列(8)、列(10)和列(12)管理费用占比、财务费用占比和销售费用占比的系数分别为-2.389、-1.690 和-1.548,均在 1% 的水平上显著,运营成本的下降有利于企业全要素生产率的提升。中介效应分别为 0.002、0.012 和 0.012,Sobel 检验也在 1% 的水平上显著,分别为 2.87、5.27 和 7.96,说明企业数字化转型通过降低运营成本提升全要素生产率的正向中介效应是显著的。以上结论均与表 5-2 和表 5-3 的结论相同。

表 5-13 稳健性检验:改变匹配方法

变量	Panle A:周转率						Panle B:运营成本					
	机制作用						机制作用					
	(1)	(2)	(3)	(4)	(5)	(6)	(7)	(8)	(9)	(10)	(11)	(12)
	turn1	*TFP*	*turn2*	*TFP*	*turn3*	*TFP*	*cost1*	*TFP*	*cost2*	*TFP*	*cost3*	*TFP*
机制变量		0.095***		0.001		0.089***		-2.389***		-1.690***		-1.548***
		(18.00)		(0.06)		(15.03)		(-30.06)		(-27.41)		(-17.74)
D_{it}	0.042***	0.150***	0.034**	0.122***	0.012	0.156***	-0.001***	0.156***	-0.007***	0.170***	-0.008***	0.130***
	(2.91)	(14.22)	(2.36)	(11.12)	(0.90)	(14.54)	(-2.88)	(14.69)	(-5.37)	(15.87)	(-8.90)	(12.23)
Cons	2.586***	3.164***	-0.400**	3.426***	-1.209***	2.813***	0.243***	3.256***	0.294***	2.132***	0.023**	3.437***
	(15.09)	(24.89)	(-2.27)	(25.45)	(-8.29)	(23.25)	(22.71)	(26.96)	(21.12)	(17.54)	(2.22)	(27.44)
企业控制变量	是	是	是	是	是	是	是	是	是	是	是	是
地区控制变量	是	是	是	是	是	是	是	是	是	是	是	是
行业控制变量	是	是	是	是	是	是	是	是	是	是	是	是
中介效应	0.004		0.001		0.001		0.002		0.012		0.012	
Sobel 检验	2.87***		0.06		0.90		2.87***		5.27***		7.96***	

注:(1)括号内数值为 t 值;(2)***、**、* 分别表示在 1%、5%、10%水平下显著;(3)中介效应通过逐步回归法获得;(4)由于篇幅限制,这里不报告控制变量的回归结果;(5)本表控制了时间固定效应和个体固定效应。

资料来源:国泰安数据库和 WIND 数据库。

三、合成 DID 的回归结果分析

本书使用合成控制—双重差分模型分析数字化转型对周转率和运营成本的作用,结果见图 5-2 和图 5-3。由于数据限制和文献篇幅限制,这里只报告 2018 年以前存货周转率、管理费用占比的结果。

首先,以存货周转率为例(见图 5-2)。可以得出,除了 2013 年和 2017 年外,数字化转型前试验组与对照组存货周转率的差距均比数字化转型后大,其他年份数字化转型前试验组与对照组存货周转率的差距显著小于数字化转型后。并且,2009 年、2014 年、2016 年和 2018 年数字化转型前试验组企业与对照组企业存货周转率的差距为负值,但数字化转型后差值变为正,甚至

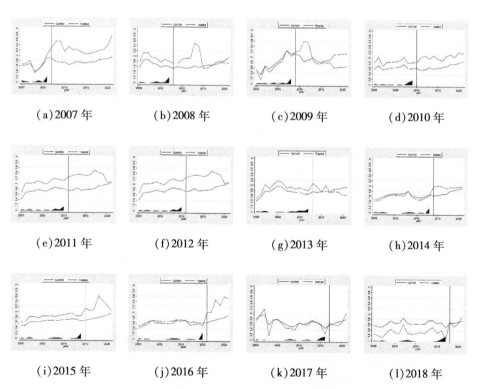

(a)2007 年　　　　(b)2008 年　　　　(c)2009 年　　　　(d)2010 年

(e)2011 年　　　　(f)2012 年　　　　(g)2013 年　　　　(h)2014 年

(i)2015 年　　　　(j)2016 年　　　　(k)2017 年　　　　(l)2018 年

图 5-2　合成控制 DID 结果分析:以存货周转率为例

资料来源:国泰安数据库和 WIND 数据库。

不断扩大。以上结论说明,数字化转型后试验组存货周转率显著大于对照组,即企业数字化转型提高存货周转率。

其次,以管理费用占比为例(见图5-3)。可以看出,2008年、2013年、2016年和2017年,数字化转型前试验组企业与对照组企业管理费用占比的差距显著大于数字化转型后。其他年份,数字化转型前试验组企业与对照组企业管理费用占比的差距均显著小于数字化转型后,并且部分年份数字化转型前试验组企业管理费用占比大于对照组企业,但数字化转型后,试验组企业管理费用占比小于对照组企业。以上结论说明,企业数字化转型有助于降低管理费用占比。

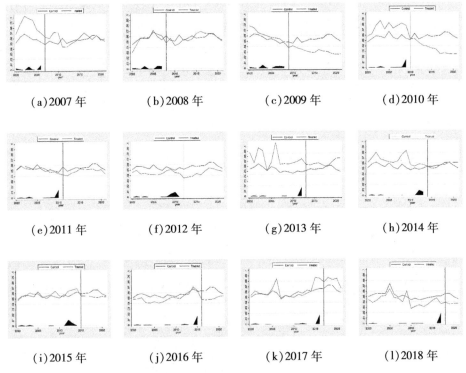

(a)2007年	(b)2008年	(c)2009年	(d)2010年
(e)2011年	(f)2012年	(g)2013年	(h)2014年
(i)2015年	(j)2016年	(k)2017年	(l)2018年

图5-3　合成控制DID结果分析:以管理费用占比为例

资料来源:国泰安数据库和WIND数据库。

企业使用人工智能、大数据等技术搜寻资本、劳动力等生产要素,以更低的成本获得生产要素和资源。通过物联网技术可以将产品配送到合适的地区和消费者,线上平台和人工智能等技术为员工和管理人员提供便利,降低交易成本。通过以上分析可知,企业数字化转型后,能够降低各流程产生的成本,并提高资源和要素的使用效率,提高周转率,进而促进全要素生产率的提升。因此,本章使用2000—2021年中国A股非金融类上市企业数据,通过文本挖掘等技术搜寻企业年报、政府采购文件和专利申请书中出现数字化转型的关键词,并作为企业数字化转型的测度指标,采用1∶2近邻匹配的倾向得分匹配方法寻找对照组,根据双重差分模型分析企业数字化转型通过周转率和运营成本对全要素生产率的中介效应,并探析地区异质性、所有权结构异质性和要素密集度异质性。

研究结论如下:(1)企业数字化转型通过提高存货周转率、总资产周转率和现金周转率,改善全要素生产率,即周转率发挥着显著的正向中介效应。而企业数字化转型也能通过降低管理费用占比、财务费用占比和销售费用占比等途径,提升全要素生产率,说明运营成本也起着显著的正向中介效应。(2)以不同地区企业为例。东部地区企业数字化转型通过周转率和运营成本影响全要素生产率的正向中介效应显著高于中西部地区。(3)以所有权结构为例。非国有企业数字化转型通过提高周转率改善全要素生产率的中介效应显著高于国有企业。国有企业运营成本的正向中介效应较为显著,但显著性水平不如非国有企业。(4)以要素密集度为例。劳动密集型企业数字化转型通过周转率和运营成本对全要素生产率的中介效应显著低于资本密集型企业,即资本密集型企业更能发挥数字技术的优势,降低成本,提高周转率,促进企业绩效的提升。

第六章　结论与未来展望

第一节　研究结论

2024 年李强总理在《政府工作报告》中指出,制定支持数字经济高质量发展政策,积极推进数字产业化、产业数字化,促进数字技术和实体经济深度融合。实施制造业数字化转型行动,加快工业互联网规模化应用,推进服务业数字化,建设智慧城市、数字乡村。然而,数字化转型并非一蹴而就,数字化转型是否会影响企业全要素生产率? 传导机制如何? 上述问题依然存在争议。鉴于此,本书有必要明确以下问题:(1)数字化转型能否引致企业全要素生产率;(2)员工结构、管理结构和运营能力如何作用于数字化转型? 其与企业全要素生产率之间的关系如何? 不同地区、不同所有权结构和不同要素密集度数字化转型对企业全要素生产率的影响和作用机制是否存在差异?

本书在已有文献的基础上,通过资本—技能互补理论和产业组织理论,构建了数字化转型与企业全要素生产率的理论分析框架,基于常数替代弹性生产函数构建了政府、企业和居民三部门一般均衡模型,以期分析数字化转型对企业全要素生产率的影响路径,讨论员工结构、管理结构和运营能力如何作用于数字化转型,及其与企业全要素生产率之间的关系。在此基础上,基于中国2000—2021 年 A 股非金融类上市企业的面板数据,通过特征事实分析数字化转型与企业全要素生产率的关系,利用数据挖掘技术搜寻企业年报、政府采购文件和专利申请书中出现的数字化转型关键词,采用倾向得分匹配—双重差分模型和中介效应模型等方法,实证检验了数字化转型对企业全要素生产率的微观影响,以及员工结构、管理结构和运营能力的机制作用,并考察地区、所有权结构和要素密集度的异质性。

第一,利用资本—技能互补理论和产业组织理论等建立了数字化转型影响企业全要素生产率的理论分析框架。研究结论具体如下:(1)基于常数替代弹性生产函数、资本—技能互补理论和产业组织理论,构建了政府、企业和居民的一般均衡模型,并得出数字化转型改善企业全要素生产率,且员工结构、管理结构和运营能力均影响了数字化转型与全要素生产率之间的关系。(2)数字化转型通过劳动力替代和互补作用、规模经济效应、知识溢出效应影响不同职务类型和不同学历类型员工结构,最终作用于企业全要素生产率。(3)数字化转型也通过信息不对称理论、委托—代理理论、利益相关者理论和锦标赛理论等影响管理结构,包括管理人员薪酬、管理人员性别和年龄结构、两权分离率和网络中心度,对企业全要素生产率产生影响。(4)企业数字化转型通过交易成本理论、生产率理论、流程再造理论和要素配置理论作用于运营成本和周转率,最终影响企业全要素生产率。已有文献虽然开始研究数字化转型与企业全要素生产率的直接关系,但多从企业年报获取数据,没有考虑政府采购和专利等企业数据,衡量指标稍显不全面,且没有分析员工结构、管理结构和运营能力等作用机制,未建立统一的理论分析框架。

第二,实证检验数字化转型对企业全要素生产率的影响,以及员工结构的机制作用。通过数据挖掘方法搜寻企业年报、政府采购文件和专利申请书中的数字化转型关键词,通过倾向得分匹配—双重差分模型和中介效应模型检验数字化转型与全要素生产率的关系。研究结果表明:(1)数字化转型显著提升企业全要素生产率,通过提高高技术人员占比和高等教育人员占比,降低生产性人员占比、其他人员占比、中等教育人员占比和低等教育人员占比等,从而促进全要素生产率的提升。并且,数字化转型对企业全要素生产率、职务结构和教育结构的影响具有滞后性和动态性,滞后作用随时间推移不断减弱。

（2）以地区异质性为例,东部地区数字化转型对全要素生产率的总效应大于中西部地区,且东部地区职务结构和教育结构的正向中介效应显著高于中西部地区。（3）以所有权结构为例,非国有企业数字化转型对全要素生产率的促进作用大于国有企业,国有企业其他人员占比的中介效应不显著。并且,非国有企业职务结构和教育结构的正向中介效应显著大于国有企业。（4）以要素密集度为例,劳动密集型企业数字化转型对全要素生产率的直接效应大于资本密集型企业,但劳动密集型企业高技术人员占比和教育结构的中介效应不显著,资本密集型企业职务结构和教育结构的正向中介效应显著高于劳动密集型企业。数字化转型对不同类型企业全要素生产率的作用不同,存在短期和长期影响,企业应当考虑自身员工结构适度应用数字技术,并且考虑前期高额投入成本,实现长期收益和全要素生产率的提升。

第三,实证检验管理结构如何影响数字化转型与企业全要素生产率的关系。同样使用 A 股非金融类上市企业数据,通过倾向得分匹配—双重差分模型和中介效应模型进行实证检验,分析地区、所有权结构和要素密集度异质性,得到如下结论:(1)首先,女性管理人员占比的提升和管理人员平均年龄的下降均正向影响了数字化转型与企业全要素生产率之间的关系。其次,数字化转型通过提高董事薪酬、监事层薪酬和高级管理人员薪酬,激励董监高人员改善全要素生产率,即董监高薪酬具有正向中介效应。最后,两权分离率的减少和董事网络中心度的增加具有正向中介效应。(2)以地区异质性为例,东部地区管理人员结构、董监高薪酬和两权分离率的正向中介效应显著高于中西部地区。中西部地区部分中介变量不显著,且中西部管理人员平均年龄的中介效应为负。(3)以所有权结构异质性为例,非国有企业管理人员结构、董监高薪酬和治理结构的中介效应均为正,且显著高于国有企业。国有企业大多数机制变量不显著,甚至为负。(4)以要素密集度异质性为例,资本密集型企业管理人员平均年龄的中介效应显著为负,其他机制变量的中介效应显著为正,并且高于劳动密集型企业。不同类型企业管理结构存在显著差异,影响企业的数字化转型和对全要素生产率的作用,因此,不同企业要根据自身管理结构,不断进行调整,最大化发挥数字技术对全要素生产率的促进作用。

第四,实证检验周转率和运营成本如何影响数字化转型与企业全要素生产率之间的关系。采用我国 A 股非金融类上市企业数据,利用倾向得分匹配—双重差分模型和中介效应模型进行实证检验,分析地区、所有权结构和要素密集度的异质性。研究结论如下:(1)存货周转率、总资产周转率和现金周转率均起到了数字化转型对企业全要素生产率的正向中介效应。企业数字化转型也能通过降低管理费用占比、财务费用占比和销售费用占比等途径,提升全要素生产率,即运营成本起到了显著的正向中介效应。(2)以不同地区企业为例,东部地区周转率和运营成本的正向中介效应显著高于中西部地区。(3)以所有权结构为例,非国有企业周转率的中介效应显著高于国有企业,国有企业运营成本的正向中介效应较为显著,但显著性水平不如非国有企业。(4)以要素密集度为例,劳动密集型企业周转率和运营成本的中介效应显著性水平低于资本密集型企业。不同类型企业周转率和运营成本存在显著差异,需要针对企业不同特征,适度使用数字技术,进行适应企业结构的变革,进而改善全要素生产率。

第二节　政策建议

本书研究表明,数字化转型影响企业全要素生产率,并通过员工结构、管理结构和运营能力间接影响全要素生产率。数字技术和设备提高了企业自动化、智能化和信息化水平,通过与高技能劳动力的组合可以创造更高的生产效率,促使企业改善管理结构,激励和调整管理人员结构,加速数字化转型对全要素生产率的促进作用。因此,本书从企业和政府两个视角出发,提出提升全要素生产率的相关措施,包括数字技术的应用,员工结构、管理结构和运营能力的调整等,并提出政策建议,以保证相关措施的有效实施。

从企业视角来看,经济全球化加速了专业化分工,国际贸易摩擦和新冠疫情等阻碍了地区经济和企业生产,企业如若不通过提升全要素生产率和技术创新等来提高国际竞争力,将会被其他企业所淘汰。随着我国数字经济的不断发展,企业面临的内部和外部环境也发生了改变,企业需要更多地雇佣高端人才和使用数字技术,采取新的管理模式和生产技术,加强高端人才和数字技术的相互融合,提升生产效率,促进资源优化配置,合理分配工资收入和研发投入,降低生产成本。

从政府视角来看,地方政府如若对地区劳动力结构调控不到位,会导致企业发展受阻、失业和社会动乱。地方政府应该加强技能培训和低技能劳动力的再教育,考虑地区企业实际发展情况,适度进行数字化改革,尽可能让劳动力和数字技术与设备发挥最大的作用,并且,政府还应完善监督和财政约束机制,促使企业将政府补贴用于数字化转型,推动地方经济增长。

具体地,从企业和政府视角对完善数字化转型、员工结构、管理结构、运营能力和政策保障等方面提出以下政策建议:

(一)扎实推进数字产业化和产业数字化发展,因地制宜地使用数字技术

数字化的过度发展可能无法匹配高学历、高技能和高素质人才,而数字化程度过低则不能通过自动化、智能化和信息化提升劳动生产率,这都会降低地区和企业经济效益,不利于提高全要素生产率。因此,各地政府和企业应基于自身特点,适度发展数字技术,促进数字产业化和产业数字化。

第一,数字产业化方面。首先,地方政府要加大对数字化产业的政策补贴,通过融资、吸引人才等方式推动企业进行数字技术研发,包括数据大批量搜集与处理、个性设计、物联网、人工智能等数字技术,为企业提供数量更多、质量更优的数字化基础设施和机械设备,带动传统产业的数字化转型升级,提升地区企业全要素生产率的整体水平。其次,地方政府还应增加对科研院所、高校的科研资金支持,增加数字化相关基础学科的发展,为地区和企业发展提供有力保障。

第二,产业数字化方面。首先,企业应依据自身员工结构和管理结构等特征,适度应用数字技术。对于依靠低技能劳动力的企业,对数字技术的应用应循序渐进,防止由于高端人才不足,导致数字技术发挥不了作用。而对于资本密集型企业和技术密集型企业,应提高数字技术的应用效率,利用人工智能、线上平台等方式加强对高端人才和数字技术的管理,提升全要素生产率。其次,政府要加强高新产业园区建设,降低数字技术的使用门槛,促进数字技术和相关项目进驻工业园区、高新产业园和产业集聚区,提升企业应用数字技术的机会。最后,政府应解决项目审批流程烦琐、融资约束等问题,为企业应用数字技术、实现产业数字化,提供可靠的内外部环境。

（二）调整地区劳动力结构,加快高技术人才的培养和开发

数字化转型对不同类型劳动力产生差异化的影响,各地政府要合理调控地区劳动力结构,为企业提供有利的劳动力供给,并解决好数字化冲击可能带来的失业。企业也要根据自身特征,积极雇佣高端人才,提高内部员工技能水平。

第一,政府应加强地区人才培养,增设专业技能培训和高校院所相关专业。首先,政府要提高高校、科研院所的财政补贴,增设数字化、人工智能、信息技术网络等相关专业,加强学生的理论学习和实践能力,使其能够更好、更快地适应数字技术和社会服务,为企业培养大量数字化相关的技术人才和配套人员。其次,政府应对低技能劳动力实施再教育,通过专业技能培训等途径,为员工和学者提供个性、专业、灵活的学习平台,提高这部分劳动力对数字技术的适应能力,防止失业产生的社会动荡。最后,地方政府要为本地数字化转型吸引适量的高端人才,避免高房价、子女教育等对高端人才带来的限制。

第二,企业应合理调整内部员工结构,提高员工应用数字技术的能力。首先,企业进行数字化转型后,需要大量相配套的高技术人员,包括数字技术的研发人员、生产数字化相关人员、数字化设备维护人员等,企业应根据自身数字技术和机械设备的使用情况适度调整员工结构,避免因员工结构的大幅调整而导致的一系列问题。其次,企业自身也应加强技术交流培训,通过与高校、技术培训机构、其他企业等之间的经验交流,提升内部员工的技能和素质,发挥数字技术对企业绩效的促进作用。

(三)提高管理人员素质,适应数字化转型带来的变革

人工智能、大数据、云计算等数字技术在一定程度上会替代部分低技能劳动力和增加高技能人才需求,企业管理者需要借助数字技术对企业各流程进行监管。

第一,完善企业工资薪酬制度,激励管理人员数字化转型。首先,政府应完善我国最低工资保障制度,让普通劳动力在数字化转型的冲击中能够生存下来。其次,企业实行数字化转型后,一方面要提高管理人员薪酬差距,激励管理人员制定数字化转型的相关制度,促进企业数字化转型;另一方面要通过区块链、大数据等技术监督管理人员行为,防止出现所有者和管理者利益目标的不一致。

第二,实行多样化的管理结构,发挥各级管理人员的作用。首先,在企业管理过程中,应发挥女性创造性思维能力和强沟通能力,提升企业的治理效率。其次,企业应调整管理人员年龄结构,鼓励雇佣学习能力强且更愿意冒风险的年轻管理人员。

(四)优化企业内外部环境,促进资源的合理配置

企业应用数字技术和机械设备后,运营效率得到提升,需要严格把控上下游企业提供的原材料、中间产品和劳动力。并结合数字技术构建现代网络体系,利用各节点的数据来进行科学决策,促进资源的合理配置。与此同时,降低要素流动门槛,加速企业内部结构调整。

第一,构建现代网络体系,促进资源合理配置。首先,企业应雇佣专业化人才,利用大数据、物联网等技术,实时搜集消费者偏好、原材料价格和质量、劳动力市场和竞争对手等方面的数据信息,通过人工智能、深度学习等技术实时为企业所有者和管理者提供要素配置的最优决策,有利于企业雇佣合理的员工、生产适量的产品等。其次,企业应利用线上平台等降低企业运营过程中烦琐的审批制度和办事流程,降低运营成本,通过电子印章、电子商务等实现企业运营的高效管理,提升企业全要素生产率。

第二,降低要素流动门槛,加速企业内部结构调整。各地政府应根据当地员工结构、企业情况等制定相应政策,合理吸引生产要素,加强地方政府之间的协作,为企业正常运营提供可靠的内外部环境。

(五)数字化转型和企业全要素生产率的政策保障

第一,财税制度方面。首先,合理的财政制度是实现数字化转型的保障,应根据地区和产业特征,制定税收补贴和优惠政策,推动企业数字化相关的技术研发、外商直接投资和人才引进。其次,完善国民收入三次分配制度,逐渐降低间接税、完善直接税,简化行政审批流程和降低收费标准,为企业的数字化转型提供便利和资金保障。

第二,创新政策方面。技术创新是企业内生增长动力和全要素生产率提升的重要因素。虽然数字技术作为通用技术进步能够促进企业各流程的运营效率,但全球人工智能、大数据、云计算等信息通信技术还不够完善,企业的数字化转型还处在初级阶段。政府应以企业为主体、市场为导向、高校科研机构为核心动力,推动形成产学研合作模式,为创新主体提供资金帮助,培养各类数字化人才,提高整个经济社会数字化相关的技术创新水平。

第三节 未来展望

本书在已有文献的基础上,通过资本—技能互补理论和产业组织理论构建了政府、企业和居民三部门一般均衡模型,从理论上分析数字化转型对企业全要素生产率的影响,探讨员工结构、管理结构和运营能力的机制作用。采用A股非金融类上市企业数据,实证检验数字化转型对企业全要素生产率的影响程度和影响方向,在一定程度上拓展了已有文献研究,对数字化转型、员工结构、管理结构、运营能力和全要素生产率等相关政策的制定和实际操作有一定的实践意义。但本书作为数字化转型和企业全要素生产率关系的阶段性研究成果,仍存在一定缺陷。未来将从以下三个方面进行延伸和扩展:

第一,理论研究方面。本书的理论模型将劳动力分为高、低技能两类,用要素错配来衡量运营能力,并构建了三部门一般均衡模型和静态模型。未来应进一步完善理论框架,寻找合适的理论模型分析高、中、低技能劳动力和运营能力如何影响数字化转型与全要素生产率之间的关系。

第二,指标衡量方面。本书采用 A 股非金融类上市企业数据,并通过网络爬虫搜寻企业年报、政府采购文件和专利申请书中出现的数字化转型关键词。未来应搜寻非上市企业数据,通过构建更合理的数字化转型指标来分析不同类型企业数字化转型发展程度,以及对全要素生产率的影响。此外,绝大多数上市企业学历结构和职务结构的数据仅从 2010 年以后开始披露,且没有公开女性劳动力和员工年龄数据,未来应尽可能采用更为全面的员工结构数据。

第三,实证分析方面。后续研究将继续分析相关文献,搜寻数字化转型和机制变量的相关数据,通过更合理有效的方法,解决内生性问题,实证检验数字化转型对企业全要素生产率的影响和作用机理,为企业和政府提供更为有效的政策建议,进一步揭示全要素生产率的影响路径。

参考文献

[1]蔡昉:《生产率、新动能与制造业——中国经济如何提高资源重新配置效率》,《中国工业经济》2021年第5期。

[2]曹晓芳、张宇霖、柳学信等:《董事会地位断裂带对企业战略变革的影响研究》,《管理学报》2022年第6期。

[3]陈德球、胡晴:《数字经济时代下的企业治理研究:范式创新与实践前沿》,《管理世界》2022年第6期。

[4]陈国进、丁赛杰、赵向琴等:《中国绿色金融政策、融资成本与企业绿色转型——基于央行担保品政策视角》,《金融研究》2021年第12期。

[5]樊纲、王小鲁、马光荣:《中国市场化进程对经济增长的贡献》,《经济研究》2011年第9期。

[6]郭凯明、王钰冰、龚六堂:《劳动力供给转变、有为政府作用与人工智能时代开启》,《管理世界》2023年第6期。

[7]胡宗义、周积琨、李毅:《自贸区设立改善了大气环境状况吗?》,《中国人口·资源与环境》2022年第2期。

[8]江小涓、孟丽君:《内循环为主、外循环赋能与更高水平双循环——国际经验与中国实践》,《管理世界》2021年第1期。

[9]梁若冰、王群群:《地方债管理体制改革与企业融资困境缓解》,《经济研究》2021年第4期。

[10]刘伟江、杜明泽、白玥:《环境规制对绿色全要素生产率的影响——基于技术进步偏向视角的研究》,《中国人口·资源与环境》2022年第3期。

[11]伦蕊、陈亚婷:《数字经济背景下的就业性别平等——现状、挑战与应对方略》,《人口与经济》2024年第2期。

[12]吕越、邓利静:《全球价值链下的中国企业"产品锁定"破局——基于产品多样性视角的经验证据》,《管理世界》2020年第8期。

［13］梅冬州、杨龙见、高崧耀：《融资约束、企业异质性与增值税减税的政策效果》，《中国工业经济》2022 年第 5 期。

［14］戚聿东、肖旭：《数字经济时代的企业管理变革》，《管理世界》2020 年第 6 期。

［15］沈红波、华凌昊、许基集：《国有企业实施员工持股计划的经营绩效：激励相容还是激励不足》，《管理世界》2018 年第 11 期。

［16］田鸽、张勋：《数字经济、非农就业与社会分工》，《管理世界》2022 年第 5 期。

［17］王海、郭冠宇、尹俊雅：《数字化转型如何赋能企业绿色创新发展》，《经济学动态》2023 年第 12 期。

［18］王莉静、徐梦杰、徐莹莹等：《企业数字化转型对服务化价值共创绩效的影响研究：基于合作网络视角》，《中国软科学》2024 年第 6 期。

［19］王晓燕、杨胜刚、张科坤：《终极所有权结构与企业委托贷款行为》，《中国管理科学》2024 年第 4 期。

［20］王永章：《数字劳动的马克思主义政治经济学分析》，《思想理论教育》2022 年第 2 期。

［21］王治、谭欢：《董事会断裂带对企业高质量发展的影响研究》，《中国软科学》2023 年第 5 期。

［22］武常岐、张昆贤、周欣雨等：《数字化转型、竞争战略选择与企业高质量发展——基于机器学习与文本分析的证据》，《经济管理》2022 年第 4 期。

［23］谢楠、何海涛、王宗润：《复杂网络环境下不同政府补贴方式的企业数字化转型决策分析》，《系统工程理论与实践》2023 年第 8 期。

［24］谢宜泽：《中国式数字化之路：从跨越数字鸿沟到构建数字中国》，《经济学家》2023 年第 12 期。

［25］宣旸、张万里：《产业智能化、收入分配与产业结构升级》，《财经科学》2021 年第 5 期。

［26］杨林、和欣、顾红芳：《高管团队经验、动态能力与企业战略突变：管理自主权的调节效应》，《管理世界》2020 年第 6 期。

［27］杨名彦、浦正宁：《数字经济对经济"脱实向虚"的影响：来自上市企业的证据》，《经济评论》2022 年第 3 期。

［28］张心悦、马莉萍：《高等教育提升全要素生产率的作用机制》，《教育研究》2022 年第 1 期。

［29］周洲、吴馨童：《数字技术应用对企业产品成本优势的影响》，《管理学报》2022 年第 6 期。

［30］朱波、曾丽丹：《数字经济时代区域经济下行风险防范与应对：基于 GaR 模型的实

证分析》,《中国软科学》2024 年第 6 期。

[31] Acemoglu D., Autor D., Hazell J., "Artificial Intelligence and Jobs: Evidence from On-line Vacancies", *Journal of Labor Economics*, Vol.40, No.1, 2022.

[32] Acemoglu D., Restrepo P., *Modeling Automation*, AEA Papers and Proceedings, 2018.

[33] Acemoglu D., Restrepo P., "The Race between Man and Machine: Implications of Technology for Growth, Factor Shares, and Employment", *American Economic Review*, Vol.108, No.6, 2018.

[34] Acemoglu D., Restrepo P., "Robots and Jobs: Evidence from US Labor Markets", *Journal of Political Economy*, Vol.128, No.6, 2020.

[35] Acemoglu D., Restrepo P., "The Wrong Kind of AI? Artificial Intelligence and the Future of Labour Demand", *Cambridge Journal of Regions, Economy and Society*, Vol.13, No.1, 2020.

[36] Alstadt B., Hanson A., Nijhuis A., "Developing a Global Method for Normalizing Economic Loss from Natural Disasters", *Natural Hazards Review*, Vol.23, No.1, 2022.

[37] Arkhangelsky D., Athey S., Hirshberg D.A., "Synthetic Difference-in-Differences", *American Economic Review*, Vol.111, No.12, 2021.

[38] Arrow K.J., *The Economic Implications of Learning by Doing*, Readings in the Theory of Growth, Palgrave Macmillan, London, 1971.

[39] Engels F., *Socialism: Utopian and Scientific*, Resistance Book, 1999.

[40] Feng S.Z., Xia X.Y., "Heterogeneous Firm Responses to Increases in High-skilled Workers: Evidence from China's College Enrollment Expansion", *China Economic Review*, Vol.73, 2022.

[41] Guo B., Wang Y., Zhang H., Liang C., Feng Y., Hu F., "Impact of the Digital Economy on High-quality Urban Economic Development: Evidence from Chinese Cities", *Economic Modelling*, Vol.3, 2023.

后　　记

　　创新驱动是强化国家战略科技力量的重要举措,只有大力实施创新驱动,才能不断夯实和提升国家的战略科技基础。大数据、云计算、人工智能等颠覆式数字技术创新,共同组成了数字经济。新质生产力作为推进中国式现代化和实现高质量发展的重要基础,具有高科技、高效能、高质量特征,符合新发展理念的先进生产力质态,以全要素生产率大幅提升为核心标志。数字经济的发展是把握新一轮科技革命和产业变革新机遇的战略选择,将促进生产方式变革和生产效率提升。

　　本书以数字经济为背景,分析数字化技术如何影响企业全要素生产率,从理论阐述、数理模型和实证研究三个方面进行验证。本书密切结合中国实际,大量融入中国案例和数据,进行深入分析;深刻把握经济学、统计学、管理学等学科的专业特点,面对大数据时代和人工智能的新形势,突出经济学理论层面与计量经济学实践层面的结合,强调方法和技术在实际领域中的应用。

　　本书由张万里、宣旸策划、创意,张万里提出写作思路、写作提纲、写作(研究)方法,宣旸参与写作提纲修改、确定写作方法、审稿等,张万里统稿、定稿。本书的出版得到了西北工业大学、西安电子科技大学等的大力支持。

　　本书主要章节安排及撰稿人员如下:导论:宣旸;第一章国内外研究进展:宣旸;第二章数字化转型影响企业全要素生产率的理论分析框架:宣旸;第三章员工结构视角下数字化转型对企业全要素生产率的实证分析:张万里;第四章管理结构视角下数字化转型对企业全要素生产率的实证分析:张万里;第五

章运营能力视角下数字化转型对企业全要素生产率的实证分析:张万里;第六章结论与未来展望:宣旸。

　　本书在写作过程中,参考了相关专著、教材、论文等资料,谨向其作者和有关出版单位表示感谢。对于书中存在的错漏或不当之处,敬请各位读者朋友批评指正。感谢参与专著编写及对本书提出宝贵建议的同行专家、公共政策与管理学院的教师,愿大家的辛勤劳动能够结出丰硕的果实。我们期待着与经济学界、管理学界的同仁共同创造学科发展辉煌的明天。

2024 年 10 月

责任编辑：李甜甜
封面设计：胡欣欣

图书在版编目（CIP）数据

数字化转型对企业全要素生产率的影响机制研究 /
张万里，宣旸著. -- 北京 ：人民出版社，2024. 10.
ISBN 978 - 7 - 01 - 026882 - 8

Ⅰ. F272. 3 - 39

中国国家版本馆 CIP 数据核字第 2024NT3944 号

数字化转型对企业全要素生产率的影响机制研究
SHUZIHUA ZHUANXING DUI QIYE QUANYAOSU SHENGCHANLÜ DE YINGXIANG JIZHI YANJIU

张万里　宣旸　著

人民出版社 出版发行
（100706　北京市东城区隆福寺街 99 号）

北京九州迅驰传媒文化有限公司印刷　新华书店经销

2024 年 10 月第 1 版　2024 年 10 月北京第 1 次印刷
开本：710 毫米×1000 毫米 1/16　印张：21
字数：288 千字

ISBN 978 - 7 - 01 - 026882 - 8　定价：78.00 元

邮购地址 100706　北京市东城区隆福寺街 99 号
人民东方图书销售中心　电话（010）65250042　65289539